高职高专工学结合、课程改革规划教材
交通职业教育教学指导委员会
路桥工程专业指导委员会 组织编写

Qiaoliang Xiabu Shigong Jishu

桥梁下部施工技术

道路桥梁工程技术专业用

张 辉 主 编

王君杰［同济大学］
曹继伟［辽宁省高等级公路建设局］ 主 审

人民交通出版社

内 容 提 要

本书是高职高专工学结合、课程改革规划教材,是在各高等职业院校积极践行和创新先进职业教育理念,深入推进"校企合作,工学结合"人才培养模式的大背景下,由交通职业教育教学指导委员会路桥工程专业指导委员会根据新的课程标准组织编写而成。

本书以桥梁下部结构的设计与施工为主线,共设置了七个学习情境,主要内容包括:认知常见桥梁下部构造、桥梁墩台设计、桥梁基础设计、桥梁下部施工测量、桥梁基础施工、桥梁墩台施工、桥梁下部施工组织设计等。

本书主要供高等职业教育道路桥梁工程技术专业教学使用,也可作为路桥类工程技术人员的培训教材或自学用书。

图书在版编目(CIP)数据

桥梁下部施工技术/张辉主编. —北京:人民交通出版社,2011.6
高职高专工学结合、课程改革规划教材
ISBN 978-7-114-09104-9

I.①桥… II.①张… III.①桥梁结构:下部结构—工程施工—施工技术—高等职业教育—教材 IV.①U443②U445.4

中国版本图书馆 CIP 数据核字(2011)第 088899 号

    高职高专工学结合、课程改革规划教材
书 名:桥梁下部施工技术
著 作 者:张 辉
责任编辑:任雪莲 贾秀珍
出版发行:人民交通出版社
地 址:(100011)北京市朝阳区安定门外外馆斜街 3 号
网 址:http://www.ccpress.com.cn
销售电话:(010)59757973
总 经 销:人民交通出版社发行部
经 销:各地新华书店
印 刷:北京盈盛恒通印刷有限公司
开 本:787×1092 1/16
印 张:16
字 数:390 千
版 次:2011 年 7 月 第 1 版
印 次:2014 年 6 月 第 3 次印刷
书 号:ISBN 978-7-114-09104-9
印 数:6001—9000 册
定 价:40.00 元

(有印刷、装订质量问题的图书由本社负责调换)

交通职业教育教学指导委员会
路桥工程专业指导委员会

主　任：柴金义

副主任：金仲秋　夏连学

委　员：(按姓氏笔画排序)

　　　　王　彤　　王进思　　刘创明　　刘孟林

　　　　孙元桃　　孙新军　　吴堂林　　张洪滨

　　　　张美珍　　李全文　　陈宏志　　周传林

　　　　周志坚　　俞高明　　徐国平　　梁金江

　　　　彭富强　　谢远光　　戴新忠

秘　书：伍必庆

序

为深入贯彻落实教育部《关于全面提高高等职业教育教学质量的若干意见》及全国普通高等学校教学工作会议的有关精神，积极推行与生产劳动和社会实践相结合的学习模式，把工学结合作为高等职业教育人才培养模式改革的重要切入点，带动教学内容和教学方法改革。交通职业教育教学指导委员会路桥工程专业指导委员会在完成《道路桥梁工程技术专业教学标准和课程标准研究》的基础上，按照职业岗位（群）的任职要求，构建了突出职业能力培养的"教学标准"和"课程标准"，并据此组织全国20多所交通高职高专院校道路桥梁工程技术专业的教师编写了14门课程的工学结合、课程改革规划教材。专业"教学标准"和"课程标准"是全国道路桥梁工程技术专业多年建设成果的总结和提炼。

按照2010年4月路桥工程专业指导委员会所确定的编写原则，本套教材力求体现如下特点：

体系规范。以工学结合、校企合作所开发的教材为切入点，在"教学标准"和"课程标准"确定的框架下，改革教学内容和教学方法，突出专业教学的针对性，选定教材的内容。

内容先进。用新观点、新思想审视和阐述教材内容，所选定的教材内容适应公路建设发展需要，反映公路建设的新知识、新技术、新工艺和新方法。

知识实用。以职业能力为本位，以应用为核心，以"必需、够用"为原则，教材紧密联系生活和生产实际，加强了教学的针对性，能与相应的职业资格标准相互衔接。

使用灵活。体现教学内容弹性化，教学要求层次化，教材结构模块化；有利于按需施教，因材施教。

交通职业教育教学指导委员会
路桥工程专业指导委员会
2010年12月

前　言

本书是高职高专工学结合、课程改革规划教材,是在各高等职业院校积极践行和创新先进职业教育理念,深入推进"校企合作,工学结合"人才培养模式的大背景下,由交通职业教育教学指导委员会路桥工程专业指导委员会根据新的课程标准组织编写而成。

本书以国家和交通运输部颁发的有关专业技术标准、规范等为依据,以职业岗位工作目标为切入点,紧紧围绕桥梁下部结构的设计与施工过程来编写。在编写过程中,充分体现工学结合的原则,即"学习的内容是工作,通过工作实现学习",实现工作与学习的整合,理论与实践的整合,专业能力、方法能力和社会能力的整合。重点突出行业岗位对从业人员知识结构和职业能力的要求,充分体现高等职业教育的特点。

教师在依据本教材进行教学时,建议围绕桥梁墩台与基础设计、桥梁基础施工方案设计、桥梁墩台施工方案设计和桥梁下部结构实施性施工组织设计编制四个项目进行讲授,并将学生分成若干学习小组,结合具体桥梁设计任务或施工图讲授。学生学完本课程后,上交两份文件,即××桥梁下部结构施工图设计说明书和××桥梁施工组织及施工方案设计说明书。

本书共分七个学习情境,其中,学习情境一、学习情境二、学习情境四、学习情境六由辽宁省交通高等专科学校张辉教授编写;学习情境三由南京交通职业技术学院洪英老师编写;学习情境五、学习情境七由辽宁省交通高等专科学校桑海军老师编写。

全书由辽宁省交通高等专科学校张辉担任主编并组织全书统稿工作,全书由同济大学王君杰教授和辽宁省高等级公路建设局曹继伟总工程师担任主审。

在编写过程中,参考和引用了大量有关文献资料,在此对原作者顺致谢意。

由于时间仓促,水平有限,书中内容难免存在缺点和错误,敬请读者批评指正。

编　者

2011 年 5 月

目 录

学习情境一　认知常见桥梁下部构造　　　1
　　工作任务一　桥梁墩台的构造　　　1
　　工作任务二　认知桥梁基础构造　　　16
　　学习效果自测题　　　30

学习情境二　桥梁墩台设计　　　33
　　工作任务一　桥墩设计与计算　　　33
　　工作任务二　桥台设计与计算　　　48
　　学习效果自测题　　　56

学习情境三　桥梁基础设计　　　58
　　工作任务一　桥涵设计流量推算及河道冲刷深度计算　　　58
　　工作任务二　刚性扩大基础设计　　　95
　　工作任务三　桩基础设计　　　112
　　学习效果自测题　　　130

学习情境四　桥梁下部施工测量　　　132
　　工作任务一　桥位复测　　　132
　　工作任务二　桥梁施工测量控制网点的布设　　　133
　　工作任务三　桥涵施工放样　　　147
　　学习效果自测题　　　151

学习情境五　桥梁基础施工　　　152
　　工作任务一　浅基础施工　　　152
　　工作任务二　桩基础施工　　　161
　　工作任务三　沉井施工　　　174
　　学习效果自测题　　　179

学习情境六　桥梁墩台施工　　　182
　　工作任务一　桥梁墩台施工机械设备　　　182
　　工作任务二　石砌墩台施工　　　191
　　工作任务三　混凝土及钢筋混凝土墩台施工　　　197
　　工作任务四　墩台施工质量检测评定　　　206
　　学习效果自测题　　　212

学习情境七　桥梁下部施工组织设计　　　215
　　学习效果自测题　　　241

附录　学生学习成绩评定用表　　　242

参考文献　　　244

学习情境一　认知常见桥梁下部构造

工作任务一　桥梁墩台的构造

学习目标

1. 叙述常见墩台的类型及使用场合；
2. 知道常见墩台的构造及桥梁有关规范对墩台构造的要求；
3. 根据公路桥涵设计规范完成桥梁墩台施工图的构造校核作业。

任务描述

教师根据全班组数准备若干有关桥梁施工图及桥梁模型，学生分组（视班级总人数可分5~6人/组），每组推选一名组长负责任务的组织与实施，最终以组为单位上交桥梁墩台构造校核说明书。各组在接到任务后，认真学习公路桥涵有关设计标准及规范的相关内容，结合教师讲课并视需要收集其他相关信息，每组各成员单独准备分析材料，然后分组讨论并由一人做好记录并整理上交《××桥梁墩台构造校核说明书》。

学习引导

本工作任务沿着以下脉络进行学习：

| 任务布置(墩台构造校核) | → | 课堂教学 | → | 课后思考与总结 | →
| 完成任务(墩台构造校核说明书) | → | 各组成果检查 | → | 分组讨论 | → | 上交成果 | → | 学生自测与自评 | →
| 小组各组员相互检查成果,组长对组员进行考核 | → | 教师考核 |

一、桥梁墩台的组成

桥梁墩（台）是桥梁的重要组成部分，统称为桥梁下部结构。它主要由墩（台）帽、墩（台）身和基础三部分组合而成（图1-1-1）。

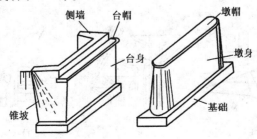

图1-1-1　梁桥重力式墩台

桥梁墩、台的主要作用是承受上部结构传来的荷载,并通过基础将此荷载及本身自重传递到地基上。桥墩一般系指多跨桥梁的中间支承结构物,它除承受上部结构的荷载外,还要承受流水压力、水面以上的风力以及可能出现的冰荷载、船只、排筏或漂浮物的撞击力。桥台除了是支承桥跨结构的结构物之外,它又是衔接两岸接线路堤的构筑物。它既要能挡土护岸,又要能承受台背填土及填土上车辆荷载所产生的附加侧压力。因此,桥梁墩、台不仅本身应具有足够的强度、刚度和稳定性,而且对地基的承载能力、沉降量,地基与基础之间的摩阻力等也都提出一定的要求,以避免在这些荷载作用下有过大的水平位移、转动或者沉降发生。这点对超静定结构桥梁尤为重要。

当前,世界各国的桥梁建设都在迅速发展,这不仅反映在上部结构的造型新颖上,而且也反映在下部结构向轻型合理的方向发展上。近些年来,国内外出现了不少新颖桥梁墩台,尤其是在桥墩形式上显得更为突出,它把结构上的轻巧合理和艺术造型上的美观统一起来。例如,对于大跨径的桥墩,既要考虑墩身的轻巧,又要考虑能有利于上部结构的受力和施工,以达到节约材料和整个工程造价的目的,于是便创造出 X 形墩、V 形墩等各种优美的桥墩立面形式(图 1-1-2)。

图 1-1-2　X 形和 V 形桥墩

对于城市立交桥,为了使其上面承托较宽的桥面,下面减小墩身和基础尺寸,在地面以上给人以艺术的享受和美化城市,常常将桥墩在横桥方向上做成独柱式或排柱式[图 1-1-3a)、b)],倾斜式[图 1-1-3c)],双叉形[图 1-1-3d)],T 形、V 形[图 1-1-3e)、f)]等多种多样的桥墩形式。

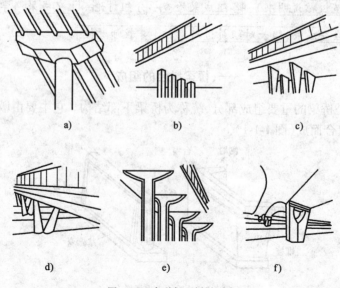

图 1-1-3　各种轻型桥墩形式

二、桥墩的构造

1. 重力式桥墩

重力式桥墩的主要特点是靠自身重力来平衡外力,保持其稳定。因此,墩身比较厚实,可不用钢筋,而用天然石材或片石混凝土砌筑。它适用于荷载较大的大、中型桥梁或流冰、漂浮物较多的河流中。在砂石料取用方便的地区,小桥也往往采用砂石料。其缺点是自重大,因而要求地基承载力高。此外,阻水面积也较大。

在梁桥和拱桥上,重力式桥墩用得比较普遍。它们除在墩帽构造上有所差别外,其他部分的构造外形大致相同。因此,有关这类桥墩的构造问题,在梁桥桥墩里将作详细介绍,而对拱桥桥墩只略述它们的特点部分。

1)梁桥重力式桥墩

(1)墩帽。

墩帽是桥墩顶端的传力部分,它通过支座承托着上部结构,并将相邻两孔桥上的作用传到墩身上,应力较集中。因此,墩帽的强度要求较高,一般采用 C25 以上的混凝土或钢筋混凝土。墩帽平面尺寸的合理确定,将直接影响着墩身的平面尺寸和材料的选用。例如,当顺桥向的墩帽宽度较小,而桥墩又较高时,墩身就显得很薄,因此需要采用钢筋混凝土结构。另一方面,如果墩身在横桥向的长度较小,或者做成柱子的形式,那么又会反过来影响着墩帽(或称帽梁)的受力和尺寸及其配筋数量。因此,精心地拟订墩帽尺寸对整个桥墩设计具有重要意义。

《公路圬工桥涵设计规范》(JTG D61—2005)规定,墩帽和台帽的厚度,对于特大、大跨径的桥梁不得小于 0.5m,对于中、小跨径的桥梁不应小于 0.4m。其顶面常做成 10% 的排水坡。墩帽的四周较墩身出檐宽度宜为 0.05~0.10m,并在其上做成沟槽形滴水(图 1-1-4)。

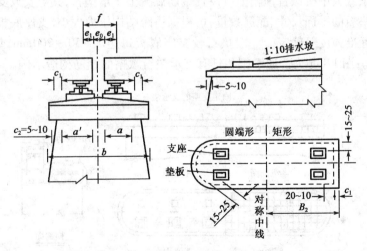

图 1-1-4 墩帽构造尺寸(尺寸单位:cm)

墩帽的平面形状应与墩身形状相配合。墩帽的平面尺寸首先应满足桥梁支座布置的需要,支座边缘至墩身顶部边缘的距离应视墩的构造形式及安装上部构造的施工方法而定,其最小距离可按表 1-1-1 的规定采用。

支座边缘到墩、台身边缘的最小距离(单位:m) 表1-1-1

方向 跨径 l(m)	顺桥向	横桥向	
		圆弧形端头 (自支座边角量起)	矩形端头
l≥150	0.30	0.30	0.50
50≤l<150	0.25	0.25	0.40
30≤l<50	0.20	0.20	0.30
5≤l<20	0.15	0.15	0.20

注:当采用钢筋混凝土或预应力混凝土悬臂墩帽时,可不受本表限制,应以便于施工、养护和更换支座而定。

对墩身最小顶宽的要求可根据《公路圬工桥涵设计规范》(JTG D61—2005)有关规定,一般情况墩帽纵桥向宽度,对于小跨径桥梁不宜小于1.0m,中等跨径桥梁不宜小于1.0~1.2m。

《公路圬工桥涵设计规范》(JTG D61—2005)中对支座边缘至墩(台)身边缘的最小距离所作规定的目的是:①避免支座过分靠近墩身侧面边缘而导致应力集中;②为了提高混凝土的局部抗压强度以及考虑施工误差和预留锚栓孔的要求。墩帽宽度除了满足以上要求以外,还应符合墩身顶宽的要求、安装上部结构的需要,以及为布置抗震设防措施所需要的宽度。

对于大、中跨径的桥梁,在墩帽内应设置构造钢筋;小跨径桥梁除在严寒地区外,可以不设置构造钢筋。钢筋直径一般为8~16mm,采用间距150~250mm的网格布置。另外,在支座支承垫板的局部范围内设置1~2层钢筋网,其平面分布尺寸约为支承垫板面积的2倍,钢筋直径为8~12mm,网格间距为50~100mm,这样使支座传来的很大集中力能较均匀地分布到墩身上。

在同一座桥墩上,当支承相邻两孔桥跨结构的支座高度不相同时,应在墩顶上设置用钢筋混凝土制成的支承垫石来调整(一般垫石用C25~C30以上混凝土,个别的也有用石料制成)。在钢筋混凝土梁式大中桥墩台顶帽上可设置钢筋混凝土支承垫石,其上安放支座,以更好地分布压力。支承垫石的平面尺寸、配筋数量,可根据桥跨结构压力大小、支座底板尺寸大小、混凝土设计强度和标准强度等确定。一般垫石较支座底板每边大150~200mm,垫石厚度为其长度的1/3~1/2。图1-1-5为普通墩帽和具有支承垫石墩帽的钢筋构造示例。

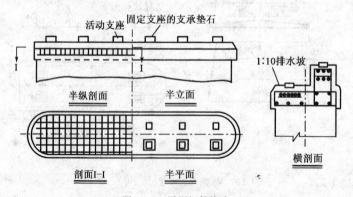

图1-1-5 墩帽钢筋构造

当桥面较宽时,为了节省桥墩圬工,减轻结构自重,可选用悬臂式钢筋混凝土墩帽,如图1-1-6所示。

悬臂式墩帽采用C25以上混凝土。墩帽的长度和宽度视上部构造的形式和尺寸、支座的尺寸和距离及上部构造大梁的施工吊装要求等条件而定；墩帽的高度视受力大小和钢筋排列的需要而定；悬出部分高度向两端可逐渐缩小，悬臂两端的最小高度不小于0.3~0.4m。

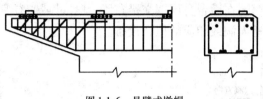

图1-1-6 悬臂式墩帽

（2）墩身。

墩身是桥墩的主体。常用C20或大于C20的片石混凝土浇筑，或用浆砌块石或料石，也可用混凝土预制块砌筑。实体式桥墩墩身的顶宽：对于小跨径桥不宜小于0.8m（采用轻型桥台的桥梁，其桥墩不宜小于0.6m）；对于中等跨径桥不宜小于1.0m；对于特大、大跨径桥梁的墩身顶宽，视上部构造类型而定。侧坡坡度一般采用20:1~30:1（竖：横），小跨径桥的桥墩也可采用直坡。

为了便于水流和漂浮物通过，墩身平面形状可以做成圆端形或尖端形；无水的岸墩或高架桥墩可做成矩形，在水流与桥梁斜交或流向不稳定时，宜做成圆形，见图1-1-7c）。在有强烈流冰、泥石流或大量漂浮物的河道（冰厚大于0.5m，流冰速度大于1m/s）上，桥墩表面宜选用强度等级不小于MU60的石材或C40混凝土预制块镶面，镶面砌体的砂浆强度等级不应低于M20。在具有强烈流冰河流中的桥墩，应在其迎冰面设置破冰棱体，见图1-1-7e）。破冰棱的设置范围，应从最低流冰水位以下0.5m到最高流冰水位以上1.0m处，破冰棱的倾斜度宜为3:1~10:1（竖：横）。破冰棱与桥墩应构成一体，自基底或承台底至最高流冰水位以上1.0m处，混凝土墩台应避免设水平施工缝；当不可避免时，其接合面应用型钢或钢筋加强。

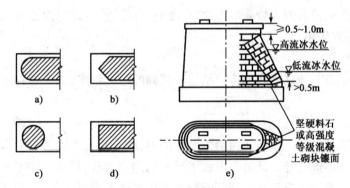

图1-1-7 墩身平面及破冰棱

当河流属于中等流冰情况（冰厚0.3~0.4m，流速不大于1m/s），或河道上经常有大量漂浮物时，对于混凝土重力式桥墩的迎水面，可以用直径10~12mm的钢筋加强，钢筋的垂直间距为100~200mm，水平距离约为200mm（图1-1-8）。

此外，在一些高大的桥墩中，为了减少圬工体积，节约材料，或为了减轻自重，降低基底的承压应力，也可将墩身内部做成空腔体，即所谓空心桥墩。这种桥墩在外形上与实体重力式桥墩无大的差别（图1-1-9），只是自重较实体重力式的轻，介于重力式与轻型桥墩之间。

空心桥墩在构造尺寸上应符合下列规定：

①墩身混凝土一般为 C20～C30，最小壁厚一般不宜小于 0.3～0.5m。

②墩身内应设横隔板或纵、横隔板，以加强墩壁的局部稳定。

③空心墩台应设置壁孔，在墩台身周围交错布置，其尺寸或直径宜为 0.2～0.3m。墩顶实体段以下，应设置带门的进人洞或相应的检查设备。

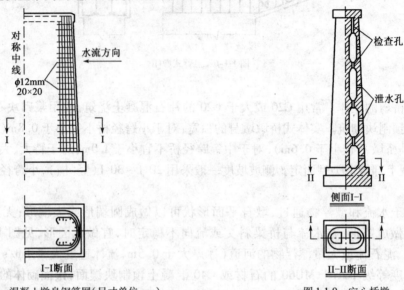

图 1-1-8　混凝土墩身钢筋网(尺寸单位：cm)　　　　　　图 1-1-9　空心桥墩

空心墩设置壁孔，可防止墩壁承受静水压力且防止壁外河水通过墩壁向墩内渗透使混凝土受损。此外，如果基础底面以下是透水地基，河水尚对桥墩和基础产生浮力，不利于稳定。对于水位以上及旱桥的空心墩台壁，也应设置壁孔，但壁孔尺寸可适当减小，用作通风。

空心桥墩抵抗碰撞的能力较差。因此，在通航、有流筏、流冰以及流速大并带有撞击磨损物质的河流上，不宜采用。

(3)基础。

基础是介于墩身与地基之间的传力结构。基础的种类很多，其知识在本学习情境工作任务二中予以介绍。

2)拱桥重力式桥墩

拱桥是一种推力结构。拱圈传递给桥墩上的力，除了垂直力以外，还有较大的水平推力，这是与梁桥的最大不同之处。从抵御恒载水平力的能力来看，拱桥桥墩又可以分为普通墩和单向推力墩两种。普通墩除了承受相邻两跨结构传来的垂直反力外，一般不承受恒载水平推力；或者当相邻孔不相同时，只承受经过相互抵消后尚余的不平衡推力。单向推力墩又称制动墩，它的主要作用是在它的一侧的桥孔因某种原因遭到毁坏时，能承受住单向的恒载水平推力，以保证其另一侧的拱桥不致遭到倾坍。另外，施工时为了拱架的多次周转，或者当缆索吊装设备的工作跨径受到限制时，为了能按桥台与某墩之间或者按某两个桥墩之间作为一个施工段进行分段施工，也要设置能承受部分恒载单向推力的制动墩。由此可见，为了满足结构强度和稳定的要求，普通墩的墩身可以做得薄一些，见图 1-1-10a)～c)，单向推力墩则要做得厚实一些，见图 1-1-10d)、e)。

(1)拱座。

拱桥桥墩与梁桥桥墩的一个不同点是:梁桥桥墩的顶面要设置传力的支座,且支座距顶面边缘保持一定的距离;而无支架吊装的拱桥桥墩则在其顶面的边缘设置呈倾斜面的拱座,以直接承受由拱圈传来的压力。故无铰拱的拱座总是设计成与拱轴线成正交的斜面。由于拱座承受着较大的拱圈压力,故一般采用 C20 以上的整体式混凝土、C40 以上的混凝土预制块或块石砌筑。肋拱桥的拱座由于压力比较集中,故应采用高强度等级混凝土及数层钢筋网加固;装配式肋拱,以及双曲拱桥的拱座,也可预留供插入拱肋的孔槽(图 1-1-11),就位以后再浇筑混凝土封固。为了加强肋底与拱座的连接,底部可设 U 形槽浇筑混凝土,混凝土强度等级应不低于 C25。有时孔底或孔壁还应增设一些加固钢筋网。

  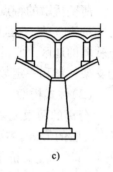 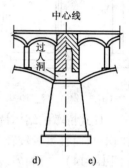

a)　　　　b)　　　　c)　　　　d)　　　e)

图 1-1-10　拱桥普通墩和单向推力墩

(2)拱座的位置。

当桥墩两侧孔径相等时,则拱座均设置在桥墩顶部的起拱线高程上,有时考虑桥面的纵坡,两侧的起拱线高程可以略有不同。当桥墩两侧的孔径不等,恒载水平推力不平衡时,将拱座设置在不同的起拱线高程上。此时,桥墩墩身可在推力小的一侧变坡或增大边坡。从外形美观上考虑,变坡点一般设在常水位以下(图 1-1-12)。墩身两侧边坡和梁桥的一样,一般也为 20:1~30:1。

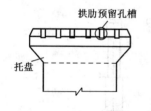 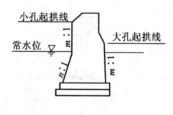

图 1-1-11　拱座构造　　　　　　　　　　图 1-1-12　拱桥墩身边坡的变化

(3)墩顶以上构造。

由于上承式拱桥的桥面与墩顶顶面相距有一段高度,故墩顶以上结构常采用几种不同的形式。对于实腹式石拱桥,其墩顶以上部分通常做成与侧墙平齐的形式,见图 1-1-10a)。对于空腹式石拱桥或双曲拱桥的普通墩,常采用立墙式、立柱加盖梁式或者采用跨越式,见图 1-1-10b)、c)。对于单向推力墩,常采用立墙式和框架式,见图 1-1-10d)。

为了缩减墩身长度,拱桥墩顶部分也可做成托盘形式,见图 1-1-11。托盘可采用 C20 纯混凝土圬工,或仅布置构造钢筋。墩身材料可以采用块石、片石或混凝土预制块砌筑,也可用片石混凝土浇筑。

2. 轻型桥墩

当地基土质条件较差时,为了减轻地基的负担,或者为了减轻墩身重量,节约圬工材料,常采用各种轻型桥墩。轻型桥墩的墩帽尺寸及构造也由上部结构及其支座的尺寸等要求来确定,这与重力式桥墩无多大差异。在梁桥中,通常采用以下几种类型。

(1) 钢筋混凝土薄壁桥墩。

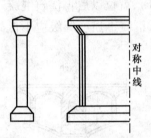

图 1-1-13 所示为钢筋混凝土薄壁桥墩,其高度一般不大于 7m,墩身厚度约为高度的 1/15,即 0.3～0.5m。一般配用托盘式墩帽,其两端为半圆头。墩身材料采用 C20 以上混凝土。根据外力作用情况,沿墩身高度配置适量钢筋,通常其钢筋含量约为 $60 kg/m^3$。

薄壁桥墩的特点是圬工体积小,结构轻巧,比重力式桥墩可节约圬工量 70% 左右,且施工简便,外形美观,过水性良好,故适用于地基土软弱的地区。它的缺点是,当采用现浇混凝土时,需耗费用于立模的支架材料和一定数量的钢筋。

图 1-1-13 钢筋混凝土薄壁桥墩

(2) 柱式桥墩。

柱式桥墩的结构特点是由分离的两根或多根立柱(或桩柱)所组成。它的外形美观,圬工体积小,而且重量较轻。柱式桥墩的形式,主要有单柱式、双柱式、哑铃式及混合双柱式四种(图 1-1-14)。在桥宽较大的城市桥和立交桥中,则常采用多柱式桥墩。

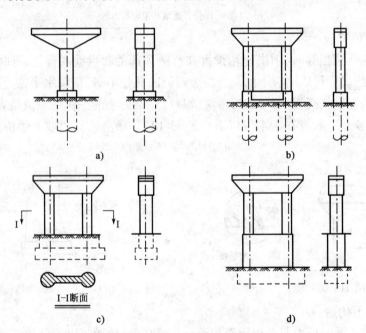

图 1-1-14 柱式桥墩
a) 单柱式; b) 双柱式; c) 哑铃式; d) 混合双柱式

图 1-1-14a) 为单柱式桥墩,其适用于水流与桥轴线斜交角大于 15°的桥梁,或河流急弯、流向不固定的桥梁。在具有抗扭刚度的上部结构中,这种单根立柱还能一起参与承受上部结构的扭力。在水流与桥轴斜交角小于 15°,仅有较小的漂流物或轻微的流冰河流中,可采用双柱式或多柱式墩,配以钻孔灌注桩基础,具有施工便利、速度快、圬工体积小、工程造价低和比较美观等优点,是桥梁建筑中较多采用的形式之一,见图 1-1-14b)。在有较多的漂

流物或较严重的流冰河流上,漂流物卡在两柱中间可能使桥梁发生危险。因此,有特殊要求时,在双柱间加做0.40~0.6m厚的横隔墙,成为哑铃式桥墩,见图1-1-14c)。在有较严重的漂流物或流冰的河流上,当墩身较高时,可把高水位以上的墩身做成双柱式,高水位以下部分做成实体式的混合双柱式墩,见图1-1-14d),这样既减少了水上部分的圬工体积,同时增加了抵抗漂流物碰撞的能力。

3. 柔性排架桩墩

柔性排架桩墩是由单排或双排的钢筋混凝土桩与钢筋混凝土盖梁连接而成(图1-1-15)。其主要特点是,可以通过一些构造措施,将上部结构传来的水平力(制动力、温度影响力等)传递到全桥的各个柔性墩台,或相邻的刚性墩台上,以减少单个柔性墩所受到的水平力,从而达到减小桩墩截面的目的。由于其材料用量省,修建简单,在我国各地特别是平原地区较为广泛采用。

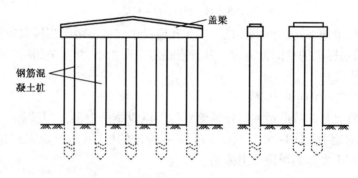

图1-1-15 柔性排架桩墩

柔性排架桩墩多用在墩高为5.0~7.0m,跨径一般不宜超过13m的中、小型桥梁上。因排架桩墩的尺寸较小,所以对于山区河流、流冰或漂流物严重的河流,墩柱易被损坏,故不宜采用。对于石质或砾石河床,沉入桩也不宜采用。

柔性排架桩墩分单排架墩和双排架墩。单排架墩一般适用于桥墩高度不超过4.0~5.0m。桩墩高度大于5.0m时,为避免行车时可能发生的纵向晃动,宜设置双排架墩;当受桩上荷载或支座布置等条件限制不能采用单排架墩时,也可采用双排架墩。当采用钻孔灌注桩时,可采用单排架墩。

柔性排架桩墩适用的桥长,应根据温度变化幅度决定。一般为50~80m。温差大的地区桥长应短些,温差小的地区桥长可以适当长些。桥长超过50~80m,受温度影响很大,需要设置滑动支座或设置刚度较大的温度墩。

桩与桩之间的中距不应小于桩径的3倍或1.5~2.0m。盖梁一般为矩形截面,单排桩盖梁的宽度为0.6~0.8m。盖梁高度对各种跨径和单、双排架桩均采用0.4~0.5m。如果采用钻孔灌注桩排架墩,其桩的直径不宜大于0.9m,桩间距离不小于2.5倍成孔直径,其盖梁的宽度一般比桩径大0.1~0.2m,高度应根据受力情况拟订。

4. 拱桥轻型桥墩

拱桥上采用的轻型桥墩,一般是为了配合钻孔灌注桩基础的桩柱式桥墩。从外形上看,它与梁桥上的桩柱式桥墩非常相似(图1-1-16)。其主要差别是:在梁桥墩帽上设置支座,而在拱桥墩顶部则设置拱座。桩墩较高时,应在桩间设置横系梁以增强桩柱刚性。桩柱式桥墩一般采用单排桩,跨径在40~50m以上桥梁的高墩,可采用双排桩[图1-1-16b)]。在桩顶设置承台,与墩柱连成整体。如果桩与柱直接连接,则应在接合处设置横系梁。若柱高大于6~8m时,还应在柱的中部设置横系梁。

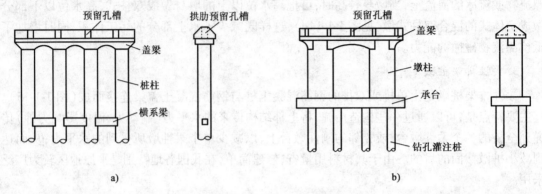

图1-1-16 拱桥桩柱式桥墩

在采用轻型桥墩的多孔拱桥中,每隔3~5孔应设单向推力墩。当桥墩较矮或单向推力不大时,可以考虑采用轻型的单向推力墩。其特点是阻水面积小,并可节约圬工体积。轻型单向推力墩形式有如下几种。

(1)带三角杆件的单向推力墩。

这种桥墩的特点是在普通墩的墩柱两侧对称地增设钢筋混凝土斜撑和水平拉杆,用来提高抵抗水平推力的能力[图1-1-17a)]。为了提高构件的抗裂性,可以采用预应力混凝土结构。这种桥墩只在不太高的旱地桥上采用。

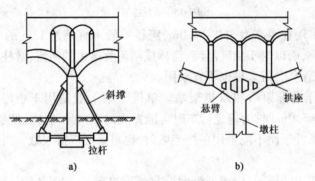

图1-1-17 拱桥轻型单向推力墩

(2)悬臂式单向推力墩。

悬臂式单向推力墩的工作原理是:当墩的一侧桥孔遭到破坏以后,可以通过另一侧拱座上的竖向分力与悬臂所构成的稳定力矩来平衡由拱的水平推力所产生的倾覆力矩[图1-1-17b)]。这种形式适用于两铰双曲拱桥。但由于墩身较薄,在受力后悬臂端会有一定位移,因而对于无铰拱说来会产生附加内力。

三、桥台构造

1. 重力式桥台

梁桥和拱桥上常用的重力式桥台为U形桥台,它由台帽、台身和基础三部分组成。由于台身是前墙和两个侧墙构成的U字形结构,故而得名,其构造示意图见图1-1-18a)、b)。从图中比较可以看出,二者除在台帽部分有所差别外,其余部分基本相同;从尺寸上看,拱桥桥台一一般较梁桥桥台要大。U形桥台墙身多数为石砌圬工，适用于填土高度为4～10m的单孔及多孔桥。它的结构简单，基础底承压面大，应力较小。但圬工体积较大，两侧墙间的填土容易积水，除增大土压力外，还易受冻胀作用而使侧墙产生裂缝。所以桥台中间多用骨料或渗水性土填筑，并要求设置较完善的排水设备（如隔水层）及台后排水盲沟，避免填土中积水。

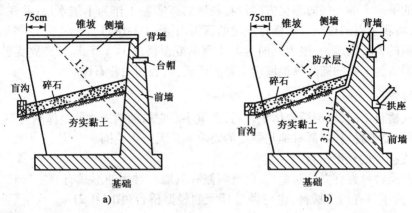

图1-1-18　U形桥台

下面叙述U形桥台的各部分构造。

1）台帽

梁桥台帽的构造和尺寸要求与相应的桥墩墩帽有许多共同之处，不同的是台帽顶面只设单排支座，在另一侧则要砌筑挡住路堤填土的矮雉墙，或称背墙。背墙的顶宽，对于片石砌体不得小于0.5m，对于块石、料石砌体及混凝土砌体不宜小于0.4m。背墙一般做成垂直的，并与两侧侧墙连接。如果台身放坡时，则在靠路堤一侧的坡度与台身一致。在台帽放置支座部分的构造尺寸、钢筋配置及混凝土强度等级可按相应的墩帽构造进行设计。

拱桥桥台只在向河心一侧设置拱座，其构造、尺寸可参照相应桥墩的拱座拟定。对于空腹式拱桥，在前墙顶面上还要砌筑背墙，用来挡住路堤填土和支承腹拱。

2）台身

台身由前墙和侧墙构成。前墙顶面宽度不宜小于0.5m，其任一水平截面的宽度，不宜小于该截面至墙顶高度的0.4倍，背坡坡度一般采用5:1～8:1，前坡坡度为10:1或直立。侧墙与前墙接合成一体，兼有挡土墙和支撑墙的作用。侧墙顶宽一般为0.6～1.0m。任一水平截面的宽度，对于片石砌体不小于该截面至墙顶高度的0.4倍；对于块石、粗料石砌体或混凝土不宜小于0.35倍；如桥台内填料为透水性良好的中粗砂或砂砾时，则上述两项可分别相应减为0.35倍和0.30倍。侧墙正面一般是直立的，其长度视桥台高度和锥坡坡度而定。前墙的下缘一般与锥坡下缘相齐。因此，桥台越高、锥坡越坦，侧墙则越长。侧墙尾端应有不小于0.75m的长度伸入路堤内，以保证与路堤良好的衔接。台身宽度通常与路基同宽（图1-1-19）。

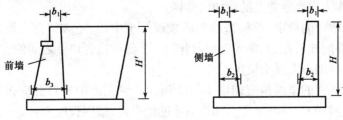

图1-1-19　U形桥台尺寸图

当U形桥台两侧墙宽度之和不小于同一水平截面前墙全长的0.4倍时,可按U形整体截面验算截面强度。当U形桥台前墙设有沉降缝或伸缩缝时,分隔的前墙和侧墙墙身或基础应分别按独立墙验算截面强度。

两个侧墙之间应填以渗透性较好的土。为了排除桥台前墙后面的积水,应于侧墙间在略高于高水位的平面上铺一层向路堤方向设有斜坡的夯实黏土作为不透水层,并在黏土层上再铺一层碎石,将积水引向设于台后横穿路堤的盲沟内[图1-1-18a)]。

桥台两侧的锥坡坡度,一般由纵向为1∶1逐渐变至横向1∶1.5,以便和路堤的边坡一致。锥坡的平面形状为1/4的椭圆。锥坡用土夯实而成,其表面用片石砌筑。

2. 轻型桥台

与重力式桥台不同,轻型桥台体积轻巧,自重小。它借助结构物的整体刚度和材料强度承受外力,从而可节省材料,降低对地基强度的要求和扩大应用范围。

1) 设有支撑梁的轻型桥台

这种桥台是台身为直立的薄壁墙,台身两侧有翼墙。常用的形式有八字形和一字形两种(图1-1-20),为了节省圬工材料,也可做带耳墙的轻型桥台(图1-1-21)。八字形桥台的八字墙与台身是设断缝分开的,一字形的翼墙与台身连成一整体,带耳墙的桥台由台身、耳墙和边柱三部分组成。

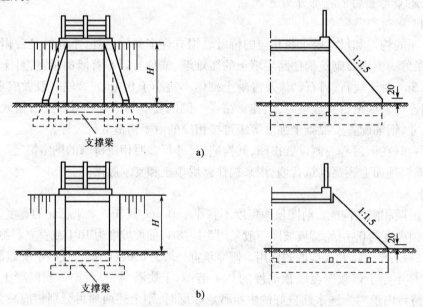

图1-1-20 设置地下支撑梁的轻型桥台(尺寸单位:cm)

轻型桥台的主要特点是:①利用上部构造及下部的支撑梁作为桥台的支撑,以防止桥台向跨中移动;②整个构造物成为四铰刚构系统;③除台身按上下铰接支承的简支竖梁承受水平土压力外,桥台还应作为弹性地基上的梁加以验算。

为了保持轻型桥台的稳定,除构造物牢固地埋入土中外,还必须保证铰接处有可靠的支撑,故锚固上部块件的栓钉孔、上部构造与台背间及上部构造各块件之间的连接缝均需用与上部构造同强度等级的细石混凝土填实。

上部构造与台帽间的锚固构造如图1-1-22所示。台帽上的栓钉孔应按上部构造各块件的相应位置预留,栓钉的直径不小于上部构造主筋的直径,锚固长度为台帽的厚度加上台帽上的三角垫层厚和板厚。

当填土高度较高或跨径较大时,宜采用有台背的台帽,它有较好的支撑作用。当上部构造不设三角形铺装垫层时,为了使桥面有排水横坡,可在台帽上做有斜坡的三角垫层。台帽钢筋构造要求和布置见图1-1-23。

由于跨径与高度均较小,台身的厚度不大,台身一般多做成上下等厚。为了增加承受水平土压力的抗弯刚度,可做成T形截面的台身(图1-1-24)。

轻型桥台沿基础长度方向应按支承于弹性地基上的梁进行验算。为使基础有较好的整体性,一般采用混凝土基础。当基础长度大于12.0m时,应按构造要求配置钢筋。

基础的埋置深度,一般在原地面(无冲刷河流)或局部冲刷线以下不小于1.0m。当河底有冲刷可能时,应用石料进行铺砌。为了保持桥台的稳定,一般均需设下部支撑梁。支撑梁应设于铺砌层或冲刷线以下,中距宜为2~3m,采用钢筋混凝土构件,其截面尺寸不宜小于0.2m(横)×0.3m(竖),四角应设置直径不小于12mm的钢筋。为了节省钢筋,也可用素混凝土或块石砌筑,其截面尺寸不宜小于0.4m×0.4m。支撑梁按基础长度之中线对称布置;如果基础能嵌入风化岩层15~25cm时,可不设支撑梁。

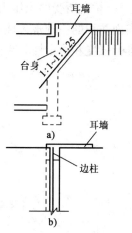

图1-1-21 带耳墙的轻型桥台
a)立面;b)平面

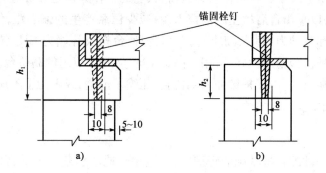

图1-1-22 轻型桥台上部构造与台帽间的锚固构造(尺寸单位:cm)
a)有台背;b)无台背

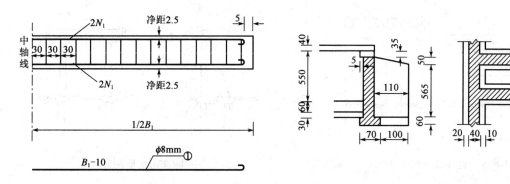

图1-1-23 轻型桥台台帽钢筋构造布置(尺寸单位:cm)　　图1-1-24 T形截面轻型桥台台身(尺寸单位:cm)

2)埋置式桥台

埋置式桥台是将台身埋在锥形护坡中,只露出台帽以安置支座及上部构造(图1-1-25)。

这样,桥台所受的土压力大为减小,桥台的体积也相应地减小。但是由于台前护坡是用片石作表面防护的一种永久性设施,存在着有被洪水冲毁而使台身裸露的可能,故设计时必须慎重地进行强度和稳定性验算。

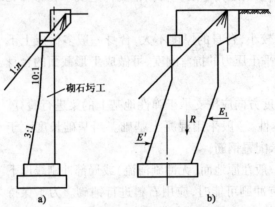

图 1-1-25 埋置式桥台

埋置式桥台不需要侧墙,仅附有短小的钢筋混凝土耳墙。台帽部分的内角到护坡表面的距离不应小于 0.5m,否则应在台帽两侧设置挡板,用以挡住护坡的填土,并防止土、雪等拥到支承平台上去。耳墙与路堤衔接,伸入路堤的长度一般不小于 0.5m。

埋置式桥台实质上属于一种实体重力式桥台,它的工作原理是靠台身后倾,使重心落在基底截面的形心之后,以平衡台后填土的倾覆力矩,减少恒载产生的偏心距,但应注意后倾斜度要适当。下部台身和基础为 M5 浆砌块石,上部台身、台帽及耳墙为 C15 混凝土,其台帽和耳墙都配有钢筋。这种桥台稳定性好,可用于高达 10m 及 10m 以上的高桥台。

埋置式桥台的缺点是,由于护坡伸入到桥孔,压缩了河道,或者为了不压缩河道,就要适当增加桥长。

3. 框架式桥台

框架式桥台是一种配合桩基础的轻型桥台,适用于地基承载力较低、台身较高、跨径较大的桥梁。其构造形式常用的有双柱式(图 1-1-26)、四柱式、肋板式(图 1-1-27)、构架式及半重力式等。

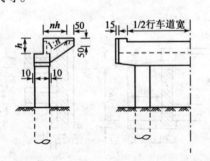

图 1-1-26 双柱框架式桥台(尺寸单位:cm)

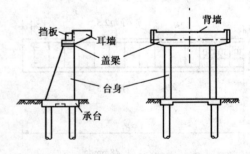

图 1-1-27 肋板式桥台

双柱式(或四柱式)一般在填土高度小于 5m 时采用。为了减少桥台水平位移,也可先填土后钻孔。填土高大于 5m 时,可采用墙式或构架式,墙厚一般为 0.4~0.8m,可设少量钢筋。半重力式构造与墙式相同,墙较厚,可不设钢筋。

肋板及半重力式桥台常用钻孔灌注桩作基础,桩径一般为0.6~1.0m,桩数根据受力情况结合地基承载力决定。

框架式桥台均采用埋置式,台前设置溜坡。为满足桥台与路堤的连接,可在台帽上部设置耳墙,必要时在台帽前方两侧设置挡板。

4. 组合桥台

桥台本身主要承受桥跨结构传来的竖向力和水平力,而台后的土压力由其他结构来承受,这种形式的桥台称组合式桥台。

1) 锚定(拉)板式桥台

锚定(拉)板式桥台有分离式和结合式两种形式。分离式是台身与锚定(拉)板、挡土结构分开,台身主要承受上部结构传来的竖向力和水平力,锚定(拉)板承受台后土压力。锚定(拉)板结构由锚定(拉)板、立柱、拉杆和挡土板组成[图1-1-28a)]。桥台与挡土板之间预留空隙(上端做伸缩缝,下端与基础分离),使桥台与挡土板互不影响,各自受力明确;但结构复杂,施工不方便。结合式锚定(拉)板桥台的构造见图1-1-28b),它的挡土板与桥台结合在一起,台身兼作立柱和挡土板,作用在台身的所有水平力假定均由锚定板的抗拔力来平衡,台身仅承受竖向荷载。其结构简单,施工方便,工程量较省,但受力不很明确。若桥台顶位移量计算不准,可能会影响施工和营运。

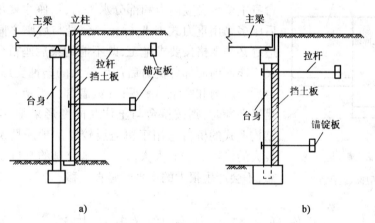

图1-1-28 锚定(拉)板式桥台构造
a)分离式;b)结合式

锚定板可用混凝土或钢筋混凝土制作,试验结果表明,采用矩形为好。为便于机械化填土作业,锚定板的层数一般不宜多于两层。立柱和挡土板通常采用钢筋混凝土,锚定板的位置以及拉杆等结构均应通过计算确定。

2) 过梁式和框架式组合桥台

桥台与挡土墙用梁组合在一起的桥台称过梁式组合桥台。当梁与桥台、挡土墙刚接时,则形成框架式组合桥台,如图1-1-29所示。

框架的长度及过梁的跨径,由地形及土方工程比较确定。组合式桥台越长,梁的材料用量就越多,而桥台及挡土墙的材料用量相应有所减少。

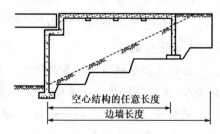

图1-1-29 框架式组合桥台

3)桥台—挡土墙组合桥台

这类桥台由轻型桥台支承上部结构,台后设挡土墙承受土压力,台身与挡土墙分离,上端做伸缩缝,使受力明确。当地基比较好时,也可将桥台与挡土墙放在同一个基础之上,如图1-1-30所示。这种组合式桥台不压缩河床,但构造较复杂,是否经济需通过比较确定。

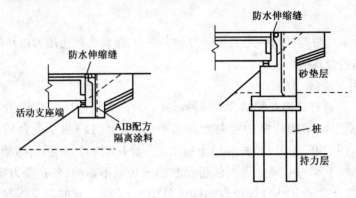

图1-1-30　桥台—挡土墙组合桥台

5. 后座式组合桥台

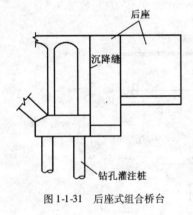

图1-1-31　后座式组合桥台

如图1-1-31所示组合桥台,它由台身和后座两部分组成,台身主要承受竖向力和部分水平力,后座主要承受水平推力。后座多采用重力式U形桥台。台身与后座之间设构造缝,构造缝必须严格按要求施工,既不能约束后座桥台的垂直位移,又不能使前面部分受力后产生较大的塑性变形。水平推力由台后土压力和摩阻力来平衡(或者部分平衡)。若推力很大不足以平衡时,则按桥台与土体共同变形来承受水平力。这种结构形式的桥台适用于覆盖层较厚的地质情况,或单向推力较大的拱桥。它能大大减少主体台身的基础工程量,稳定可靠,不会产生很大的水平和竖直位移。

工作任务二　认知桥梁基础构造

学习目标

1. 叙述常用桥梁基础的类型及使用场合;
2. 知道常用桥梁基础的构造及桥梁有关规范对基础构造的要求;
3. 根据公路桥涵设计规范完成桥梁基础施工图的构造校核作业。

任务描述

教师根据全班组数准备若干有关桥梁施工图及桥梁模型,学生分组(视班级总人数可分5～6人/组),每组推选一名组长负责任务的组织与实施,最终以组为单位上交桥梁基础构造校核说明书。各组在接到任务后,认真学习公路桥涵有关设计标准及规范的相关内容,结合教师讲课并视需要收集其他相关信息,每组各成员单独准备分析材料,然后分组讨论并由一人做好记录并整理上交《××桥梁基础构造校核说明书》。

📝 **学习引导**

本工作任务沿着以下脉络进行学习：

任务布置(桥梁基础构造校核) → 课堂教学 → 课后思考与总结 →

完成任务(桥梁基础构造校核说明书) → 各组成果检查 → 分组讨论 → 上交成果 →

学生自测与自评 → 小组各组员相互检查成果，组长对组员进行考核 → 教师考核

一、相关知识

桥梁基础起着支承桥跨结构，保持体系稳定的作用，它把上部结构、墩台自重及车辆荷载传递给地基，是桥梁结构物的一个重要组成部分。地基即基础下面的地层。作为整个桥梁的载体，地基承受基础传来的荷载。为了保证结构物的安全和正常使用，要求地基必须有足够的强度和稳定性；同时，其变形也应在容许范围之内。

对于浅基础而言，从地基的层次和位置看，它有持力层和下卧层之分。如图 1-2-1 所示，持力层即与浅基础底面相接触的那部分地层，直接承受基底压应力作用；持力层以下的地层称为下卧层。

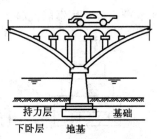

图 1-2-1 地基与基础

要保证建筑物的质量，首先必须保证有可靠的地基与基础；否则，整个建筑物就可能遭到损坏或影响正常使用。从实践来看，建筑工程质量事故往往是由于地基与基础的失稳、破坏造成的，究其原因也是多方面的：一方面，从客观上看，地基和基础属于隐蔽工程，施工条件差，并且一旦出现问题，很难发现，且很难处理、修复；另一方面，地基与基础在地下或水下，往往容易被忽视；再者，地基和基础所占造价比重较大。因此，要求充分重视地基和基础的设计、施工质量，严格执行现行部颁公路桥涵设计、施工相关技术规范、标准。

二、地基与基础的类型

地基可分为天然地基和人工地基。直接在其上修筑基础的地层称为天然地基；如天然地层土质过于软弱或有不良工程地质问题时，则需要经过人工加固或处理后才能修筑基础，这种地基称为人工地基。在一般情况下，应尽量采用天然地基。

基础的类型，可按基础的刚度、埋置深度、构造形式及施工方法来分类。分类目的在于了解各种类型基础的特点，以便在设计时，根据具体情况合理地加以选用。

1. 按基础的刚度分类

根据基础受力后的变形情况，可分为刚性和柔性基础。如图 1-2-2a)所示，受力后，不发生挠曲变形的基础称为刚性基础，一般可用抗弯拉强度较差的圬工材料(如浆砌块石、片石混凝土等)做成；这种基础不需要钢材，造价较低，但圬土体积较大，且支承面积受一定限制。容许发生较大挠曲变形的基础称为柔性基础或弹性基础，见图 1-2-2b)，其通常须用钢筋混凝土做成；由于钢筋可以承受较大的弯拉应力和剪应力，所以当地基承载力较小时，采用这种基础可以有较大的支承面积。在桥梁工程中，一般情况下，多数采用刚性基础。

17

2. 按基础埋置深度分类

按基础埋置深度不同,可分为浅基础(5m 以内)和深基础两种。

当浅层地基承载力较大时,可采用埋深较小的浅基础。浅基础施工方便,通常用明挖法从地面开挖基坑后,直接在基坑底面砌筑、浇筑基础,是桥梁基础首选方案。如果浅层土质不良,需将基础埋置于较深的良好土层中,这种基础称为深基础。深基础设计和施工较复杂,但具有良好的适应性和抗震性。因此,目前高等级公路普遍应用,常见的形式有沉井、管柱和桩基础。

3. 按构造形式分类

对桥梁基础来说,可归纳为实体式和桩柱式两类。当整个基础都由圬工材料筑成时,称为实体式基础。其特点是基础整体性好,自重较大,所以对地基承载力要求也较高,如图 1-2-3a)所示。由多根基桩或小型管桩组成,并用承台联结成为整体的基础,称为桩柱式基础,如图 1-2-3b)所示。这种基础较实体式基础圬工体积小,自重较轻,对地基强度的要求相对较低,桩柱本身一般要用钢筋混凝土制成。

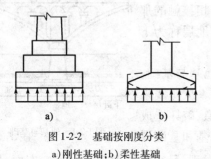

图 1-2-2 基础按刚度分类
a)刚性基础;b)柔性基础

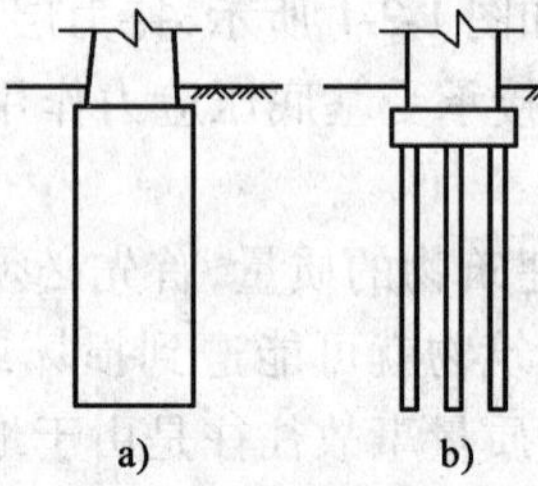

图 1-2-3 基础按构造形式分类
a)实体式基础;b)桩柱式基础

4. 按施工方法进行分类

按施工方法不同,可分为明挖法、沉井、沉箱、沉桩、沉管灌注桩、就地钻(挖)孔灌注桩等。明挖法最为简单,但只适用于浅基础。其他方法均用于深基础。

5. 按基础的材料分类

目前,我国公路构造物基础大多采用混凝土或钢筋混凝土结构,少部分采用钢结构。在石料丰富的地区,按照因地制宜、就地取材的原则,也常用砌石基础。只有在特殊情况下(如抢修、林区便桥),才采用临时的木结构。

三、刚性浅基础的构造

1. 刚性扩大基础构造

桥梁墩台的体积一般比较庞大,故其基础常用大块实体形式,采用块石或混凝土等圬工材料做成。基础平面形状常为矩形,基础平面尺寸一般均较墩、台底面大,每边扩大的尺寸最小为 0.2m,视土质、基础厚度、埋置深度及施工方法而定。当基础底面为满足地基强度要求需要扩大时,则基础将悬出墩(台)身外,这样在地基反力 σ 的作用下,基础的悬出部分将受挠曲产生拉应力,如图 1-2-4a)所示。由于一般基础所用的圬工材料其抗压强度大,而抗弯拉强度很小,为防止基础的悬出段因受挠曲开裂破坏,悬出段长度应控制在一定范围内,这种基础称为刚性基础。

刚性基础的悬出段长度,通常用压力分布角 α 来控制,α 角是自墩(台)身底的边缘与基底边缘的连线和竖直线间的夹角,如图1-2-4b)所示,即使 $\alpha \leqslant \alpha_{max}$,其中,$\alpha_{max}$ 称为刚性角。刚性角 α_{max} 与基础圬工材料的强度有关。现行《公路圬工桥涵设计规范》(JTG D61—2005)考虑在一般墩(台)基底反力的变化范围内,对各种圬工材料的刚性角作如下经验规定:

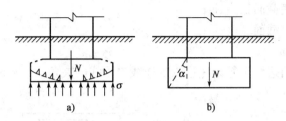

图1-2-4 基础挠曲变形

对于砖、片石、块石、粗料石砌体,当用强度等级为 M5 砂浆砌筑时,$\alpha_{max} \leqslant 30°$;
对于砖、片石、块石、粗料石砌体,当用强度等级为 M5 以上砂浆砌筑时,$\alpha_{max} \leqslant 35°$;
混凝土浇筑时,$\alpha_{max} \leqslant 40°$。

因此,在设计刚性基础底面尺寸时,凡满足 $\alpha \leqslant \alpha_{max}$ 条件,即可认为基础刚度很大,它在荷载作用下的挠曲变形很小,不会受拉开裂破坏,基础本身强度能够得到充分保证,可不予验算。若 $\alpha > \alpha_{max}$,则不是刚性基础,一般称为柔性基础,这时应验算基础的弯曲拉应力和剪应力强度,并设置必要的钢筋。

当基础较厚时,可在纵横两个剖面上都砌筑成台阶形,以减少基础自重,节省材料,如图1-2-5所示。

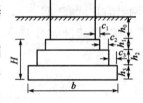

图1-2-5 台阶扩大基础

台阶形基础由于可节省材料,施工立模砌筑也比较方便,故采用较多。对于桥梁墩台基础,当基础高度 H 较大时,一般可分为 $2 \sim 3$ 级等高的台阶,每一台阶高度 $h_i = 1 \sim 1.5\mathrm{m}$,小桥有时可减为 $0.6\mathrm{m}$;台阶宽度 c_i 通常可取与襟边 c_1 相同,即 $c_i = c_1$。襟边 c_1 是指在基础顶面较所支撑的墩(台)身底面外形轮廓大出的尺寸,其作用是考虑基础施工时工作条件较差,定位尺寸可能有所偏差,留有襟边后可作调整余地;另外,也便于墩台施工时作为模板支架的支撑点。因此襟边大小须视施工情况而定,一般可取 $0.2 \sim 1.0\mathrm{m}$。基础顶面一般置于地面或最大冲刷线以下不小于 $0.15\mathrm{m}$,这样有利于保护基础,且防止加大冲刷。

2. 刚性扩大基础尺寸的拟订

基础尺寸的拟订是基础设计中的重要内容之一。拟订尺寸恰当,可以减少重复的计算工作。刚性浅基础的尺寸包括基础的高度、平面尺寸和立面尺寸。

基础高度,一般应根据墩(台)身结构形式、荷载大小、基础材料等来确定。具体做法:首先根据基础埋置深度的要求,确定基底高程;再按照水中基础顶面不高于最低水位,在季节性河流或旱地上的墩台基础顶面不高出地面,则可定出基顶高程。基础底面埋置深度 h 与基础顶面埋置深度 h_0 之差,称为基础高度 H,即 $H = h - h_0$(图1-2-6)。在一般情况下,大、中桥墩(台)基础的高度为 $1.0 \sim 2.0\mathrm{m}$。

基础的平面尺寸,应根据墩(台)身底面形状而确定。虽然墩(台)身底面形状以圆端形居多,但考虑施工的方便,基础平面仍采用矩形。基础底面长、宽尺寸与基础高度关系如下:

$$a = l + 2H\tan\alpha \leq l + 2H\tan\alpha_{max}$$
$$b = d + 2H\tan\alpha \leq d + 2H\tan\alpha_{max} \tag{1-2-1}$$

式中：a——基础长度（横桥向），m；

b——基础宽度（顺桥向），m；

l——墩（台）身底截面长度，m；

d——墩（台）身底截面宽度，m；

H——基础高度，m；

α——墩（台）底面边缘至基础底边缘的连线与垂线的夹角；

α_{max}——基础材料的刚性角。

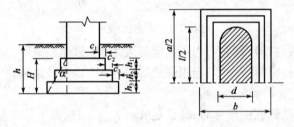

图 1-2-6 扩大基础立面、平面图

基础的立面形式应力求简单，既能便于施工，又能节省圬工材料，一般做成矩形或台阶形（图1-2-6）。在确定基础立面尺寸时，只需定出两方面的尺寸：一是确定襟边宽和台阶宽度（两者宜取同宽，即 $c_i = c_1$），墩（台）基础的襟边最小值为 0.2~0.5m；二是基础台阶厚度 h_i。当基础较厚时（超过1m），可将基础做成台阶形，每层台阶厚度通常为 $h_i = 1.0~1.5$m，各台阶宜做成等厚。

四、桩基础的类型与构造

桩基础是常用的桥梁基础类型，是埋于地基土中的若干根桩及将所有桩连成一个整体的承台（或盖梁）两部分所组成的一种基础形式。如图 1-2-7a) 所示，桩身可以全部或部分埋入地基土中，当桩身外露在地面上较高时，在桩之间还应设置横系梁，以加强各桩之间的横向联系。若干根桩在平面排列上可成为一排或几排，所有桩的顶部由承台连成一整体。在承台上再修筑桥墩、桥台及上部结构。桩可以预先制作好，再将其运至现场沉入土中；也可以就地钻孔（或人工挖孔），然后在孔中浇筑水泥混凝土或置入钢筋骨架后再浇灌混凝土而成桩。

桩基础的作用是将承台以上结构物传来的外力，通过承台由桩传到较深的地基持力层中。承台将外力传递给各桩并箍住桩顶使各桩共同承受外力。各桩所承受的荷载由桩通过桩侧土的摩阻力及桩端土的抵抗力将其传递到地基土中，如图 1-2-7b) 所示。因此，桩基础如设计正确，施工得当，则具有承载力高、稳定性好、沉降量小而均匀等特点。在深水河道中，桩基础可以借桩群穿过水流将荷载传到地基中，从而避免（或减少）水下工程，简化施工设备和技术要求，加快施工速度并改善工作环境。当地基浅层土质不良时，它能穿越浅层土发挥地基深层土承载力的作用，以满足桥梁上部结构物荷载的要求。近代在桩基础的类型、沉桩机具和施工工艺，以及桩基础理论和设计计算方法方面，都有了很大的发展，不仅便于机械化施工和工厂化生产，而且能采用不同类型的桩基础和施工方法以适应不同的水文地质条件、荷载性质和上部结构特征。桩基础是一种深基础，主要适用于下列条件：

(1)荷载较大,地基上部土层软弱,适宜的地基持力层位置较深,采用浅基础或人工地基在技术上、经济上不合理时。

(2)河床冲刷较大,河道不稳定或冲刷深度不易计算正确,如采用浅基础施工困难或不能保证基础安全时。

(3)当地基计算沉降过大或结构物对不均匀沉降敏感时,采用桩基础穿过松软(高压缩性)土层,将荷载传到较坚实(低压缩性)土层,减少结构物沉降并使沉降较均匀;另外,桩基础还能增强结构物的抗震能力。

(4)当施工水位或地下水位较高时。

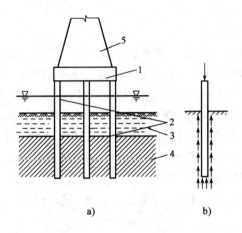

图 1-2-7 桩基础
1-承台;2-基桩;3-松软土层;4-持力层;5-墩身

以上情况也可以采用其他形式的深基础,但桩基础由于具有耗用材料少、自重轻、施工简便等优点,往往是优先考虑的深基础方案。总之,采用浅基础无法满足结构物对地基强度、变形和稳定性方面的要求时,常常采用桩基础。

当上层软弱土层很厚,桩底不能达到坚实土层时,就需要用较多、较长的桩来传递荷载,这时的桩基础稳定性较差,沉降量也较大;当覆盖层很薄时,桩的稳定性也有问题,这时桩基础就不一定是最佳的基础形式。这种情况下,应经过多方面的技术经济比较和研究,确定合理可行的方案。

1. 桩与桩基础的类型

桩基础绝大多数采用钢筋混凝土桩,个别情况用木桩和钢桩。桩和桩基础可按承台位置、沉入土中的施工方法、受力条件的不同而进行分类。

(1)按承台位置分类。

桩基础按承台位置,可分为高桩承台基础和低桩承台基础,如图 1-2-8 所示。

高桩承台基础的承台底面位于地面(或冲刷线)以上,低桩承台基础的承台底面位于地面(或冲刷线)以下。高桩承台基础的结构特点是基桩部分桩身埋入土中,部分桩身外露在地面以上(称为桩的自由长度);而低桩承台基础的基桩则全部埋入土中(桩的自由长度为零)。

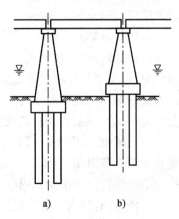

图 1-2-8 高桩承台和低桩承台
a)低桩承台;b)高桩承台

高桩承台基础由于承台位置较高或设在施工水位以上，可减少墩台圬工数量，避免或减少水下作业，施工较为方便。但高桩承台在水平力作用下，由于承台及基桩露出地面的一段自由长度周围无土体来共同承受水平外力，基桩的受力情况较为不利，桩身内力和位移都将大于在同样水平外力作用下的低桩承台，其稳定性较低桩承台要差。

随着科学技术的不断发展，由于大直径钻孔灌注桩的采用，桩的刚度、强度都较大，因而高桩承台在桥梁基础工程中也得到广泛应用。

(2) 按施工方法分类。

由于施工时采用的机具设备和工艺过程不同，桩基础的施工方法种类较多，通常主要采用的是钻（挖）孔法和打入法。

① 钻（挖）孔灌注桩基础。

用钻（冲）孔机械在主体中先钻成桩孔，然后在孔内放入钢筋骨架，再灌注桩身混凝土而成钻孔灌注桩，最后在桩顶浇筑承台（或盖梁），此即为钻孔灌注桩基础。其特点是施工设备简单，操作方便，适用于各种砂性土、黏性土，也适用于碎石、卵石类土层和岩层。但对于淤泥及可能发生流砂或有承压水的地基，施工较为困难，常常易发生塌孔或埋钻等情况。一般钻孔灌注桩入土深度由几米至几百米。依靠人工（用部分机械配合）在地基中挖出桩孔，然后与钻孔桩一样灌注混凝土成桩称为挖孔灌注桩。它的特点是不受设备和地形限制，施工简单。但只适用于无水或渗水量小的地层，对可能发生流砂或含厚的软黏土层地基，因施工较困难，需要加强孔壁支撑，确保安全。它的特点是靠人工挖土，桩径较大，一般大于1.4m。

② 沉桩基础。

打入桩是通过锤击（或以高压射水辅助），将各种预先制好的桩（主要是钢筋混凝土实心桩或管桩，也有木桩或钢桩）打入地基内达到所需要的深度而成为桩基础，一般适用于桩径较小（直径在0.60m以下），地基土质为砂性土、塑性土、粉土、细砂以及松散的不含大卵石或漂石的碎卵石类土质。

在软塑性土质中也可以用重力将桩压入土中此即为静力压桩。这种压桩施工方法免除了锤击打入的振动影响，是在软土地区，特别是在不允许有强烈振动的条件下建造桩基的一种适用的施工方法。

振动下沉桩是将大功率的振动打桩机安装在桩顶（预制的钢筋混凝土桩或钢管桩），利用振动力以减少土对桩的阻力，使桩沉入主体中，通常适用于桩径较大、土的抗剪强度振动时有较大降低的砂土等地基。

③ 管柱基础。

将预制好的大直径（直径1～5m）钢筋混凝土或预应力钢筋混凝土管柱（实质上是一种巨型的管柱，每节长度根据施工条件决定，一般采用4m、8m或10m，接头用法兰盘和螺栓连接），用大型的振动沉桩锤沿导向结构将桩沿垂直向振动下沉到基岩（一般以高压射水和吸泥机配合帮助下沉），然后在管柱内钻岩成孔，下放钢筋骨架笼，灌注混凝土，将管柱与岩层牢固连接形成管柱基础，如图1-2-9所示。管柱基础可以在深水及各种覆盖层条件下进行，没有水下作业和不受季节限制，但施工需要有振动沉桩锤、凿岩机、起重设备等大型机具，动力要求也高，在一般公路桥梁中很少采用。

此外，还有打入式灌注桩（即打入带有桩尖的套管成孔，然后边拔套管边灌注混凝土形成灌注桩）和爆扩桩（即成孔后用爆破方法扩大桩下端以提高桩底承载力）施工方法，这两种方法在公路桥梁桩基础中也很少采用。

(3)按基础的受力条件分类。

结构物荷载通过桩基础传递给地基。垂直荷载一般由桩底土层抵抗力和桩侧与土产生的摩阻力来支承;由于地基土的分层、物理力学性质以及桩的尺寸和设置在土中的方法不同,都会影响桩的受力状态。水平荷载一般由桩和桩侧土水平抗力来支承,而桩承受水平荷载的能力与桩轴线方向及斜度有关。因此,根据桩的受力条件,基桩可分为如下几种。

①柱桩与摩擦桩。

一根埋在土中的桩,在承受轴向荷载后,桩四周的土与桩侧间将产生摩擦力,同时桩尖处的土对桩还存在桩尖反力。因此,作用在桩上的轴向荷载应与桩侧摩阻力和桩尖反力之和相平衡,如图1-2-10所示。当桩尖支承在坚硬的岩层上时,荷载主要通过桩身直接传到桩尖下的岩层中去,这时桩侧摩阻力相对桩尖反力很小,可忽略不计,这种桩称为柱桩或支承桩[图1-2-10a)]。当桩完全埋于较软弱的分散土中时,荷载主要是通过桩侧与土之间的摩擦作用传到桩尖处面积较大的土层中去,这时桩侧摩阻力和桩尖反力均需考虑,这种桩称为摩擦桩[图1-2-10b)]。

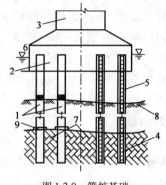

图1-2-9 管桩基础

1-管柱;2-承台;3-墩身;4-嵌固于岩层;5-钢筋骨架;6-低水位;7-岩层;8-覆盖层;9-钢管靴

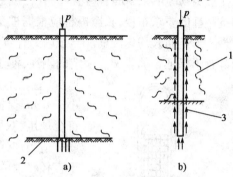

图1-2-10 柱桩和摩擦桩

1-软弱土层;2-岩层或硬土层;3-中等土层

柱桩承载力较大,较安全可靠,基础沉降也小,但如岩层埋置很深,就需要采用摩擦桩。柱桩和摩擦桩由于它们在土中的工作条件不同,其与土共同作用的特点也就不一样,因此在设计计算时所采用的方法和有关参数也不一样。

②竖直桩和斜桩。

基桩按桩轴方向,可分为竖直桩、单向斜桩和多向斜桩等,如图1-2-11所示。在桩基础中是否需要设置斜桩,确定怎样的斜度,应根据荷载的具体情况而定。一般结构物基础承受的水平力常较竖直力小得多,且现已广泛采用的大直径钻(挖)孔灌注桩具有一定的抗弯和抗剪强度,因此,桩基础常全部采用竖直桩。拱桥墩台等结构物桩基础往往需设置斜桩,以承受上部结构传来的较大水平推力,以减小桩身弯矩、剪力和整个基础的侧向位移。

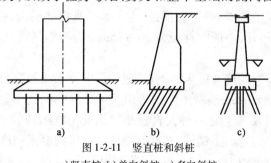

图1-2-11 竖直桩和斜桩

a)竖直桩;b)单向斜桩;c)多向斜桩

斜桩的桩轴线与竖直线所成倾斜角的正切不宜小于1/8,否则斜桩的作用就不大,且施工斜度误差将显著影响桩的受力情况。目前,为了适应拱台推力,有些拱台基础已采用倾斜角大于45°的斜桩。

2. 桩与桩基础的构造

不同材料修筑的不同类型的桩基础具有不同的构造特点。为了保证桩的质量和桩基础的正常工作能力,在设计桩基础时,首先应满足其构造的基本要求。现将目前国内桥梁工程中最常用的桩与桩基础的构造特点及要求简述如下。

1)各种基桩的构造

(1)就地灌注钢筋混凝土桩的构造。

钻(挖)孔桩是采用就地灌注的钢筋混凝土桩,桩身常为实心断面,混凝土强度等级不低于C20,对仅承受竖直力的桩基础可用C15(但水下混凝土仍不应低于C20)。钻孔桩设计直径一般为0.80~1.50m,挖孔桩的直径或最小边宽度不宜小于1.20m。桩内钢筋应按照内力和抗裂性的要求布设,长摩擦桩应根据桩身弯矩分布情况分段配筋,短摩擦桩和柱桩也可按桩身最大弯矩通长均匀配筋。当按内力计算桩身不需要配筋时,应在桩顶3~5m内设置构造钢筋。为了保证钢筋骨架有一定的刚性,便于吊装及保证主筋受力后的纵向稳定,主筋不宜过细过少(直径不宜小于14mm),每根桩不宜少于8根,主筋净距不宜小于8cm,保护层厚度不宜小于5cm。主筋若需焊接,焊接长度应符合规定:双面缝大于5d(d为钢筋直径),单面缝大于10d。箍筋应适当加强,箍筋直径一般不小于8mm,中距为20~40cm。对于直径较大的桩或较长的钢筋骨架,可在钢筋骨架上每隔2.0~2.5m设置一道加劲箍筋(直径为14~18mm),如图1-2-12所示。钻(挖)孔桩的柱桩根据桩底受力情况如需要嵌入岩层时,嵌入深度应通过计算确定,并不得小于0.5m。

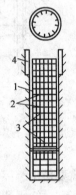

图1-2-12 就地灌注钢筋混凝土桩
1-主筋;2-箍筋;3-加劲筋;4-护筒

为了进一步发挥材料的潜力,节约水泥用量,大直径的空心钢筋混凝土就地灌注桩是今后发展的方向,目前有一些工程中已经采用。

(2)钢筋混凝土预制桩。

沉桩(打入桩和振动下沉桩)采用预制的钢筋混凝土桩,有实心的圆柱和方桩(少数为矩形桩),有空心的管桩,另外还有管柱(用于管柱基础)。

钢筋混凝土方桩可以就地灌注预制。通常方桩横断面为20cm×20cm~50cm×50cm,桩身混凝土强度等级不低C25,桩身配筋应考虑制造、运输、施工和使用各阶段的受力要求。主筋直径一般为12~25mm,主筋净距不小于5cm;箍筋直径为6~8mm,其间距一般不大于40cm(在两端处间距宜减小,一般为5cm)。桩顶处,为了承受直接的锤击,应设钢筋网加固。为了便于吊运,应在桩顶预设吊耳,一般由直径为20~25mm的圆钢制成,混凝土强度等级不低于C25,如图1-2-13所示。

管柱由预制工厂以离心式旋转机生产,有普通钢筋混凝土或预应力钢筋混凝土两种,直径为400mm、550mm,管壁厚80mm,混凝土强度等级为C25~C40,每节管桩两端装有连接钢盘(法兰盘)以供接长。管柱实质上是一种大直径薄壁钢筋混凝土圆管节,在工厂分节制成,施工时逐节用螺栓接长,由法兰盘、主钢筋、螺旋筋组成。管壁混凝土强度等级不低于C25,厚度为100~140mm。最下端的管柱具有钢刃脚,用薄钢板制成。我国常采用的管柱直径为1.50~

5.80m,由钢筋混凝土或预应力钢筋混凝土制成。当管柱入土深度大于25m时,一般采用预应力钢筋混凝土管柱。

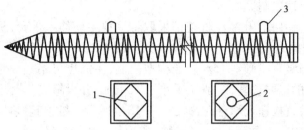

图 1-2-13 预制钢筋混凝土方桩
1-实心方桩;2-空心方桩;3-吊环

预制钢筋混凝土桩柱的分节长度,应根据施工条件决定,并应尽量减少接头数量。接头强度不应低于桩身强度,并有一定的刚度,以减少锤振能量的损失。接头法兰盘的平面尺寸不得突出管壁之外。

管柱具有自重轻、混凝土用料少及强度高等优点,但用钢量较大,离预制厂远的地区运输工作繁重,公路桥梁工程中很少采用。

2)桩的布置和间距

桩基础内基桩的布置应根据荷载、地基土质、基桩承载力等决定。采用大直径钻孔灌注桩的中小桥梁常用单排式,如图 1-2-14a)所示;在大型桥梁或水平推力较大时,则采用多排式(行列式或梅花式),如图 1-2-14b)、c)所示。

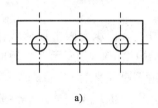 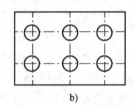 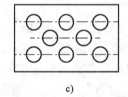

a)   b)   c)

图 1-2-14 桩的平面布置
a)单排式;b)行列式;c)梅花式

考虑桩与桩侧土的共同工作条件和施工的需要,钻(挖)孔桩的摩擦桩中心距不得小于2.5倍成孔直径,支撑或嵌固在岩层上的柱桩不得小于2.0倍的成孔直径(矩形桩为边长,下同),桩的最大中心距一般也不超过5倍桩径。打入桩的中心距不应小于桩径(或边长)的3倍,在软土地区还需适当增加。管柱的中心距一般为管柱外径的2.5~3.0倍(摩擦桩)或2.0倍(柱桩)。

如设有斜桩,桩的中心距在桩底处不应小于桩径的3.0倍,在承台底面不小于桩径的1.5倍;若用振动法沉入砂土内的桩,在桩尖处的中心距不应小于桩径的4.0倍。

为了避免承台边缘距桩身过近而发生破裂,边桩外侧到承台边缘的距离,对于桩径小于或等于1m的桩,不应小于0.5倍桩径且不小于250mm;对于桩径大于1m的桩,不应小于0.3倍桩径并不小于500mm。

3)承台的构造,桩与承台的连接

承台的平面尺寸和形状,应根据上部结构(墩台身)底部尺寸和形状,以及基桩的平面布置而定,一般采用矩形和圆端形。

承台厚度应保证承台有足够的强度和刚度。公路桥梁墩台多采用钢筋混凝土或混凝土刚性承台(承台本身材料的变形远小于其位移),其厚度不宜小于1.5m。混凝土强度等级不宜低于C15。对于盖梁式承台和柱式墩台、空心墩台的承台,应验算承台强度并设置必要的钢筋,承台厚度可不受上述限制。

桩和承台的连接,钻(挖)孔灌注桩现都采取将桩顶主筋伸入承台,桩身伸入承台长度一般为150~200mm(盖梁式承台,桩身可不伸入),如图1-2-15a)、b)所示。伸入承台的桩顶主筋可做成喇叭形,约与竖直线倾斜15°,若受构造限制,主筋也可不做成喇叭形。伸入承台的钢筋应符合结构规范的锚固长度,一般应不小于600mm,并设箍筋。对于不受轴向拉力的打入桩可不设桩头,将桩直接埋入承台内,如图1-2-15c)所示。桩顶直接埋入承台的长度,对于普通钢筋混凝土桩及预应力混凝土桩,当桩径(或边长)小于0.6m时不应小于2倍桩径或边长;当桩径在0.6~1.2m时,不应小于1.2m;当桩径大于1.2m时,埋入长度不应小于桩径。

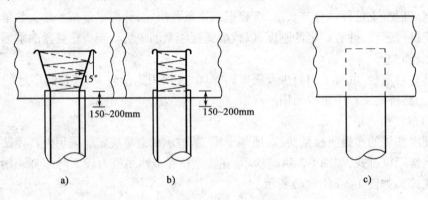

图1-2-15 桩和承台的连接

承台的受力情况是比较复杂的,为了使承台受力较为均匀并防止承台因桩顶荷载作用发生破裂和断裂,应在承台底部桩顶平面上设置一层钢筋网,如图1-2-16a)的所示。纵桥向和横桥向每1m宽度内可采用钢筋截面积1200~1500mm^2(此项钢筋直径常为14~18mm,应按规定锚固长度弯起锚固),钢筋网在越过桩顶钢筋处不应截断,并应与桩顶主筋连接。钢筋网也可根据基桩和墩台的布置,按带状布设,如图1-2-16b)所示。低桩承台有时也可不设钢筋网。

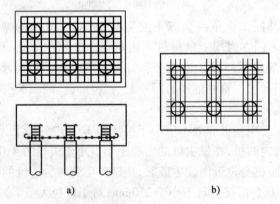

图1-2-16 承台底钢筋网

在桩之间如为了加强横向联系而设有横系梁时,横系梁一般认为不直接承受外力,可不作内力计算,按横截面的0.1%配置构造钢筋。

墩(台)身与承台边缘的襟边尺寸一般按刚性角要求确定。当边桩中心位于墩(台)身底面以外时,应验算承台襟边的强度。

五、沉井基础的类型与构造

沉井是一个无底无盖的井状结构（图 1-2-17），是以在井孔内不断除土，井体借自重克服外壁与土的摩阻力而不断下沉至设计高程，并经过封底、填心以后，使其成为桥梁墩台或其他结构物的基础（图 1-2-18）。

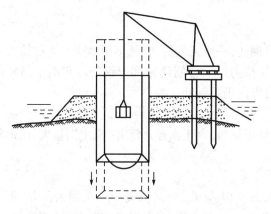

图 1-2-17 沉井下沉示意图　　　　　　图 1-2-18 沉井基础

沉井基础是实体基础的一种，其特点是埋置深度可以很大，整体性强，稳定性好，有较大的承载面积，能承受较大的垂直荷载和水平荷载；下沉过程中，沉井作为坑壁围护结构，起挡土、挡水作用；施工中不需要很复杂的机械设备，施工技术也较简单。因此，沉井在桥梁工程中得到较为广泛的应用。在桥梁工程中使用的沉井平面尺寸较小，而下沉深度则较大。设置沉井的目的是将上部的重量和使用荷载传递到比较坚硬的土层中去，沉井下沉到设计高程后，井内空腔一般用片石圬工和混凝土等材料填塞。

但沉井施工期往往比桩基础长，有些情况，不宜采用沉井，如土层中夹有孤石、大树干、沉船或被淹没的旧建筑物等障碍物时，将使沉井下沉受阻而很难克服；沉井在饱和细砂、粉砂和亚砂土层中采取排水挖土时，易发生严重的流沙现象，致使挖土下沉无法继续进行下去；基岩层面倾斜、起伏很大时，常致使沉井底部有一部分在岩层上，另一部分仍支承在软土上，当基础受力后将发生倾斜。

根据经济合理、施工上可能的原则，一般在下列情况，可以采用沉井基础：

(1) 上部荷载较大，而表层地基土的容许承载力不足，做扩大基础开挖工作量大，以及支撑困难，但在一定深度下有较好的持力层，采用沉井基础与其他基础相比较，经济上较为合理时。

(2) 在山区河流中，虽然土质较好，但冲刷大，或河中有较大卵石不便桩基础施工时。

(3) 岩层表面较平坦且覆盖层薄，但河水较深，采用扩大基础施工围堰有困难时。

1. 沉井的类型

1) 按使用材料分类

制作沉井的材料，可按下沉的深度、受荷载的大小，结合就地取材的原则选定。

(1) 混凝土沉井。

混凝土的特点是抗压强度高，抗拉能力低。因此这种沉井宜做成圆形，并适用于下沉深度不大于 4~7m 的软土层中。

(2)钢筋混凝土沉井。

这种沉井的抗拉及抗压能力较好,下沉深度可以很大(达数十米以上)。当下沉深度不很大时,井壁上部用混凝土,下部(刃脚)用钢筋混凝土的沉井,在桥梁工程中得到较广泛的应用。当沉井平面尺寸较大时,可做成薄壁结构,沉井外壁采用泥浆润滑套,壁后压气等施工辅助措施就地下沉或浮运下沉。此外,钢筋混凝土沉井井壁隔墙可分段(块)预制,工地拼接,做成装配式。

(3)竹筋混凝土沉井。

沉井在下沉过程中受力较大因而需配置钢筋,一旦完工后,它就不再承受多大的拉力。因此,在南方产竹地区,可以采用耐久性差,但抗拉力好的竹筋代替部分钢筋。我国南昌赣江大桥等曾用这种沉井。在沉井分节接头处及刃脚内仍用钢筋。

(4)钢沉井。

用钢材制造沉井,其强度高,重量较轻,易于拼装,宜于做浮运沉井,但用钢量大,国内较少采用。

2) 按平面形状分类

沉井的平面形状,应与桥墩、桥台底部的形状相适应。公路桥梁中所采用的沉井,平面形状多为圆端形和矩形,也有用圆形的。根据平面尺寸的大小,沉井井孔又分单孔、双孔和多孔,双孔和多孔沉井中间设隔墙,如图 1-2-19 所示。

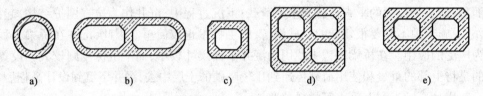

图 1-2-19 沉井平面形状
a)圆形;b)圆端形;c)正方形;d)多孔矩形;e)双孔矩形

(1)圆形沉井。

当墩身是圆形或河流流向不定,以及桥位与河流主流方向斜交角度较大时,可采用圆沉井可减小阻水、冲刷现象。圆形沉井中挖土较容易,没有影响机械抓土的死角部位,易使沉井较均匀地下沉;此外,在侧压力作用下,圆形沉井井壁受力情况好,主要是受压;在截面积和入土深度相同的条件下,与其他形状沉井比较,其周长最小,故下沉摩阻力较小。但墩台底面形状多为圆端形或矩形,故圆沉井的适应性较差。

(2)矩形沉井。

矩形沉井对墩台底面形状的适应性较好,模板制作、安装都较简单。但采用不排水下沉时,边角部位的土不易挖除,容易使沉井因挖土不均匀而造成下沉倾斜的现象;与圆沉井比较,井壁受力条件较差,存在较大的剪力与弯矩,故井壁跨度受到限制;矩形沉井有较大的阻水特性,故在下沉过程中易使河床受到较大的局部冲刷。此外,在下沉中侧壁摩阻力也较大。

(3)圆端形沉井。

这种沉井能更好地与桥墩平面形状相适应,故用得较多;除模板制作较复杂一些外,其优缺点介于前两种沉井之间,较接近于矩形沉井。

3) 按沉井的立面形状分类

按沉井的立面形状可分为竖直式、倾斜式及台阶式等(图 1-2-20)。采用形式应视沉井通过土层性质和下沉深度而定,外壁竖直形式的沉井,它在下沉过程中对沉井周围土体的扰动较小,可以减少沉井周围土方的坍塌,当沉井周围有构造物时,这一点就很重要。另外,这种沉井不易倾斜,井壁接长较简单,模板可重复使用。故当土质较松软,沉井下沉深度不大时,可以采用这种形式。倾斜式及台阶式井壁可以减少土与井壁的摩阻力,其缺点是施工较复杂,消耗模板多,同时沉井下沉过程中容易发生倾斜。在土质较密实、沉井下沉深度大、要求在不增加沉井本身重量的情况下沉至设计高程时,可采用这类沉井。倾斜式的沉井井壁坡度一般为1/40～1/20,台阶式井壁的台阶宽度为100～200mm。

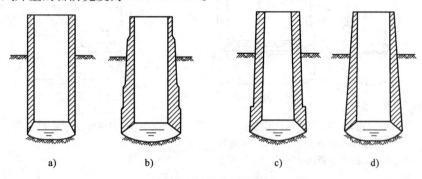

图 1-2-20 沉井立面形状
a)外壁垂直无台阶式;b)、c)台阶式;d)外壁倾斜式

2. 沉井基础的构造

一般沉井主要由井壁、刃脚、隔墙、井孔、凹槽、射水管、封底和盖板等组成(图1-2-21)。

1) 井壁

井壁是沉井的主体部分,其作用是:①作为施工时的围堰,用以挡土、隔水;②提供足够的重量,使沉井能克服阻力顺利下沉;③沉至设计高程并经填心后,作为墩台基础。因此,井壁必须有足够的结构强度,一般要根据施工时的受力条件,在井壁内配以竖向和水平向的受力钢筋;如受力不大,经计算也容许用部分竹筋代替钢筋,水平钢筋不宜在井壁转角处有接头。浇筑沉井的混凝土强度等级不应低于C15。为了满足重量要求,井壁应有足够厚度,一般为0.8～1.2m,以便绑扎钢筋和浇筑混凝土。

2) 刃脚

沉井井壁下端形如刀刃状,故称为刃脚。其作用是便于沉井在自重作用下易于切土下沉,同时有支承沉井的作用。它是应力最集中的地方,必须有足够的强度。刃脚底面(踏面)宽度一般为0.1～0.2m,对软土可适当放宽。下沉深度大,且土质较硬时,刃脚底面应采用型钢(角钢或槽钢)加强(图1-2-22),以防刃脚损坏。刃脚内侧斜面与水平面的夹角应大于45°。刃脚高度视井壁厚度、便于抽除垫木而定,一般在1.0m以上。由于刃脚在沉井下沉过程中受力较集中,宜采用C20以上混凝土制成。

3) 隔墙

当沉井的长宽尺寸较大时,应在沉井内设置隔墙,以加强沉井的刚度,使井壁的挠曲应力减小。因其不承受土压力,厚度一般小于井壁。在软土或淤泥质土中下沉时,隔墙底面应高出刃脚底面0.5m以上,以避免沉井突然下沉或下沉速度过快。但在硬土或砂土层中下沉时,为防止隔墙底面受土的阻碍,隔墙底面应高出刃脚踏面1.0～1.5m。也可在刃脚与隔墙连接处设置梗肋加强刃脚与隔墙的连接。如为人工挖土,在隔墙下端应设置过人孔,便于工作人员在井孔间往来。

29

4) 井孔

井孔是挖土、排土的工作场所和通道。井孔尺寸应满足施工要求,宽度(直径)不宜小于3m。井孔布置应对称于沉井中心轴,便于对称挖土使沉井均匀下沉。

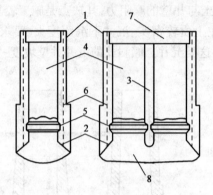 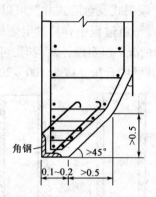

图1-2-21 沉井结构示意图
1-井壁;2-刃脚;3-隔墙;4-井孔;5-凹槽;
6-射水管;7-盖板;8-封底

图1-2-22 刃脚构造(尺寸单位:m)

5) 凹槽

凹槽设在井孔下端近刃脚处,其作用是使封底混凝土与井壁有较好的接合,封底混凝土底面的反力更好地传给井壁(如井孔为全部填实的实心沉井也可不设凹槽)。凹槽深度通常为0.15~0.25m,高约1.0m。

6) 射水管

当沉井下沉深度大,穿过的土质又较好,估计下沉会产生困难时,可在井壁中预埋射水管组。射水管应均匀布置,以利于控制水压和水量来调整下沉方向。一般水压不小于600kPa。

7) 封底和盖板

沉井沉至设计高程进行清基后,便浇筑封底混凝土。混凝土达到设计强度后,可从井孔中抽干水并填满混凝土或其他圬工材料。如井孔中不填料或仅填以砂砾,则须在沉井顶面浇筑钢筋混凝土盖板。封底混凝土底面承受地基土和水的反力,这就要求封底混凝土有一定的厚度(可由应力验算决定),其厚度根据经验也可取不小于井孔最小边长的1.5倍。封底混凝土顶面应高出刃脚根部不小于0.5m,并浇筑到凹槽上端。封底混凝土的强度等级,对于岩石地基为C15,一般地基为C20。盖板厚度一般为1.5~2.0m。井孔充填的混凝土强度等级不低于C10。

学习效果自测题

每位学生根据本学习情境的学习目标、教师要求,选择完成下述自测题目,并根据学生自评表的要求,完成自我检验。

一、选择题

1. 在结构功能方面,桥台不同于桥墩的地方是(　　)。
    A. 传递荷载　　　B. 抵御路堤的土压力　　　C. 调节水流　　　D. 支承上部结构
2. 重力式U形桥台主要依靠(　　)来保持其稳定。
    A. 自身重力和两侧锥形护坡填土重力　　　B. 自身重力和桥台内填土重力;
    C. 自身重力和上部结构重力　　　D. 自身重力和基础襟边上填土重力

3. 桥梁墩台基础一般采用片石砌筑,当基底为土质时,基础底层石块是( )。
   A. 干铺于地基土上 B. 放置于砂垫层上
   C. 放在碎石层上 D. 铺筑在砂浆上
4. 高桩承台基础的承台底面位于( )。
   A. 地面(或冲刷线)以上 B. 低水位以上
   C. 冰冻线以上 D. 冲刷线以下
5. 钻孔灌注桩适用于( )的情况。
   A. 荷载较大、地基上部土层软弱,适宜的地基持力层位置较深,采用浅基础或人工地基在技术上、经济上不合理时
   B. 河床冲刷较大、河道不稳定或冲刷深度不易计算正确,如采用浅基础施工困难或不能保证基础安全时
   C. 当施工水位或地下水位较高时
   D. 当地基计算沉降过大或结构物对均匀沉降敏感时
6. 下列关于沉桩的说法正确的是( )。
   A. 振动沉桩法一般适用于松散、中密砂土、黏土等
   B. 振动沉桩法一般适用于砂土、硬塑及软塑的黏土和中密及较松的碎石土
   C. 射水沉桩法适用于密实砂土、碎石土的土层中,用锤击法或振动法沉桩有困难时,可用射水法配合进行
   D. 静力压桩法在标准贯入度 $N<20$ 的软黏土中,可用特制的液压机、机力千斤顶或卷扬机等设备沉入各种类型的桩
7. 下列关于轻型桥墩的说法正确的是( )。
   A. 设有支撑梁的轻型桥台适用于单跨桥梁,桥孔跨径 6~10m,台高不超过 6m
   B. 桩柱式桥墩适用于多种场合和各种地质条件
   C. 柱式桥墩外形美观,圬工体积少,而且重量较轻
   D. 柔性排架桩墩的主要缺点是用钢量大,使用高度和承载能力受到一定限制

二、填空题

1. 桥梁墩(台)是主要由( )、( )和基础三部分组合而成。
2. 重力式墩的主要特点是靠( )来平衡外力、保持其稳定。
3. 拱座设置在桥墩顶部的( )上。
4. 钢筋混凝土薄壁桥墩适用于( )地区。
5. 埋置式桥台的工作原理是( )。
6. 基础按埋置深度分( )和( )两种形式。

三、判断题

1. 桥墩一般系指多跨桥梁的中间支承结构物,它除承受上部结构的荷重外,还要承受台背填土及填土上车辆荷载所产生的附加侧压力。( )
2. 支座边缘至墩(台)身边缘的最小距离所作规定的目的,是为了避免支座过分靠近墩身侧面边缘而导致的应力集中。( )
3. 带耳墙的轻型桥台,耳墙的作用是保证台后填土的稳定。( )
4. 对刚性扩大基础,墩身底边缘与基底边缘的连线和竖直线间的夹角 α 必须满足 $\alpha \leqslant$

α_{max}。

5. 低桩承台基础的基桩应全部埋入土中(桩的自由长度为零)。　　　　(　)

6. 沉井刃脚的作用是在沉井自重作用下易于切土下沉,同时有支承沉井的作用。(　)

四、简答题

1. 简述桥梁墩台的组成、作用和要求。
2. 梁桥和拱桥重力式桥墩有哪些类型？重力式桥墩受力和构造有何特点？
3. 梁桥和拱桥轻型桥墩有哪些类型？梁桥柔性墩的受力有何特点？梁桥柱式墩的构造有何特点？
4. 重力式桥台有哪些类型及其构造有何特点？轻型桥台有哪些类型及其构造有何特点？
5. 组合式桥台的构造和受力有何特点？
6. 拱桥桥墩与梁桥桥墩的一个不同点是什么？
7. 何谓深基础？何谓浅基础？各有何特点？
8. 摩擦桩与柱承桩有何区别？各适用于什么场合？
9. 沉井由几部分组成？适用于什么场合？

学习情境二 桥梁墩台设计

工作任务一 桥墩设计与计算

学习目标

1. 叙述桥墩上的作用及最不利作用布置；
2. 能够进行桥墩的尺寸确定；
3. 知道重力式桥墩的设计计算内容并按照公路桥涵设计规范要求完成桥墩设计；
4. 知道桩柱式墩的设计要点。

任务描述

教师根据全班组数或学生数准备若干有关桥梁施工图设计所需资料，学生分组（视班级总人数可分5～6人/组），每组推选一名组长负责任务的组织与实施，最终每名学生完成桥墩设计说明书及绘制桥墩施工图。各组在接到任务后，认真学习公路桥涵有关设计标准及规范的相关内容，结合教师讲课并视需要收集其他相关信息，每组各成员单独完成桥墩的施工图设计，并上交《××桥梁桥墩设计说明书》和桥墩施工图。

学习引导

本工作任务沿着以下脉络进行学习：

任务布置（桥墩施工图设计）→ 课堂教学 → 课后思考与总结 →
完成任务（桥墩施工图设计说明书、桥墩施工图绘制）→ 各组成果检查 → 分组讨论 →
上交成果 → 学生自测与自评 → 小组各组员相互检查成果，组长对组员进行考核 → 教师考核

一、桥墩上的作用及作用效应组合

在墩台设计计算过程中，应根据墩台的受力与工作阶段，给出可能同时作用的效应组合，以确定出最不利的受力状态。

1. 桥墩上的作用

在公路桥梁墩台上的作用有永久作用、可变作用和偶然作用三类。其中，永久作用包括上部结构重力（包括结构附加重力）、土的重力和侧向土压力、预加力、混凝土收缩及徐变的影响力、水的浮力、基础变位影响力；可变作用包括汽车荷载、汽车冲击力、汽车离心力、汽车荷载引起的土侧压力、人群荷载、汽车制动力、风荷载、流水压力、冰压力、支座摩阻力，在超静定结构中尚需考虑温度变化的影响力；偶然作用包括地震作用、船只或漂流物撞击力作用、汽车撞击作用。

永久作用是长期或恒定的作用。永久作用采用标准值，对结构自重可按结构构件的设计

尺寸与材料的重力密度计算确定。

可变作用随作用的时间和大小而变化。可变作用应根据不同的极限状态分别采用标准值、频遇值或准永久值。可变作用的标准值应按规范有关章节的规定采用；频遇值为可变作用标准值乘以频遇系数 ψ_1，准永久值为可变作用标准值乘以准永久值系数 ψ_2。

偶然作用是指偶然或极少出现的作用，应根据调查、试验资料，结合工程经验确定其标准值。

2. 作用效应计算

1）上部结构重力

桥梁上部结构重力包括桥面系、主梁及其他附属物，其传至墩台的计算值，由桥梁支座反力计算确定。

2）桥墩自重及土重

对于墩台在水下和土中部分自重的计算方法，要根据地基土的性质加以考虑，自重包括在基础襟边上的土重。

3）水的浮力

在《公路桥涵设计通用规范》(JTG D60—2004)中，水的浮力对不同的土质和不同的计算内容有不同的规定。对于基础底面位于透水性地基上的桥梁墩台，当验算稳定时，应考虑设计水位的浮力；当验算地基应力时，可仅考虑低水位的浮力，或不考虑水的浮力。基础嵌入不透水性地基的桥梁墩台不考虑水的浮力。作用在桩基承台底面的浮力，应考虑全部底面积。对桩嵌入不透水地基并灌注混凝土封闭者，不应考虑桩的浮力，在计算承台底面浮力时，应扣除桩的截面面积。当不能确定地基是否透水时，应以透水或不透水两种情况与其他作用结合，取其最不利者。

4）汽车荷载冲击力

钢筋混凝土桩柱式墩台，以及其他轻型墩台，在计算汽车荷载时应计入冲击力。冲击力的计算按《公路桥涵设计通用规范》(JTG D60—2004)第4.3.2条进行。

5）汽车荷载制动力

汽车荷载制动力是桥梁墩台承受的主要纵向水平力之一。当汽车荷载在桥上制动或减速时，在车轮与桥面之间产生相互作用力，此时桥面受到方向与车辆行进方向相同的力，即称制动力，制动力可按《公路桥涵设计通用规范》(JTG D60—2004)中有关规定计算。在计算梁式桥墩台时，制动力可移至支座中心(铰或滚轴中心)或滑动支座、橡胶支座、摆动支座的底座面上。

6）流水压力

作用在桥墩上的流水压力，可按《公路桥涵设计通用规范》(JTG D60—2004)的有关规定计算。流水压力的合力作用点，假定在设计水位以下1/3水深处，即假定河底的流速为0，作用力的分布呈倒三角形。

位于涌潮河段的桥墩台，应考虑因涌潮潮差产生的水压力和涌潮对桥墩的拍击力。由于涌潮现象机理十分复杂，在设计计算前须对涌潮在桥位出现的规律及对结构物的作用力大小和计算图式进行研究分析。

7）冰压力

严寒地区位于有冰棱河流或水库中的桥梁墩台，应根据当地冰棱的具体情况及墩台形状计算冰压力。冰压力有竖向和水平向作用力，主要是水平向作用力。竖向力是由冰层水位升降而对桥梁墩台产生的作用；水平向作用力包括因风和水流作用于大面积冰层而产生的静压力、冰堆整体推移产生的静压力、河流流冰产生的动压力等。

8）船只或漂流物的撞击力

船只或漂流物的撞击力，对于桥梁墩台虽出现的几率不多，但危害性很大。对于通航河道或有漂流物的河流中的墩台，设计时应考虑船只或漂流物的撞击力。

漂流物的撞击力，在无实际资料时可按下式估算：

$$p = \frac{Wv}{gT} \quad (\text{kN}) \tag{2-1-1}$$

式中：W——漂流物的重量，kN，可根据实际调查确定；
　　　v——水的流速，m/s；
　　　T——撞击时间，s，在无实际资料时可用1s；
　　　g——重力加速度，取9.81，m/s²。

船只撞击力的作用点，假定在计算通航水位线以上2m，墩台身宽度或长度的中点处；当设有与墩、台分开的防撞击的防护构造时，可不计船只撞击力；对于内河船舶及海轮撞击作用的标准值可分别按表2-1-1、表2-1-2取用。

内河船舶撞击作用标准值　　　　　　　　　　　　　　　　　　　　　表2-1-1

内河航道等级	船舶吨级 DWT(t)	横桥向撞击作用(kN)	顺桥向撞击作用(kN)
一	3 000	1 400	1 100
二	2 000	1 100	900
三	1 000	800	650
四	500	550	450
五	300	400	350
六	100	250	200
七	50	150	125

海轮撞击作用的标准值　　　　　　　　　　　　　　　　　　　　　　表2-1-2

船舶吨级 DWT(t)	3 000	5 000	7 500	10 000	20 000	30 000
横桥向撞击作用(kN)	19 600	25 400	31 000	35 800	50 700	62 100
顺桥向撞击作用(kN)	9 800	12 700	15 500	17 900	25 350	31 050

9）地震力

地震区建造的桥梁，地震力是一项十分重要和危害性大的荷载，在墩台设计计算时，要进行抗震验算和必要的防护构造措施设计。

桥梁下部结构在地震时，可能会出现的震害有：受到地震力后，墩台和基础截面强度延性和稳定性不够，以致发生结构开裂、折断、位移而引起落梁；地基土液化使墩台下沉、位移、倾斜，桥梁损坏；引道、岸坡滑移下沉致使墩台损坏，危及上部结构等。因此，深入研究地震力对桥梁下部结构的作用力、作用方式，在结构设计和地基处理方面进行抗震验算是不可缺少的。桥梁的抗震设计计算和设防可参照《公路桥梁抗震设计细则》(JTG/T B02-01—2008)有关规定进行。

3. 作用布置与作用效应组合

桥梁墩台计算时，预先很难确定哪一种作用组合最不利。通常需要对各种可能的作用进行组合计算，满足各种不同的要求。在墩台的计算中，尚需考虑按顺桥向（与行车方向平行）

和横桥向分别进行,故在作用效应组合时,也需按纵向及横向分别计算。

在所有作用中,车辆荷载的变动对作用效应组合起着支配作用。桥墩计算中,一般需验算墩身截面的强度、作用在墩身截面上合力的偏心距及桥墩的稳定性等。因此,需根据不同的验算内容,选择各种可能的最不利作用效应组合。

1) 简支梁桥桥墩计算作用布置及作用效应组合

(1) 作用布置。

第一种作用布置:按桥墩在顺桥向承受最大竖向荷载布置,见图2-1-1a)。

将作用纵向布置在相邻的两孔桥跨上,这时可得到作用在桥墩上最大的汽车竖向荷载,但偏心较小。它是用来验算顺桥向墩身强度和地基最大承载力,因此,除了有关的永久作用外,应在相邻两孔都布满汽车和人群荷载,同时还可能作用着其他纵向力,如制动力和温度作用、纵向风荷载、船只或漂浮物的撞击作用和汽车撞击作用等。

第二种作用布置:按桥墩在顺桥向承受最大偏心和最大弯矩布置,见图2-1-1b)。

它是用来验算顺桥向墩身承载力和偏心距、地基承载力和偏心距以及桥墩的稳定性,因此,除永久作用外,应在相邻两孔的一孔上布置汽车和人群荷载。若为不等跨时,则在较大跨径的一孔布置汽车和人群荷载,同时还可能作用着其他纵向力,如制动力和温度作用、支座摩阻力、纵向风荷载、船或漂浮物的撞击作用和汽车撞击作用等。当汽车荷载只在一孔桥跨上布置时,竖向荷载较小,而水平荷载引起的弯矩大,可能使墩身截面产生很大的合力偏心距,或者此时桥墩的稳定性也是最不利的。

第三种作用布置:按桥墩在横桥向承受最大偏心和最大弯矩布置见图2-1-1c)。

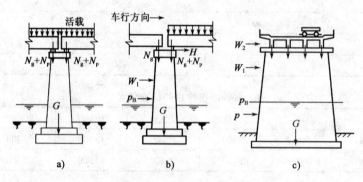

图2-1-1 桥墩荷载组合图式

它是用来验算横桥向墩身承载力和偏心距、地基承载力和偏心距以及桥墩的稳定性,因此,除永久作用外,桥跨上的汽车荷载及人群荷载可按照与流水压力等产生同向偏心进行布载。此时,桥墩在横桥向可能会产生过大的合力偏心距或弯矩,对桥墩横桥向截面的强度和稳定性不利。

(2) 作用效应组合。

① 顺桥向作用效应组合(双孔布置和单孔布置分别组合)主要有:

上部结构重力 + 计算截面以上桥墩重力 + 浮力。

上部结构重力 + 计算截面以上桥墩重力 + 浮力 + 汽车荷载 + 人群荷载。

上部结构重力 + 计算截面以上桥墩重力 + 浮力 + 汽车荷载 + 人群荷载 + 纵向风力 + 支座摩阻力(或制动力 + 温度影响力)。

上部结构重力 + 计算截面以上桥墩重力 + 浮力 + 汽车荷载 + 人群荷载 + 船只撞击作用或

漂浮物撞击作用。

上部结构重力+计算截面以上桥墩重力+浮力+汽车荷载+人群荷载+汽车撞击作用。

②横桥向(以双车道为例)作用效应组合主要有：

上部结构重力+计算截面以上桥墩重力+浮力+双孔双行汽车荷载+双孔单边人群荷载+横向风荷载+水压力或冰压力。

上部结构重力+计算截面以上桥墩重力+浮力+双孔单行汽车荷载+双孔单边人群荷载+横向风荷载+水压力或冰压力。

上部结构重力+计算截面以上桥墩重力+浮力+双孔双行汽车荷载+双孔单边人群荷载+船只撞击作用或漂浮物撞击作用。

上部结构重力+计算截面以上桥墩重力+浮力+双孔双行汽车荷载+双孔单边人群荷载+汽车撞击作用。

上部结构重力+计算截面以上桥墩重力+浮力+双孔单行汽车荷载+双孔单边人群荷载+船只撞击作用或漂浮物撞击作用。

上部结构重力+计算截面以上桥墩重力+浮力+双孔单行汽车荷载+双孔单边人群荷载+汽车撞击作用。

2)拱桥桥墩的作用布置及作用效果组合

(1)作用布置。

第一种作用布置：按桥墩在顺桥向承受最大竖向力布置。

它是用来验算墩身承载力和偏心距、地基承载力和偏心距，即除永久作用外，相邻两孔都布满汽车荷载和人群荷载，同时还可能作用着其他纵向力，如制动力、纵向风荷载、温度作用、拱圈材料收缩和徐变作用、船只撞击作用和汽车撞击作用；当相邻两孔为等跨时，则由上部结构重力、温度作用和拱圈材料收缩和徐变作用引起的拱座水平推力和弯矩相抵消。

第二种作用布置：按桥墩在顺桥向承受最大偏心和最大弯矩布置。

它是用来验算顺桥向墩身承载力和偏心距、地基承载力和偏心距以及桥墩的稳定性，即除永久作用外，只在一孔上布置汽车和人群荷载；若为不等跨时，则在较大跨径的一孔布置汽车和人群荷载，同时还可能作用着其他纵向力，如制动力、温度作用、纵向风荷载、拱圈材料收缩作用、船或漂浮物的撞击作用和汽车撞击作用等，见图2-1-2。

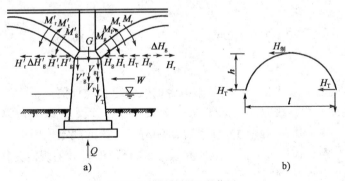

图2-1-2 拱桥桥墩上的作用

图中符号意义如下：

G——桥墩自重力；

Q——水的浮力(仅在验算稳定时考虑)；

V_g、V_g'——相邻两孔拱脚处因结构自重产生的竖向反力;

V_p——与车辆活载产生的 H_p 最大值相对应的拱脚竖向反力,可按支点反力影响线求得;

V_T——由桥面处制动力 $H_{制}$ 引起的拱脚竖向反力,即 $V_T = \dfrac{H_{制} h}{l}$,其中 h 为桥面至拱脚的高度,l 为拱的计算跨径;

H_g、H_g'——不计弹性压缩时,在拱脚处由结构自重引起的水平推力;

ΔH_g、$\Delta H_g'$——由结构自重产生弹性压缩所引起的拱脚水平推力;

H_p——在相邻两孔中较大的一孔上由车辆活载所引起的拱脚最大水平推力;

H_T——在拱脚处由制动力引起的水平推力,按两个拱脚平均分配计算,$H_T = \dfrac{H_{制}}{2}$;

H_t、H_t'——由温度变化引起在拱脚处的水平推力(图示方向为温度上升,降温时则方向相反);

H_r、H_r'——由拱圈材料收缩引起的拱脚水平拉力;

M_g、M_g'——由结构自重引起的拱脚弯矩;

M_p——由车辆活载引起的拱脚弯矩,由于它是按 H_p 达到最大值时的活载布置计算,故产生的拱脚弯矩很小,可以忽略不计;

M_t、M_t'——由温度变化引起的拱脚弯矩;

M_r、M_r'——由拱圈材料收缩引起的拱脚弯矩;

W——墩身纵向风力。

第三种作用布置:桥墩在横桥向承受最大偏心和最大弯矩。

在横桥方向可能作用于桥墩上的外力有风荷载、流水压力、冰压力、船只或漂浮物撞击作用、汽车撞击作用或地震作用等。但对于公路拱桥,横桥方向的受力验算一般不控制设计,除非桥的长宽比特别大,或者受到地震作用、冰压力和船只撞击力作用时才考虑。

(2)作用效应组合。

公路桥涵结构设计应按承载能力极限状态和正常使用极限状态进行作用效应组合,取其最不利效应组合进行设计。

公路桥涵结构按承载能力极限状态设计时,应采用以下两种作用效应组合。

①基本组合。永久作用的设计值效应与可变作用设计值效应相组合,其效应组合表达式为:

$$\gamma_0 S_{ud} = \gamma_0 \left(\sum_{i=1}^{m} \gamma_{Gi} S_{Gik} + \gamma_{Q1} S_{Q1k} + \psi_c \sum_{j=2}^{n} \gamma_{Qj} S_{Qjk} \right) \quad (2\text{-}1\text{-}2a)$$

或

$$\gamma_0 S_{ud} = \gamma_0 \left(\sum_{i=1}^{m} S_{Gid} + S_{Q1d} + \psi_c \sum_{j=2}^{n} S_{Qjd} \right) \quad (2\text{-}1\text{-}2b)$$

式中:S_{ud}——承载能力极限状态下作用基本组合的效应组合设计值;

γ_0——结构重要性系数,对应于设计安全等级一级、二级和三级分别取 1.1、1.0、0.9;

γ_{Gi}——第 i 个永久作用效应的分项系数,应按表 2-1-3 的规定采用;

S_{Gik}、S_{Gid}——第 i 个永久作用效应的标准值和设计值,作用的设计值规定为作用的标准值乘以相应的作用分项系数;

γ_{Q1}——汽车荷载效应(含汽车冲击力、离心力)的分项系数,取 $\gamma_{Q1} = 1.4$;当某个可变作用在效应组合中其值超过汽车荷载效应时,则该作用取代汽车荷载,其分项系数应采用汽车荷载的分项系数;对专为承受某作用而设置的结构或装置,设计时该作用的分项系数取与汽车荷载同值;计算人行道板和人行道栏杆的局部荷载,其

分项系数也与汽车荷载同值;

S_{Q1k}、S_{Q1d}——汽车荷载效应(含汽车冲击力、离心力)的标准值和设计值;

γ_{Qj}——在作用效应组合中除汽车荷载效应(含汽车冲击力、离心力)、风荷载外的其他第j个可变作用效应的分项系数,取$\gamma_{Qj}=1.4$,但风荷载的分项系数取$\gamma_{Qj}=1.1$;

S_{Qjk}、S_{Qjd}——在作用效应组合中除汽车荷载效应(含汽车冲击力、离心力)外的其他第j个可变作用效应的标准值和设计值;

ψ_c——在作用效应组合中除汽车荷载效应(含汽车冲击力、离心力)外的其他可变作用效应的组合系数,当永久作用与汽车荷载和人群荷载(或其他一种可变作用)组合时,人群荷载(或其他一种可变作用)的组合系数取$\psi_c=0.80$;当除汽车荷载(含汽车冲击力、离心力)外尚有两种其他可变作用参与组合时,其组合系数取$\psi_c=0.70$;尚有三种可变作用参与组合时,其组合系数取$\psi_c=0.60$;尚有四种及多于四种的可变作用参与组合时,取$\psi_c=0.50$。

设计弯桥时,当离心力与制动力同时参与组合时,制动力标准值或设计值按70%取用。

②偶然组合。永久作用标准值效应与可变作用某种代表值效应、一种偶然作用标准值效应相组合。偶然作用的效应分项系数取1.0;与偶然作用同时出现的可变作用,可根据观测资料和工程经验取用适当的代表值。地震作用标准值及其表达式按现行《公路桥梁抗震设计细则》(JTG/T B02-01—2008)规定采用。

永久作用效应的分项系数　　　　表2-1-3

编号	作用类别		永久作用效应分项系数	
			对结构的承载能力不利时	对结构的承载能力有利时
1	混凝土和圬工结构重力(包括结构附加重力)		1.2	1.0
	钢结构重力(包括结构附加重力)		1.1或1.2	
2	预应力		1.2	1.0
3	土的重力		1.2	1.0
4	混凝土的收缩及徐变作用		1.0	1.0
5	土侧压力		1.4	1.0
6	水的压力		1.0	1.0
7	基础变位作用	混凝土和圬工结构	0.5	0.5
		钢结构	1.0	1.0

注:本表编号1中,当钢桥采用钢桥面板时,永久作用效应分项系数取1.1;当采用混凝土桥面板时,取1.2。

公路桥涵结构按正常使用极限状态设计时,应根据不同的设计要求,采用以下两种效应组合。

①作用短期效应组合。永久作用标准值效应与可变作用频遇值效应相组合,其效应组合表达式为:

$$S_{sd} = \sum_{i=1}^{m} S_{Gik} + \sum_{j=2}^{n} \psi_{1j} S_{Qjk} \qquad (2\text{-}1\text{-}3a)$$

式中:S_{sd}——作用短期效应组合设计值;

ψ_{1j}——第j个可变作用效应的频遇值系数,不同的可变作用对应的值为:汽车荷载(不计冲击力)$\psi_1=0.7$,人群荷载$\psi_1=1.0$,风荷载$\psi_1=0.75$,温度梯度作用$\psi_1=0.8$,其他作用$\psi_1=1.0$;

$\psi_{1j}S_{Qjk}$——第 j 个可变作用效应的频遇值。

②作用长期效应组合。永久作用标准值效应与可变作用准永久值效应相组合,其效应组合表达式为:

$$S_{ld} = \sum_{i=1}^{m}S_{Gik} + \sum_{j=2}^{n}\psi_{2j}S_{Qjk} \tag{2-1-3b}$$

式中:S_{ld}——作用长期效应组合设计值;

ψ_{2j}——第 j 个可变作用效应的准永久值系数,不同的可变作用对应的值为:汽车荷载(不计冲击力)$\psi_2 = 0.4$,人群荷载 $\psi_2 = 0.4$,风荷载 $\psi_2 = 0.75$,温度梯度作用 $\psi_2 = 0.8$,其他作用 $\psi_2 = 1.0$;

$\psi_{2j}S_{Qjk}$——第 j 个可变作用效应的准永久值。

根据桥墩上的作用布置情况,按照两种极限状态的作用效应组合,桥墩在顺桥向作用效应组合(双孔布置和单孔布置分别组合)主要有:

上部结构重力 + 计算截面以上桥墩重力 + 浮力 + 混凝土收缩和徐变作用。

上部结构重力 + 计算截面以上桥墩重力 + 浮力 + 混凝土收缩和徐变作用 + 汽车荷载 + 人群荷载。

上部结构重力 + 计算截面以上桥墩重力 + 浮力 + 混凝土收缩和徐变作用 + 汽车荷载 + 人群荷载 + 纵向风荷载 + 制动力 + 温度影响力。

上部结构重力 + 计算截面以上桥墩重力 + 浮力 + 混凝土收缩和徐变作用 + 汽车荷载 + 人群荷载 + 船只撞击作用或漂浮物撞击作用。

上部结构重力 + 计算截面以上桥墩重力 + 浮力 + 混凝土收缩和徐变作用 + 汽车荷载 + 人群荷载 + 汽车撞击作用。

需要强调的是,以上各种作用效应组合均应考虑《规范》中有关作用安全系数、容许偏心距和稳定系数的规定;对于不能同时组合的作用效应,见表2-1-4。

可变作用不同时组合表 表 2-1-4

编 号	作 用 名 称	不与该作用同时参与的作用编号
1	汽车制动力	2,3,4
2	流水压力	1,3
3	冰压力	1,2
4	支座摩阻力	1

二、重力式桥墩设计计算

重力式桥墩的设计计算可按以下步骤进行:

(1)根据构造要求和经验拟订各部分尺寸;

(2)计算作用在桥墩上的作用力;

(3)进行作用布置与作用效应组合,并选取截面,计算各截面的内力;

(4)验算墩身截面承载力和偏心距;

(5)验算地基承载力和偏心距;

(6)验算桥墩倾覆和滑动稳定性。

此外,还应结合施工情况进行必要的施工验算。如拱桥在施工过程中可能产生的单向水平推力,可使砌体强度和基底土的承载能力提高,使倾覆和滑动稳定性系数降低。

1. 桥墩尺寸拟订

1)墩帽尺寸拟订

重力式桥墩墩帽尺寸主要根据满足布置支座和构造要求而确定。对于墩帽的最小尺寸,可按下式确定。

顺桥向的墩帽宽度 b(见学习情境一中图 1-1-4):

$$b \geqslant f + \frac{a}{2} + \frac{a'}{2} + 2c_1 + 2c_2 \tag{2-1-4a}$$

式中:f——桥墩上相邻两跨支座的中心距;对于简支梁桥,$f = l_b - l$;

a、a'——桥跨结构支座垫板顺桥向宽度;

c_1——顺桥向支座垫板至墩身边缘最小距离;见表 1-1-1 及图 1-1-4;

c_2——檐口宽度,取 50~100mm;

l_b——桥跨结构标准跨径;

l——桥跨结构计算跨径。

横桥向的墩帽最小宽度 B:

$$B = 两侧主梁间距 + 支座横向宽度 + 2c_1 + 2c_2 \tag{2-1-4b}$$

式中,c_1、c_2 意义同前式。

2)墩身尺寸拟订

由于重力式桥墩墩身一般比较庞大,其墩身尺寸主要根据构造要求而确定,然后对强度及稳定性等进行必要的校核。

$$墩身顶部尺寸 = 墩帽尺寸 - c_2(墩帽檐口宽度)$$
$$墩身任意截面尺寸 = 墩身顶部尺寸 + 2Hi$$

式中:H——任意截面至墩顶高度;

i——墩身坡度。

2. 墩身截面的作用效应计算

对于梁桥和拱桥的重力式桥墩的作用效应计算,虽然在作用效应组合的内容上稍有不同,但是就某个截面而言,这些作用效应都可以合成为竖向和水平方向的合力 $\sum N$、$\sum H$,以及绕该截面 x-x 轴、y-y 轴的总弯矩 $\sum M_x$ 和 $\sum M_y$,见图 2-1-3,然后对墩身进行承载力验算。

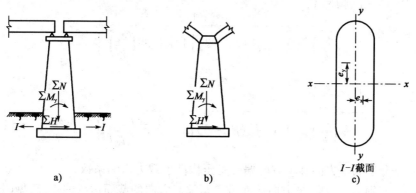

图 2-1-3 墩身截面强度验算

3. 墩身截面承载力和偏心验算

桥墩验算截面的选择,对于矮桥桥墩,因墩身尺寸一般较大,各截面承载力往往都能满足要求,所以通常只验算墩身底截面即可;对于高桥桥墩,其危险截面不一定在墩身底截面,应多选几个截面进行验算,一般可相距2~3m取一截面。

1)墩身截面承载力验算

重力式墩台主要采用圬工材料建造,一般为偏心受压构件,截面承载力的设计验算采用极限状态法。在不利效应组合作用下,桥墩各控制截面的作用效应组合设计值(内力)应小于或等于构件承载力的设计值,用方程式表示为:

$$\gamma_0 S \leq R(f_d, a_d) \tag{2-1-5}$$

砌体受压构件在表2-1-7规定的受压偏心距限值范围内的承载力应按下列公式计算:

$$\gamma_0 N_d < \varphi A f_{cd} \tag{2-1-6}$$

上两式中:S——作用效应组合设计值,按《公路桥涵设计通用规范》(JTG D60—2004)的规定计算;

$R(\cdot)$——构件承载力设计值函数;

f_d——材料强度设计值;

a_d——几何参数设计值,可采用几何参数标准值a_k,即设计文件规定值;

γ_0——结构重要性系数,对于《公路圬工桥涵设计规范》(JTG D61—2005)规定的一级、二级、三级设计安全等级分别取用1.1、1.0、0.9;

N_d——轴向力设计值;

A——构件截面面积,对于组合截面按强度比换算;

f_{cd}——砌体或混凝土轴心抗压强度设计值,对于组合截面应采用标准层轴心抗压强度设计值;

φ——构件轴向力的偏心距e和长细比β对受压构件承载力的影响系数。

砌体偏心受压构件承载力影响系数φ,按下列公式计算:

$$\varphi = \frac{1}{\frac{1}{\varphi_x} + \frac{1}{\varphi_y} - 1} \tag{2-1-7}$$

$$\varphi_x = \frac{1 - \left(\frac{e_x}{x}\right)^m}{1 + \left(\frac{e_x}{i_y}\right)^2} \cdot \frac{1}{1 + \alpha\beta_x(\beta_x - 3)\left[1 + 1.33\left(\frac{e_x}{i_y}\right)^2\right]} \tag{2-1-8}$$

$$\varphi_y = \frac{1 - \left(\frac{e_y}{y}\right)^m}{1 + \left(\frac{e_y}{i_x}\right)^2} \cdot \frac{1}{1 + \alpha\beta_y(\beta_y - 3)\left[1 + 1.33\left(\frac{e_y}{i_x}\right)^2\right]} \tag{2-1-9}$$

式中:φ_x、φ_y——分别为x方向和y方向偏心受压构件承载力影响系数;

x、y——分别为x方向、y方向截面重心至偏心方向的截面边缘的距离,见图2-1-4;

e_x、e_y——轴向力在x方向、y方向的偏心距,$e_x = M_{yd}/N_d$,$e_y = M_{xd}/N_d$,其值不应超过表2-1-7及图2-1-5所示在x方向、y方向的规定值,其中M_{yd}、M_{xd}分别为绕x轴、y轴的弯矩设计值;

m——截面形状系数,对于圆形截面取 2.5,对于 T 形或 U 形截面取 3.5,对于箱形截面或矩形截面(包括两端设有曲线形或圆弧形的矩形墩身截面)取 8.0;

i_x、i_y——弯曲平面内的截面回转半径,$i_x = \sqrt{\dfrac{I_x}{A}}$、$i_y = \sqrt{\dfrac{I_y}{A}}$;$I_x$、$I_y$ 分别为截面绕 x 轴、y 轴的惯性矩,A 为截面面积;

α——与砂浆强度等级有关的系数,当砂浆强度等级大于或等于 M5 或为组合构件时,α 为 0.002;当砂浆强度为 0 时,α 为 0.013;

β_x、β_y——构件在 x 方向、y 方向的长细比,按下式计算,当 β_x、β_y 小于 3 时取 3。

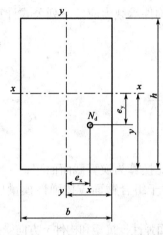
图 2-1-4 砌体构件偏心受压

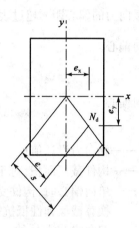
图 2-1-5 受压构件偏心距

计算砌体偏心受压构件承载力的影响系数 φ 时,构件长细比 β_x、β_y 按下列公式计算:

$$\beta_x = \frac{\gamma_\beta l_0}{3.5 i_y}, \quad \beta_y = \frac{\gamma_\beta l_0}{3.5 i_x} \tag{2-1-10}$$

式中:γ_β——不同砌体材料构件的长细比修正系数,按表 2-1-5 的规定采用;

l_0——构件计算长度,按表 2-1-6 的规定取用。

长细比修正系数 γ_β 表 2-1-5

砌体材料类别	γ_β	砌体材料类别	γ_β
混凝土预制块砌体或组合构件	1.0	细料石、半细料石砌体	1.1
粗料石、块石、片石砌体	1.3		

构件计算长度 l_0 表 2-1-6

构件及两端约束情况		构件计算长度
直杆	两端固结	$0.5l$
	一端固结,一端为不移动的铰	$0.7l$
	两端均为不移动的铰	$1.0l$
	一端固定,一端自由	$2.0l$

注:l 为构件支点间长度。

2)墩身截面偏心验算

桥墩承受偏心受压荷载时,各验算截面在各种作用效应组合下的偏心距:

$$e_x = \frac{\sum M_{yd}}{\sum N_d}, e_y = \frac{\sum M_{xd}}{\sum N_d} \tag{2-1-11}$$

式中：e_x、e_y——竖向力在 x 方向、y 方向的偏心距，其值不应超过表 2-1-7 的规定。

受压构件偏心距限制　　表 2-1-7

作用组合	偏心距限制值	作用组合	偏心距限制值
基本组合	≤0.6s	偶然组合	≤0.7s

注：1. 混凝土结构单向偏心的受拉一边或双向偏心的各受拉一边，当设有不小于截面面积 0.05% 的纵向钢筋时，表内规定值可增加 0.1s。
2. 表中 s 为截面或换算截面重心轴至偏心方向截面边缘的距离（图 2-1-5）。

当竖向力的偏心距 e 超过表 2-1-7 的偏心距限值时，构件承载力应按下列公式计算：

单向偏心

$$\gamma_0 N_d \leq \varphi \frac{A f_{tmd}}{\frac{Ae}{W} - 1} \tag{2-1-12}$$

双向偏心

$$\gamma_0 N_d \leq \varphi \frac{A f_{tmd}}{\left(\frac{Ae_x}{W_y} + \frac{Ae_y}{W_x} - 1\right)} \tag{2-1-13}$$

式中：N_d——轴向力设计值；

A——构件截面面积，对于组合截面应按弹性模量比换算为换算截面面积；

W——单向偏心时，构件受拉边缘的弹性抵抗矩，对于组合截面应按弹性模量比换算为换算截面弹性抵抗矩；

W_x、W_y——双向偏心时，构件 x 方向受拉边缘绕 y 轴的截面弹性抵抗矩和构件 y 方向受拉边缘绕 x 轴的截面弹性抵抗矩，对于组合截面应按弹性模量比换算为换算截面弹性抵抗矩；

f_{tmd}——构件受拉边层的弯曲抗拉强度设计值；

e——单向偏心时，轴向力偏心距；

e_x、e_y——双向偏心时，轴向力在 x 方向和 y 方向的偏心距；

φ——砌体偏心受压构件承载力影响系数或混凝土轴心受压构件弯曲系数。

如果承载力不满足要求，应重新验算墩身截面尺寸。

4. 基础底面土的承载力和偏心距验算

1）地基土的承载力验算

地基土的承载力一般按顺桥方向和横桥方向分别进行验算。当偏心荷载的合力作用在基底截面的核心半径 ρ 以内时，应按下式验算基底应力：

$$\sigma_{min}^{max} = \frac{N}{A} \pm \frac{M}{W} \leq [\sigma] \tag{2-1-14}$$

当设置在基岩上的桥墩基底上的合力偏心距超出核心半径 ρ 时，其基底的一边将会出现拉应力，由于不考虑基底承受拉应力，故需按基底应力重分布重新验算基底最大压应力（图 2-1-6），其验算公式如下：

顺桥方向

$$\sigma_{max} = \frac{2N}{ac_x} \leq [\sigma] \tag{2-1-15}$$

横桥方向

$$\sigma_{max} = \frac{2N}{bc_y} \leq [\sigma] \tag{2-1-16}$$

式中：σ_{max}——应力重分布后基底最大压应力；

N——作用于基础底面合力的竖向分力；

$a 、 b$——横桥方向和顺桥方向基础底面积的边长;

$[\sigma]$——地基土的容许承载力,并按作用及使用情况计入容许承载力的提高系数;

c_x——顺桥方向验算时,基底受压面积在顺桥方向的长度, $c_x = 3\left(\dfrac{b}{2} - e_x\right)$;

c_y——横桥方向验算时,基底受压面积在横桥方向的长度, $c_y = 3\left(\dfrac{a}{2} - e_y\right)$;

$e_x 、 e_y$——合力在 x 轴和 y 轴方向的偏心距。

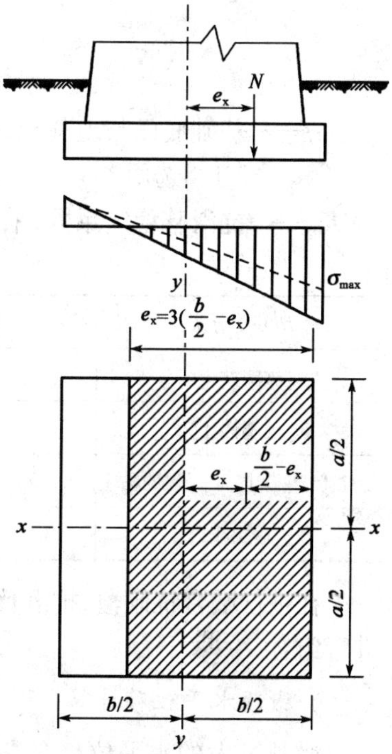

2) 基底偏心距验算

为了使恒载基底应力分布比较均匀,防止基底最大压应力 σ_{max} 与最小压应力 σ_{min} 相差过大,导致基底产生不均匀沉降和影响桥墩的正常使用,故在设计时,应对基底合力偏心距加以限制。在基础纵向和横向,其计算的荷载偏心距 e_0 应满足以下要求:

$$\rho = \frac{W}{A}, e_0 = \frac{\sum M}{N} \quad (2-1-17)$$

其中:ρ——墩台基础底面的核心半径;

W——墩台基础底面的截面模量;

A——墩台基础底面的面积;

N——作用于基底的合力的竖向分力;

$\sum M$——作用于墩台的水平力和竖向力对基底形心轴的弯矩。

图 2-1-6 基底应力重分布

5. 桥墩的整体稳定性验算

1) 抗倾覆稳定验算

扩大基础的墩台需依最不利组合,并考虑水的浮力验算;一般只考虑桥墩在顺桥方向的稳定性,应分别按最高设计水位和最低水位的不同浮力进行组合。

墩台的抗倾覆稳定性验算可按下式进行:

$$K_1 = \frac{M_稳}{M_倾} \geqslant K_{01} \quad (2-1-18)$$

式中:K_1——抗倾覆稳定安全系数;

$M_稳$——稳定力矩,如图 2-1-7 所示,其稳定力矩 $M_稳 = y_1 \sum p_1$;

$\sum p_1$——作用在墩台上的竖向力组合;

y_1——墩台基础底面重心至偏心方向外缘 A 的距离;

$M_倾$——倾覆力矩,当车辆荷载布置在台后破坏棱体时产生的最大倾覆力矩, $M_倾 = \sum p_i e_i + \sum T_i h_i$;

e_i——各竖向力到底面重心的距离;

h_i——各水平力到基础底面的力臂;

T_i——作用在墩台上的水平力;

K_{01}——抗倾覆稳定系数,只含恒载和活载组合时采用1.5;含其他荷载组合时采用1.3。

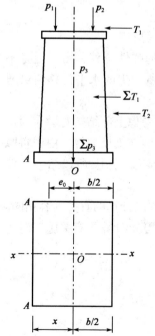

图 2-1-7 桥墩稳定性验算

2）抗滑移稳定验算

墩台的抗滑移稳定验算，可按下式进行：

$$K_2 = \frac{f \sum p}{\sum T} \geqslant K_{02} \tag{2-1-19}$$

式中：f——基础底面与地基土之间的摩擦系数，其值为 0.25～0.7，无实测资料时可参照表 2-1-8 选用；

K_{02}——抗滑移稳定系数，采用 1.3。

基础底面与地基土之间的摩擦系数　　　表 2-1-8

地基土分类	摩擦系数 f	地基土分类	摩擦系数 f
软塑性土	0.25	碎石类土	0.50
硬塑性土	0.30	软质类土	0.40～0.60
砂性土、黏砂土、半干硬的黏土	0.30～0.40	硬质类土	0.60～0.70
砂类土	0.40		

在进行墩台抗倾覆、抗滑移稳定性验算时，应分别按最高设计水位和最低水位的不同浮力进行组合。

6.墩顶水平位移计算

墩顶过大的水平位移会影响桥跨结构的正常使用。对于高度超过 20m 的重力式桥墩，应验算顶端水平方向的弹性位移，并使其符合规定要求。墩台顶面水平位移的容许极限值为：

$$\Delta_y \leqslant 0.5\sqrt{L}$$

式中：L——相邻墩台间的最小跨径，m，跨径小于 25m 时仍以 25m 计算；

Δ_y——墩台顶水平位移值，mm，它的数值应包括墩台水平方向的弹性位移和由于地基不均匀沉降而产生的水平位移值的总和，地基不均匀沉降所产生的水平位移值可通过计算不均匀沉降引起的倾斜角求得。

计算时，可认为墩台身相当于一个固定在基础顶面的悬臂梁，不考虑上部结构对墩台顶位移的约束作用，而引起水平弹性位移的荷载为制动力、风力及偏心的竖向支反力等。由于将墩台视为固定在基础顶面的悬臂梁，完全忽略了上部结构对墩台顶的约束作用，所以结果是偏大的。

重力式墩帽一般可不进行验算，支座垫石下的局部承压应力与支座计算的有关内容相同。采用悬臂式墩帽的重力式墩，悬臂墩帽需配受力钢筋，悬臂部分按悬臂梁计算。有关施工时的特殊受力，可按实际情况验算。

三、桩柱式桥墩的计算要点

桩柱式桥墩包括盖梁和桩身两个部分。

1.盖梁计算

1）计算图式

桩柱式墩台通常按钢筋混凝土构件设计。在构造上，桩柱的钢筋伸入盖梁内，与盖梁的钢筋绑扎成整体，因此盖梁与桩柱刚结成刚架结构。对于双柱式墩台，当盖梁的刚度与桩柱的线刚度比大于5时，为简化计算，可以忽略节点不均衡弯矩的分配及传递，一般可按简支梁或悬臂梁进行计算和配筋。多根桩柱的盖梁可按连续梁计算。当盖梁计算跨径与梁高之比，对简支梁小于2，对连续梁小于2.5时，应作为深梁计算。当线刚度比小于5时，或桥墩承受较大横向力时，盖梁应作为横向刚架的一部分予以验算。

2) 外力计算

作用在盖梁上的作用（或荷载）主要有：上部结构的结构重力支反力、盖梁自重及汽车和人群荷载。最不利活载的加载，首先可根据所计算盖梁处上部结构支反力影响线确定活载最大支反力，其次再根据盖梁内力影响线决定活载最不利横向布置。

盖梁在施工过程中，荷载的不对称性很大，各截面将产生较大的内力。因此，应根据当时的架桥施工方案，作出最不利荷载工况。构件吊装时，视具体情况，构件重力应乘以动力系数1.2。

3) 内力计算

公路桥梁桩柱式墩的盖梁通常采用双悬臂式，计算时控制截面选取在支点和跨中截面。为了得到活载最不利横向布置，可先作出控制截面的内力影响线，活载通过上部结构的支点间接传递至盖梁顶面，然后通过活载横向布置，就能得到活载最不利横向布置系数，并根据最大活载支反力便能获得最不利活载内力。在盖梁内力计算时，可考虑桩柱支承宽度对削减负弯矩尖峰的影响。桥梁墩台沿纵向的水平力及当盖梁在沿桥梁纵向设置两排支座时，上部结构活载的偏心力对盖梁将产生扭矩影响。

4) 配筋计算

盖梁的配筋验算方法与钢筋混凝土梁配筋类同，根据弯矩包络图配置受弯钢筋，根据剪力包络图配置斜筋和箍筋。在配筋时，还应计算各控制截面扭矩所需要的箍筋及纵向钢筋。

2. 桩身计算

桩墩一般分为刚性和柔性两种。

(1) 刚性桩墩作用计算。

桥墩桩柱的恒载有：上部结构的结构重力反力、盖梁的重力，以及桩柱的自重；桩柱承受的活载按设计荷载进行不利加载计算，最后经作用效应组合，可求得最不利的荷载。桥墩的水平力有支座摩阻力和汽车制动力等。

(2) 刚性桩墩作用效应计算。

桩柱式墩台的基础，应按桩基础计算有关内容，如计算桩的内力和桩的承载力等。对于单柱式墩，计算弯矩应考虑纵、横两个方向弯矩的组合，即：

$$M = \sqrt{M_x^2 + M_y^2}$$

(3) 刚性桩墩配筋验算。

在最不利的作用效应组合之后，按钢筋混凝土偏心受压构件，先配筋再做强度等验算。

工作任务二 桥台设计与计算

学习目标

1. 叙述桥台上的作用及最不利作用布置;
2. 能够进行桥台的尺寸确定;
3. 知道重力式桥台的设计计算内容并按照公路桥涵有关设计标准及规范的要求完成桥台设计;
4. 知道轻型桥台的设计要点。

任务描述

教师根据全班组数或学生数准备若干有关桥梁施工图设计所需资料,学生分组(视班级总人数可分 5~6 人/组),每组推选一名组长负责任务的组织与实施,最终每名学生完成桥台设计说明书及绘制桥台施工图。各组在接到任务后,认真学习公路桥涵有关设计标准及规范的相关内容,结合教师讲课并视需要收集其他相关信息,每组各成员单独完成桥台的施工图设计,并上交《××桥梁桥台设计说明书》和桥台施工图。

学习引导

本工作任务沿着以下脉络进行学习:

任务布置(桥台施工图设计) → 课堂教学 → 课后思考与总结 →
完成任务(桥台施工图设计说明书、桥台施工图绘制) → 各组成果检查 → 分组讨论 →
上交成果 → 学生自测与自评 → 小组各组员相互检查成果,组长对组员的考核 → 教师考核

一、重力式桥台的计算

1. 桥台上的作用

桥台上的作用与桥墩计算中所用到的基本相同,只是在永久作用中要计入台后填土对台身的土侧压力。工程设计中,一般按主动土压力计算,其大小与压实程度有关。另外,对于桥台尚要考虑车辆荷载引起的土侧压力,而不需计及纵、横向风力,流水压力,冰压力,船只或漂浮物的撞击力等。

土体对结构物产生的侧向土压力有主动土压力、被动土压力和静止土压力三类。桥台土压力计算时,采用哪种土压力,应根据桥台位移及压力传播方式而定。梁式桥台承受的水平压力主要是台后滑动土体(及滑动土体上的荷载)所产生的侧压力,它使桥台发生向河心的移动。因此,梁式桥桥台的侧土压力,一般按主动土压力计算。当桥台刚度很大,不可能产生微量移动,滑动土体不可能形成时,可按静止土压力计算。公路桥梁设计规范中的主动土压力计算采用库仑土压力公式,一般根据实例分析,认为按库仑土压力公式求得的主动土压力 E 值还是比较接近实际的。若土质分层有变化,或水位影响各层计算数据时,应作分层计算。

(1)静止土压力的标准值可按下列公式计算:

$$e_j = \xi \gamma h \tag{2-2-1}$$

$$\xi = 1 - \sin\varphi \tag{2-2-2}$$

$$E_j = \frac{1}{2}\xi\gamma H^2 \tag{2-2-3}$$

上述式中：e_j——任一高度 h 处的静止土压力强度，kPa；

　　　　ξ——压实土的静土压力系数；

　　　　γ——土的重度，kN/m³；

　　　　φ—— 土的内摩擦角，(°)；

　　　　h——填土顶面至任一点的高度，m；

　　　　H——填土顶面至基底高度，m；

　　　　E_j——高度 H 范围内单位宽度的静止土压力标准值，kN/m。

在验算倾覆和滑动稳定时，墩、台、挡土墙前侧地面以下不受冲刷部分土的侧压力可按静土压力计算。

（2）主动土压力的标准值可按下列公式计算（图 2-2-1）。

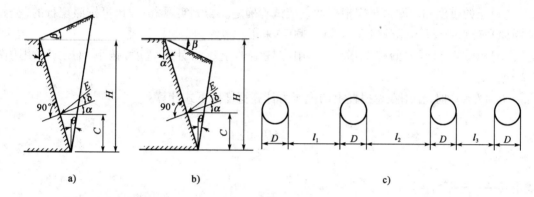

图 2-2-1　主动土压力力图

①当土层特性无变化且无汽车荷载时，作用在桥台、挡土墙前后的主动土压力标准值可按下式计算：

$$E = \frac{1}{2}B\mu\gamma H^2 \tag{2-2-4}$$

$$\mu = \frac{\cos^2(\varphi - \alpha)}{\cos^2\alpha \cdot \cos(\alpha + \delta)\left[1 + \sqrt{\dfrac{\sin(\varphi + \delta)\sin(\varphi - \beta)}{\cos(\alpha + \delta)\cos(\alpha - \beta)}}\right]^2} \tag{2-2-5}$$

式中：E——主动土压力标准值，kN；

　　　γ——土的重度，kN/m³；

　　　B——桥台的计算宽度或挡土墙的计算长度，m；

　　　H——计算土层高度，m；

　　　β——填土表面与水平面的夹角，当计算台后或墙后的主动土压力时，β 按图 2-2-1a)取正值；当计算台前或墙前主动土压力时；β 按图 2-2-1b)取负值；

　　　α——桥台或挡土墙背与竖直面的夹角，俯墙背（图 2-2-1）时为正值，反之为负值；

　　　δ——台背或墙背与填土间的摩擦角，可取 $\delta = \varphi/2$。

主动土压力的着力点自计算土层底面起，$C = H/3$。

②当土层特性无变化但有汽车荷载作用时，作用在桥台、挡土墙后的主动土压力标准值在 $\beta = 0°$ 时，可按下式计算：

$$E = \frac{1}{2}B\mu\gamma H(H + 2h) \tag{2-2-6}$$

式中：h——汽车荷载的等代均布土层厚度，m。

主动土压力的着力点自计算土层底面起，$C = \frac{H}{3} \times \frac{H + 3h}{H + 2h}$。

③当 $\beta = 0°$ 时，破坏棱体破裂面与竖直线间夹角 θ 的正切值可按下式计算：

$$\tan\theta = -\tan\omega + \sqrt{(\cot\phi + \tan\omega)(\tan\omega - \tan\alpha)} \tag{2-2-7}$$

式中：$\omega = \alpha + \delta + \varphi$。

(3) 当土层特性有变化或受水位影响时，宜分层计算土的侧压力。

(4) 土的重度和内摩擦角应根据调查或试验确定。当无实际资料时，可按照现行的《公路桥涵地基与基础设计规范》(JTG D63—2007)采用。

(5) 承受土侧压力的柱式墩台，作用在柱上的土压力计算宽度，按下列规定采用[图2-2-1c]：

①当 $l_i \leq D$ 时，作用在每根柱上的土压力计算宽度按下式计算：

$$b = \frac{nD + \sum_{i=1}^{n-1} l_i}{n} \tag{2-2-8}$$

式中：b——土压力计算宽度，m；
　　　D——柱的直径或宽度，m；
　　　l_i——柱间净距，m；
　　　n——柱数。

②当 $l_i > D$ 时，应根据柱的直径或宽度来考虑柱间空隙的折减。

当 $D \leq 1.0\text{m}$ 时，作用在每一柱上的土压力计算宽度可按下式计算：

$$b = \frac{D(2n - 1)}{n} \tag{2-2-9}$$

当 $D > 1.0\text{m}$ 时，作用在每一柱上的土压力计算宽度可按下式计算：

$$b = \frac{n(D + 1) - 1}{n} \tag{2-2-10}$$

(6) 压实填土重力的竖向和水平压力强度标准值，可按下式计算：

竖向压力强度　　　　$q_v = \gamma h$ 　　　　(2-2-11)
水平压力强度　　　　$q_H = \lambda\gamma h$ 　　　　(2-2-12)

式中：γ——土的重度；
　　　h——计算截面至路面顶的高度；
　　　λ——侧压系数。

2.作用效应组合

1)梁桥桥台的作用布置及作用效应组合

(1)作用布置(只考虑顺桥向)。

①在桥跨结构上布置车辆荷载,温度下降,制动力向桥孔方向,并考虑台后土侧压力见图2-2-2a)。

②在台后破坏棱体上布置车辆荷载,温度下降,并考虑台后土侧压力见图2-2-2b)。

③在桥跨结构上和台后破坏棱体上都布置车辆荷载(当桥台尺寸较大时,还要考虑在桥跨结构上、台后破坏棱体上和桥台上同时布置活载的情况),温度下降,制动力向桥孔方向,并考虑台后土侧压力见图2-2-2c)。

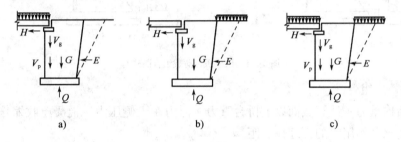

图 2-2-2 梁桥桥台作用布置组合图式

一般重力式桥台以第二种和第三种组合控制设计,但需根据具体情况进行分析比较后才能确定。

(2)作用效应组合。

根据上述的作用布置,可进行如下几种作用组合(只列出了第一和第二种情况):

①上部结构重力 + 计算截面以上桥台重力 + 浮力 + 土侧压力(此组合是验算地基受永久作用时的合理偏心距)。

②上部结构重力 + 计算截面以上桥台重力 + 浮力 + 作用在桥跨结构上的汽车荷载和人群荷载 + 土侧压力。

③上部结构重力 + 计算截面以上桥台重力 + 浮力 + 作用在桥跨结构上的汽车荷载和人群荷载 + 土侧压力 + 制动力 + 温度作用。

④上部结构重力 + 计算截面以上桥台重力 + 浮力 + 作用在桥跨结构上的汽车荷载和人群荷载 + 土侧压力 + 支座摩阻力。

⑤上部结构重力 + 计算截面以上桥台重力 + 浮力 + 土侧压力(包括作用在破坏棱体上的汽车荷载所引起的土侧压力)。

⑥上部结构重力 + 计算截面以上桥台重力 + 浮力 + 土侧压力(包括作用在破坏棱体上的汽车荷载所引起的土侧压力) + 支座摩阻力。

⑦上部结构重力 + 计算截面以上桥台重力 + 浮力 + 土侧压力(包括作用在破坏棱体上的汽车荷载所引起的土侧压力) + 温度影响力。

2)拱桥桥台的作用效应布置及组合(只考虑顺桥向)

(1)作用布置(只考虑顺桥向)。

①在台后破坏棱体上布置车辆荷载,制动力向桥跨方向,桥跨上无荷载,温度下降,并考虑

台后土侧压力,使桥台有向桥跨方向偏移的趋势,拱圈材料收缩力见图 2-2-3a)。

②在桥跨结构上布置车辆荷载,使拱脚水平推力 H_P 达到最大值,温度上升,制动力向路堤方向,并考虑台后土侧压力,使桥台有向路堤方向偏移的趋势,拱圈材料收缩力见图 2-2-3b)。

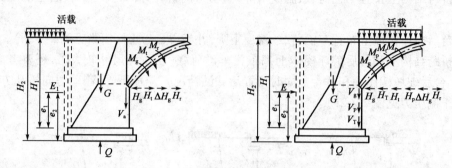

图 2-2-3 拱桥桥台荷载组合图式

（2）作用效应组合。

①上部结构重力 + 计算截面以上桥台重力 + 浮力 + 土侧压力 + 混凝土收缩作用（此组合是验算地基受永久作用时的合理偏心距）。

②上部结构重力 + 计算截面以上桥台重力 + 浮力 + 作用在桥跨结构上的汽车荷载和人群荷载 + 土侧压力 + 混凝土收缩作用。

③上部结构重力 + 计算截面以上桥台重力 + 浮力 + 作用在桥跨结构上的汽车荷载和人群荷载 + 土侧压力 + 混凝土收缩作用 + 向路堤方向的制动力 + 温度上升作用。

④上部结构重力 + 计算截面以上桥台重力 + 浮力 + 土侧压力（包括作用在破坏棱体上的汽车荷载所引起的土侧压力）+ 混凝土收缩作用。

⑤上部结构重力 + 计算截面以上桥台重力 + 浮力 + 土侧压力（包括作用在破坏棱体上的汽车荷载所引起的土侧压力）+ 混凝土收缩作用 + 温度下降作用。

3. 桥台强度、偏心和稳定性验算

桥台台身强度、基底承载力、偏心以及桥台稳定性验算和桥墩相同。如果 U 形桥台两侧墙宽度不小于同一水平截面前墙全长的 0.4 倍时,桥台台身截面强度验算应把前墙和侧墙作为整体考虑其受力;否则,台身前墙应按独立的挡土墙进行验算。

二、梁桥轻型桥台的计算特点

设有支撑梁的梁桥薄壁轻型桥台的受力特点,是利用桥跨结构和底部支撑梁作为桥台与桥台或者桥台与桥墩之间的支撑,以防止桥台受路堤的土侧压力而向河心方向移动,从而使结构构成为四铰框架的受力体系。因此,对于这类桥台（例如一字形桥台）的计算主要包括三项内容:

（1）将桥台视为在顺桥向纵向竖直平面内上下端铰支,承受竖向荷载和横向荷载作用的竖梁（简支梁）,验算墙身圬工的截面承载力和抗剪承载力。

（2）将桥台和翼墙（包括基础）视为横桥向竖直平面内弹性地基上的短梁,验算桥台在该平面内的弯曲承载力。

(3)验算地基土承载力。

1. 桥台作为竖梁时的强度计算

通常取单位桥台宽度进行验算,其步骤如下。

1)验算截面处的竖直力 N

它包括以下三项:

(1)桥跨结构恒载在单位宽度桥台上的支点反力 N_1;
(2)单位宽度台帽的自重力 N_2;
(3)验算截面以上单位宽度台身的自重力 N_3。于是:

$$N = N_1 + N_2 + N_3$$

2)土压力计算

计算土压力时,对桥台的最不利作用效应组合是桥上无车辆荷载,台背填土破坏棱体上有车辆荷载。其作用分布如图 2-2-4 所示。

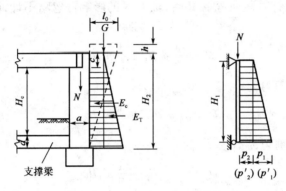

图 2-2-4 轻型桥台作用组合图式

(1)单位台宽由填土本身引起的土压力 E_T 呈三角形分布,其计算公式为:

$$E_T = \frac{1}{2}\gamma H_2^2 \tan^2\left(45° - \frac{\varphi}{2}\right) \tag{2-2-13}$$

(2)单位台宽由车辆荷载引起的土压力 E_C 呈均匀分布,其计算公式为:

$$E_C = \gamma H_2 h \tan^2\left(45° - \frac{\varphi}{2}\right) \tag{2-2-14}$$

(3)单位台宽的总土压力 E:

$$E = E_T + E_C \tag{2-2-15}$$

(4)等代土层厚度 h:

$$h = \frac{\sum G}{B l_0 \gamma} \tag{2-2-16}$$

$$l_0 = H_2 \tan\left(45° - \frac{\varphi}{2}\right) \tag{2-2-17}$$

上述式中:γ——台后填土重度;
φ——土的摩擦角;
$\sum G$——布置在 $B \times l_0$ 面积内的车轮重;

B ——桥台计算宽度；

l_0 ——台后填土的破坏棱体长度。

3）台身内力计算

（1）计算图式。

台身按上下铰接的简支梁计算，如图 2-2-4 所示。对于有台背的桥台，因上部构造与台背间的缝隙已用砂浆或小石子混凝土填实，保证了有牢靠的支撑作用。因此，台身受弯的计算跨径为：

$$H_1 = H_0 + \frac{1}{2}d + \frac{1}{2}c \tag{2-2-18}$$

式中：H_0 ——桥跨结构与支撑梁间的净距；

d ——支撑梁的高度；

c ——桥台背墙的高度。

对于受剪的计算跨径则取 H_0。

（2）内力计算。

如图 2-2-4 所示，在计算截面弯矩 M 时，轴力 N 的影响可忽略不计，而是放在强度验算中考虑。跨中截面弯矩为：

$$M = \frac{1}{8}p_2 H_1^2 + \frac{1}{16}p_1 H_1^2 \tag{2-2-19}$$

在台帽顶部截面的剪力为：

$$Q = \frac{1}{2}p'_2 H_0 + \frac{1}{6}p'_1 H_0 \tag{2-2-20}$$

在支撑梁顶面处的剪力为：

$$Q = \frac{1}{2}p'_2 H_0 + \frac{1}{3}p'_1 H_0 \tag{2-2-21}$$

以上式中：p_1、p_2 ——受弯计算跨径 H_1 处的土压力强度；

p'_1、p'_2 ——受剪计算跨径 H_0 处的土压力强度。

4）截面强度验算

按《公路圬工桥涵设计规范》（JTG D61—2005）有关公式进行跨中截面的抗压强度和支点截面的抗剪强度验算。

2. 桥台在本身平面内的弯曲验算

轻型桥台是一较长的平直薄墙，在竖向荷载作用下，台身平面内发生弯曲，弯曲的程度与地基的变形系数 α 有关（图 2-2-5）。

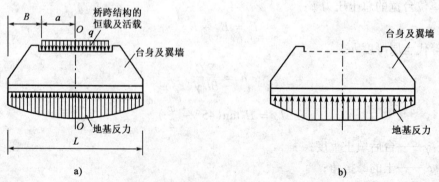

图 2-2-5 桥台在本身平面内弯曲的计算图式

当桥台长度 $L>4/\alpha$ 时,把桥台当作支承在弹性地基上的无限长梁计算;当 $L<1.2/\alpha$ 时,把桥台当作支承在弹性地基上的刚性梁计算(即不考虑桥台在本身平面内发生弯曲);当 $4/\alpha>L>1.2/\alpha$ 时,把桥台当作支承在弹性地基上的短梁计算。在一般情况下,轻型桥台的长度大多处于 $4/\alpha$ 和 $1.2/\alpha$ 之间,因此,这里仅介绍按短梁计算的公式。

假定梁上作用着一段对称的均布荷载,则梁的最大弯矩产生在中点,其计算公式为:

$$M_{1/2} = \frac{q}{2\beta^2}\left[\frac{\mathrm{ch}\beta l-1}{\mathrm{sh}\beta l+\sin\beta l}\mathrm{ch}\beta a\sin\beta a + \frac{1-\cos\beta l}{\mathrm{sh}\beta l+\sin\beta l}\mathrm{sh}\beta a\cos\beta a - \mathrm{sh}\beta a\sin\beta a\right] \quad (2\text{-}2\text{-}22)$$

$$\beta = \sqrt[4]{\frac{k}{4EI}} \quad (2\text{-}2\text{-}23)$$

式中:l——基础长度;
  a——桥台中心线至分布荷载边缘的距离;
  β——特征系数;
  k——土的弹性抗力系数,若无试验资料时,可参照表 2-2-1 选取;
  E、I——桥台的弹性模量和截面惯性矩。

非岩石类地基土的弹性抗力系数 k 值　　　　　表 2-2-1

土 的 分 类	$k(\mathrm{kN/m^3})$
流塑黏性土 $I_L \geqslant 1$,淤泥	100 000 ~ 200 000
软塑黏性土 $1 > I_L \geqslant 0.5$,粉砂	200 000 ~ 450 000
硬塑黏性土 $0.5 > I_L \geqslant 0$,细砂、中砂	450 000 ~ 650 000
坚硬、半坚硬黏性土 $I_L < 0$,粗砂	650 000 ~ 1 000 000
砾砂、角砾砂、圆砾砂、碎石、卵石	1 000 000 ~ 1 300 000
密实卵石夹粗砂、密实漂卵石	1 300 000 ~ 2 000 000

注:$1\mathrm{kg/cm^3} = 9.81 \times 10^3 \mathrm{kN/m^3}$。

在计算中,假定桥台及基础自重不会引起地基梁的弯曲。当应用上式计算恒载引起的 M_1 时,q 只包括一个桥台承受的上部结构重(连同支撑梁及其上土重),此时荷载均布宽度 $2a$ 为在桥梁结构横桥向的宽度;当计算车辆荷载引起的 M_2 时,$2a$ 为外轮外边缘的间距。总弯矩 $M = M_1 + M_2$。当设有人行道时,应另外考虑均布在两侧的人群荷载所产生的影响。在应用上式计算时,可按两种荷载均布宽度(人群荷载外边缘和外边缘、与内边缘和内边缘之间)所算得的结果相减求得。最后进行内力组合和按《公路桥涵设计通用规范》(JTG D60—2004)有关公式进行强度验算。

3. 基底应力验算

桥台的基底应力为桥台本身自重和桥跨结构的恒载及活载所引起的应力之和。桥台自重引起的基底应力可按台墙因自重不致发生弯曲的假定计算。荷载引起的基底最大应力可按下式求得:

$$\sigma = \frac{q}{b}\left[\frac{\mathrm{ch}\beta l+1}{\mathrm{sh}\beta l+\sin\beta l}\mathrm{sh}\beta a\cos\beta a + \frac{1+\cos\beta l}{\mathrm{sh}\beta l+\sin\beta l}\mathrm{ch}\beta a\sin\beta a + 1 - \mathrm{ch}\beta a\cos\beta a\right] \quad (2\text{-}2\text{-}24)$$

式中,b 为基础宽度,其余符号同前。

拱桥轻型桥台在目前工程设计中应用较少,故不作介绍,需要时可参考有关资料进行。

学习效果自测题

每位学生根据本学习情境的学习目标、教师要求,选择完成下述自测题目,并根据学生自评表的要求,完成自我检验。

一、选择题

1. 在结构功能方面,桥台不同于桥墩的地方是( )。
   A. 传递荷载　　B. 抵御路堤的土压力　　C. 调节水流　　D. 支承上部结构

2. 梁桥重力式U形桥台台后土压力按( )计算。
   A. 主动土压力　　B. 被动土压力　　C. 静止土压力　　D. 土抗力

3. 桥墩上的永久作用有( )。
   A. 土压力、结构重力
   B. 结构重力、水的浮力
   C. 汽车制动力、结构重力
   D. 结构重力、水流冲击力

4. 当验算梁桥桥墩在顺桥向墩身强度和地基最大承载力时,其作用的布置为( )。
   A. 除了有关的永久作用外,应在相邻两孔都布满汽车和人群荷载,同时还可能作用有水流冲击力等
   B. 除了有关的永久作用外,应在一孔布满汽车和人群荷载,同时还可能作用有制动力和温度作用等
   C. 除了有关的永久作用外,应在相邻两孔都布满汽车和人群荷载,同时还可能作用有制动力和温度作用等
   D. 除了有关的永久作用外,应在一孔布满汽车和人群荷载,同时还可能作用有制动力和温度作用等

5. 关于桥梁重力式桥墩的作用效应组合,下列说法正确的是( )。
   A. 第一种组合是按在桥墩各截面上可能产生的最大竖向力的情况进行的组合
   B. 第二种组合是用来验算在横桥方向上的墩身强度、基底应力、偏心距以及桥墩的稳定性
   C. 第三种组合是按桥墩各截面在横桥方向上可能产生最大偏心距和最大弯矩的情况进行组合
   D. 第四种组合是横桥向的作用及其组合,在横桥方向作用于桥墩上的外力有制动力、流水压力、冰压力、船只或地震力等

二、填空题

1. 在所有作用中,( )荷载的变动对作用效应组合起着支配作用。
2. 墩帽的最小尺寸应满足布置( )的需要。
3. 按桥墩在顺桥向承受最大偏心和最大弯矩布置作用的目的是验算桥墩( )和偏心距以及桥墩的稳定性。
4. 梁桥轻型桥台的计算内容之一是将桥台视为在顺桥向纵向竖直平面内上下端铰支,承受竖向荷载和横向荷载作用的( ),验算墙身圬工的截面承载力和抗剪承载力。
5. 盖梁属于( )构件。

三、简答题

1. 重力式桥墩内力计算中,作用有哪些可能的组合方式及图形?主要的验算目的是什么?
2. 重力式桥台内力计算中,作用有哪些可能的组合方式及图形?主要的验算目的是什么?
3. 桥梁墩台验算的内容和目的是什么?重力式墩台的要求和验算内容各有哪些?
4. 梁桥轻型桥台的计算内容有哪些?

学习情境三　桥梁基础设计

工作任务一　桥涵设计流量推算及河道冲刷深度计算

✎ 学习目标

1. 了解设计流量的含义;
2. 熟悉推求设计流量的基本原理及计算方法;
3. 理解冲刷计算的目的及冲刷过程;
4. 熟悉河道冲刷深度的计算方法。

✎ 任务描述

教师根据全班组数或学生数准备若干有关桥梁施工图设计所需资料,学生分组(视班级总人数可分 5~6 人/组),每组推选一名组长负责任务的组织与实施,最终每名学生完成桥位处的设计洪水流量、设计洪水位、河道冲刷深度计算。各组在接到任务后,认真学习公路桥涵有关设计标准及规范的相关内容,结合教师讲课并视需要收集其他相关信息,每组各成员单独完成桥位的设计洪水流量及设计洪水位、河道冲刷深度计算,并上交《××桥梁设计洪水流量及设计洪水位、河道冲刷深度计算说明书》。

✎ 学习引导

本工作任务沿着以下脉络进行学习:

任务布置(桥位设计洪水流量及设计洪水位、河道冲刷深度计算) → 课堂教学 →
课后思考与总结 → 完成任务(设计洪水流量及设计洪水位、河道冲刷深度计算说明书) →
各组成果检查 → 分组讨论 → 上交成果 → 学生自测与自评 →
小组各组员相互检查成果,组长对组员进行考核 → 教师考核

一、桥涵设计流量推算

桥梁、涵洞是交通土建工程中跨越河沟的重要建筑物,设计流量是桥涵孔径及桥梁墩台计算的基本依据。在公路、桥梁和涵洞等各项工程设计时,采用《公路工程技术标准》(JTG B01—2003)规定的某一设计洪水频率,如表 3-1-1 所示,推算得到的与设计洪水频率相应的洪水洪峰流量,称为设计洪水流量,简称设计流量(单位:m^3/s)。桥位计算断面上通过设计流量时相应的水位,称为设计洪水位,简称设计水位(单位:m)。设计流量通过时,桥位断面的河槽平均流速,习惯上称为设计流速(单位:m/s)。

设计洪水频率表　　　　　　　　　　　　表3-1-1

构造物名称	公路等级				
	高速公路	一	二	三	四
特大桥	1/300	1/300	1/100	1/100	1/100
大、小中桥	1/100	1/100	1/100	1/50	1/50
小桥	1/100	1/100	1/50	1/25	1/25
涵洞及小型排水构造物	1/100	1/100	1/50	1/25	按具体情况确定
路基	1/100	1/100	1/50	1/25	按具体情况确定

注：二级公路的特大桥及三、四级公路的大桥，在水势猛急、河床易于冲刷的情况下，可提高一级洪水频率验算基础冲刷深度。

由于桥梁、涵洞所在地区、河流等情况不同，推求设计流量的方法也不同。一般来说，对于中等以上河流上的桥梁，可搜集桥梁附近水文站历年来的年最大洪水流量观测资料，甚至能调查观测资料以前发生的特大洪水资料，从而应用水文统计的分析方法推算设计流量；若较小流域的中小河流难以搜集水文站实测洪水资料时，可以搜集降雨资料或地区性水文资料，从而应用地区性公式、暴雨径流的推理公式等方法推算设计流量；桥位附近资料较少，但相邻地区或河段有较多资料时，可应用相关分析插补、延长水文资料系列。总之，应千方百计通过多种途径、采用不同方法，尽量搜集可能搜集到的一切桥位水文资料，采用不同的分析方法推算设计洪水流量。

应用不同资料，采用不同方法，推算得到同一座桥梁的设计流量大小可能不同，经对比分析论证后，选用一个合理数值，作为该桥设计流量的确认值。

(一)利用实测流量资料推算设计流量

当桥位勘测能够通过水文调查、访问水利和城建等有关部门，搜集并整理得到多年的年最大洪水流量观测资料系列时，就可以应用水文统计原理介绍的方法，推算桥梁的设计洪水流量。计算洪水频率时，实测洪水流量系列不宜少于20年，且应有历史洪水调查和考证成果。

1．资料的审查

应从下列几个方面对水文资料进行审查。

1)资料的一致性

水文统计法是利用已有的水文资料进行统计计算，用以推论未来的水文情势。统计计算要求同一系列中所有资料必须是同一类型和同样条件下产生的。性质不同的水文资料不能统计在一起分析计算。例如：降雨洪水的流量资料就不能和融雪洪水的流量资料统计在一起，因为洪水成因不同；又如河道中的水流情况有显著变化时，变化前后的流量资料由于形成洪水的条件不同，也不能统计在一起分析计算。

2)资料的代表性

水文统计法只能用样本推算总体的参数值，样本的代表性直接影响计算结果，尤其对于容量较小的样本(较短系列)，资料的代表性就更显得重要。短期的流量观测资料(系列较短)很可能处于丰水年或枯水年连续出现的时期，计算结果可能显著偏大或偏小。选取既包括丰水年又包括枯水年的流量资料，组成富有代表性的样本，也就是观测年限较长的流量资料(较长系列)，才能保证计算结果的正确性。一般可以通过洪水调查和文献考证或利用本地区的实测资料、邻近地区的实测资料对比分析,判断丰水年和枯水年的变化周期,检查选用资料的代表性。有条件时采用插补延长资料或增加历史洪水资料的办法,增强系列的代表性。

3) 资料的独立性

统计计算要求同一系列中的所有变量必须是相互独立的。因此,在水文统计中,不能把彼此有关联的水文资料统计在一起分析计算。如前、后几天的日流量,都是由同一次降水所形成的,互不独立。因此不能用连续的日流量组成系列进行统计计算。

4) 资料的可靠性

系列中每一个变量的可靠性都直接影响着统计计算的结果,必须认真核查。对于水文站的观测资料、洪水调查资料、文献考证资料等,都应逐一进行查实,相互核对,保证每一个数据的可靠性。

2. 资料的插补和延长

采用水文统计法推算设计流量时,如果桥位附近水文站的流量观测资料观测年限较短,或有缺测年份,则应尽量利用其上、下游或邻近流域内的水文站观测资料,进行插补和延长。插补和延长的年数,要视其相关关系的好坏而定,一般不宜超过实测年数,在进行插补时,应结合气象、自然地理条件等进行综合分析,避免机械使用相关和辗转相关插补资料。

1) 流域面积比拟法

当水文计算断面的汇水面积与水文站的汇水面积之差小于水文站汇水面积的20%,不大于1 000km²,汇水区的暴雨分布较均匀,区间无分洪、滞洪时,可按下式将水文站的实测最大洪水流量转换为水文计算断面的洪水流量:

$$Q_1 = \left(\frac{F_1}{F_2}\right)^{n_1} Q_2 \tag{3-1-1}$$

式中:Q_1、Q_2——水文计算断面和水文站实测最大的洪水流量,m^3/s;

F_1、F_2——水文计算断面和水文站的汇水面积,km^2;

n_1——面积指数,大、中流域,$n_1 = 0.5 \sim 0.7$,其值大致与流域面积成反比;小流域($F < 1 000 km^2$),$n_1 \geq 0.7$。

2) 相关分析法

(1) 图解相关法。位于同一条河流主、下游的两个水文站(参证站与分析站),如两站之间无较大的支流汇入,且两站在已有的观测资料中,相同年份最大洪峰流量大致成比例关系,则可利用两站对应的(即同一年份)年最大洪峰流量(或水位),绘制两站的流量(或水位)关系曲线,进行插补和延长。

(2) 数解相关法。若两水文站相关关系及点群分布对定线比较困难时,可以考虑建立回归方程进行插补和延长。

3) 过程线叠加法

若上游的两支河道上均有水文站,可以作为参证站,而合流后实测资料较短,则可以利用两支流流量过程线叠加的方法,求算河流后的洪峰流量,进行插补和延长。其洪水传播时间 t 按下式计算:

$$t = \frac{L}{v_p} \tag{3-1-2}$$

式中:L——洪水传播距离,m;

v_p——洪水传播速度,m/s,根据实测资料选其出现次数最多者。

3. 资料中的特大值

在水文站观测年份内,河流如发生特大洪水,则在实测资料年最大流量系列中,将会有突出的特大值。通过调查考证,往往也可获得历史洪水特大值,它与实测资料共同组成最大流量系列,特大值与一般洪水流量之间,有显著的脱节现象,是不连续系列,要进行特大值处理。通过特大值的处理,考虑了特大洪水影响,可以起到延长系列的作用,能增强系列的代表性,可以减少各参数值的抽样误差,提高计算结果的稳定性和可靠性。

4. 设计流量的推算方法

利用水文站观测资料、洪水调查和文献考证资料,采用水文统计法推算桥涵设计流量时,可按下述步骤进行。

1)选取样本

根据已有实测流量资料,采用"年最大值法"选取样本。搜集历年的年最大流量资料,有条件时应进行资料的插补与延长,对所有资料认真审核,组成年最大流量系列,作为水文统计样本。

2)绘制经验频率曲线

把年最大流量资料按大小递减次序排列,计算各项流量的经验频率,并在海森几率格纸上绘出经验频率点据或经验频率曲线。如果点据较散乱,为了方便判定理论频率曲线与经验频率曲线点据的配合情况,则根据点群趋势目估一条经验频率曲线。

3)计算水文统计初始值

计算水文统计的三个参数$\overline{Q}$、C_v 和 C_s 的初始值,一般取 $C_s = (2 \sim 4) C_v$。

4)绘制理论频率曲线,用适线法选定 $\overline{Q}$、C_v 和 C_s 值

根据 $\overline{Q}$、C_v 和 C_s 的初始值,计算理论频率点,在同一张海森几率纸上绘出理论频率曲线,目估理论频率曲线与经验频率曲线的配合情况。反复调整3个水文统计参数 $\overline{Q}$、C_v 和 C_s(主要是调整 C_s 值),直到理论频率曲线与经验频率曲线配合满足为止。

5)计算设计流量

根据理论频率曲线,用选定的三个统计参数,计算设计洪水频率相应的流量,即设计流量。

6)审查计算结果

参照水文统计参数的地区经验值,审查所选定的3个水文统计参数值,并应采用其他方法推算设计流量与之进行比较。

(二)利用洪水调查资料推算设计流量

洪水调查是搜集水文资料的一种有效方法,不论有无水文站观测资料,都是非常重要的。通过洪水调查,能够获得近几十年或几百年的历史洪水资料,能补充水文站观测资料和文献考证资料的不足,提高水文分析计算的精度。洪水调查主要是在桥位上下游调查历史上各次较大洪水的水位,确定洪水比降,推算相应的历史洪水流量,作为水文分析和计算的依据;同时,还应调查桥位附近河道的冲淤变形及河床演变,作为确定历史洪水计算断面和桥梁墩台天然冲刷深度的依据。

1. 实测洪水流量

历史洪水位相应的洪水流量,可按水力学明渠均匀流复式断面的方法进行计算。

1)水文断面的选择

计算流量所依据的河流横断面称为水文断面,应选在近似于均匀流的河段上,一般要求河道顺直,水流通畅,河床稳定,河滩较小,河滩与河槽的洪水流向一致,并且无河湾、河汊、沙洲等阻塞水流的现象。

水文断面应尽量靠近调查的历史洪水位,但距桥位也不宜过远。水文断面与桥位断面之间,应既无支流汇入,也无分流或壅水现象。

水文断面的数量应结合实际需要而定,一般可在桥位上下游各选一个,以便核对计算结果。符合条件的桥位断面,也可以作为水文断面使用。水文断面必须垂直于洪水流向。

2) 水文断面的流速和流量计算

水文断面的断面平均流速可用谢才—曼宁公式计算:

$$v = \frac{1}{n}R^{\frac{2}{3}}i^{\frac{1}{2}} \tag{3-1-3a}$$

式中:v——断面平均流速,m/s,对于复式断面,河槽与河滩的断面平均流速应分别计算;
  n——粗糙系数(糙率);
  R——水力半径,m;
  i——洪水比降,以小数计。

对于宽浅河段,当水面宽度大于断面平均水深的 10 倍以上时,湿周可近似地用水面宽度代替,即水力半径 R 近似等于断面平均水深 $\bar{h}$。若以 $\bar{h}$ 表示断面平均水深(单位:m),则式(3-1-3a)为:

$$v = \frac{1}{n}\bar{h}^{\frac{2}{3}}i^{\frac{1}{2}} \tag{3-1-3b}$$

水文断面的流量则为:

单式断面时
$$Q = Av \tag{3-1-3c}$$

复式断面时
$$Q = A_c v_c + A_t v_t = Q_c + Q_t \tag{3-1-3d}$$

式中:Q——全断面总流量,m³/s;
  A——过水断面面积,m²;
  A_c、A_t——河槽、河滩的过水断面面积,m²;
  v_c、v_t——河槽、河滩的断面平均流速,m/s;
  Q_c、Q_t——河槽、河滩的流量,m³/s。

计算历史洪水流量时,如果调查的历史洪水位不在水文断面上,应按洪水比降把历史洪水位的高程换算到水文断面上,再进行流量计算。

3) 洪水比降的确定

河流中出现洪峰时的水面比降,称为洪水比降。由于天然河流中水流并不完全符合均匀流的条件,其水面比降随水位而变化,应尽量采用与历史洪水位相对应的洪水比降。

4) 河床粗糙系数的选择

河床的粗糙系数反映水流所受河床阻力的大小,直接影响流速和流量,应根据河流类型及河床特征综合考虑,慎重选定。

河床的粗糙系数最好采用水文断面所在河段的实测值,或根据水文站的观测资料确定。如无实测资料,则可参照有关规范中的粗糙系数表(糙率表)或手册中推荐的粗糙系数表(糙率表),结合实际情况选定。现摘录其中一部分作为示例,如表 3-1-2 所示。

河槽与河滩的粗糙系数应分别确定,必要时可将河滩分成几个部分,采用不同的粗糙系数;河槽与河滩的划分应结合断面上下游河段的平面形状、河床土质、植被情况等进行确定。

天然河道洪水粗糙系数(糙率)表　　　　　表 3-1-2

河槽部分

河段平面及水流状态	河床组成及床面情况	岸壁及植被情况	$\frac{1}{n}$
河段顺直或下流略有扩散,断面宽阔、规则,水流通畅	沙质或土质河床,河底平顺	平顺的土岸或人工堤防	55(45~65)
		略有坍塌的土岸或杂草稀疏的平顺土岸	50(40~60)
	卵石、圆砾河床,河底较平顺	沙、圆砾河岸或平整的岩岸	45(36~54)
		不够平整的岩岸或灌丛中密的河岸	40(32~48)
	卵石、块石河床,河床上有水生植物	不平顺的沙砾河岸,风化剥蚀的河岸	35(38~42)
		不平顺的岩岸或灌丛中密的河岸	30(24~36)
河段上下游接弯道或下游有卡口、支流汇入等束水影响,复式断面,水流不够通畅	沙、圆砾河床,边滩交错	有坍塌的土岸或沙砾河岸,风化岩岸	45(36~54)
		不平顺的岩岸或灌丛中密的河岸	40(32~48)
	卵石、圆砾河床,河底不够平顺,长中密水生的植物	岩岸或不平整的卵石、圆砾河岸	35(28~42)
		不平顺的岩岸或灌丛中密的河岸	30(24~36)
	卵石、块石、圆漂石河床,河底间有深坑、石梁或水生植物	参差不齐的卵石、圆砾河岸或土岸,略有凹凸的岩岸	25(20~30)
		参差不齐的岩岸或灌木丛生的河岸	20(16~24)
山区峡谷河段,急弯相同的河段或弯曲河段,阻塞的复式断面,水流曲折不畅,流向紊乱	沙、圆砾河床,边滩、沙洲犬牙交错	人工堤防强制弯曲者	35(28~42)
		有矶石或丁坝挑流者	30(24~36)
	卵石、圆砾河床,起伏不平或长有水生植物	参差不齐的卵石、圆砾河岸或灌丛中密河岸	25(20~30)
		参差不齐的岩岸或灌丛中密的河岸	20(16~24)
	卵石、块石、大漂石河床,石梁、跌水、孤石交错,或水生植物稠密,阻水严重	参差不齐的岩岸或灌丛中密的河岸	15(12~18)
		两岸时有岸嘴突出,很不平顺,形成强烈斜流、回水、死水的河岸	12(10~14)

河滩部分

滩地植被情况	平面及水流状态	$\frac{1}{n}$
基本无植被或仅有稀疏草丛	平面顺直,纵面平坦,水流通畅,没有串流且滩宽不大者	25(20~30)
	下游有束水影响,水流不够通畅;水流虽通畅,但河滩甚宽者(滩宽在槽宽的 3 倍以上)	20(15~25)
长有中等密度植物或已垦为耕地	下游无束水影响,河滩甚宽,或束水影响,滩宽较窄	15(12~18)
	平面不够平顺,下游有束水影响,河滩甚宽	10~13
长有稠密灌木丛或杂草林木丛生,阻水严重		7~10

2. 根据洪水流量的混合资料推算设计流量

当具有连续或不连续 20 年以上观测,同时具有洪水调查和文献考证等混合资料,通常按不连续系列推算设计流量。

在水文站观察年份内,如果河流发生特大洪水,则该站实测资料组成的年份最大流量系列中,将会相应出现很少见的特大值(特大洪峰流量)。

通过洪水调查和文献考证往往可以获得特大的洪水资料,在其与水文站实测资料共同组成的年最大流量系列中,也会出现很少见的特大值。从系列的大小顺序来看,这些特大值(特大洪水流量)与其他数值(一般洪水流量)之间有显著的脱节现象,显然是不连续的。

一般把水文站年洪峰流量从最远实测年份到统计时的年限称为实测期,把调查洪水流量从最远资料年份到统计时的年限称为调查期,而把文献考证洪水流量从最远资料年份到统计时的年限称为考证期。

1)不连续系列(有特大值)的经验频率计算

混合资料构成一个不连续系列(总体),其中实测资料为样本。通常经验频率计算有以下两种方法。

(1)第一种方法。从数理统计中总体和样本的关系可知,可以把一个不连续系列划分为几个连续系列。作为从总体年抽取的几个独立样本,随机变量(年最大流量等)在每个相应的独立样本中分别排位,每一个独立样本都可以按连续系列来处理,分别计算经验频率。如果某项特大值可以同时在两个样本中排位时,一般宜选取时间较长的系列来推算经验频率较为合理。

在对历史洪峰流量的调查和考证工作中,往往对调查期或考证期中前几个较大流量比较清楚,对其后的流量不清楚,统计时难免遗漏。因此,在对调查期或考证期的各流量经验频率及序号排队时,考虑本期后续调查或考证流量有可能被遗漏,频率及序号排到已有调查或考证最小流量资料为止。

(2)第二种方法。无论是水文站的实测流量资料,还是洪水调查和文献考证的流量资料,往往都会存在一些比一般年洪峰流量大得多的特大洪峰流量。在水文计算中,不能把这些特大值与其他值等同对待,而需要进行适当的调整和处理,这就称为特大洪水处理。

设水文站实测与调查流量资料(插补后)的年(个)数为 n,在调查考证期 N 年中特大洪水值共 a 个,其流量值 $Q_j(j=1,2,3,4,\cdots,a)$ 其中 l 个特大值发生在实测与调查(插补后)n 年样本资料范围内,如图 3-1-1 所示。

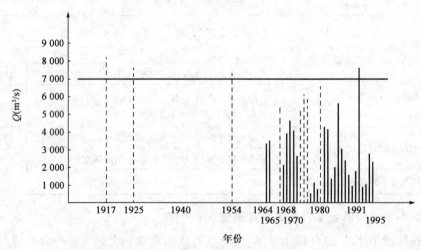

图 3-1-1 特大洪水值出现情况示意图

对具有特大洪水的混合资料,确定其主要三个参数的思路是在同一公式中分两类计算:a 个特大洪峰流量考虑其特殊性,单独作一类处理计算;剩下的 $(N-a)$ 个一般洪峰流量其分布规律,认为以剩下的实测和调查 $(n-l)$ 个资料的分布规律为代表,作另一类处理计算。

在 N 年中第 M 位 (M 依次为 $1,2,3,4,\cdots,a$) 特大洪水的经验频率按下式计算:

$$P_M = \frac{M}{N+1} \tag{3-1-4a}$$

当 $M=a$ 时, 第 a 位特大洪水的经验频率为 $P_{(M=a)} = \frac{a}{N+1}$。

在实测与调查(插补后)的 n 年系列中,第 m 位(m 依次为 $l+1, l+2, l+3, \cdots, l+n$)一般洪水的经验频率按下式计算:

$$P_m = P_{(M=a)} + (1 - P_{(M=a)})\left(\frac{m-l}{n-l+1}\right) \tag{3-1-4b}$$

2) 不连续系列的统计参数 $\bar{Q}$、C_v 和 C_s 的确定

初始值 $\bar{Q}$ 和 C_v 的计算。对于一个不连续系列,若在调查(或考证)期 N 年内,有 a 个特大值,其中 l 个发生在实测期 n 年内,假定 $(N-a)$ 年内流量的均值及分布规律与 n 年内的分布规律相同。这样,则可用下式计算:

$$\bar{Q} = \frac{1}{N}\left(\sum_{j=1}^{a} Q_j + \frac{n-a}{n-l}\sum_{i=l+1}^{n} Q_i\right) \tag{3-1-5a}$$

$$C_v = \sqrt{\frac{1}{N-1}\left[\sum_{j=1}^{a}\left(\frac{Q_j}{\bar{Q}}-1\right)^2 + \frac{N-a}{N-l}\sum_{i=l+1}^{n}\left(\frac{Q_i}{\bar{Q}}-1\right)^2\right]} \tag{3-1-5b}$$

式中:Q_j——特大洪水流量中的任一流量值,m^3/s;

Q_i——实测流量(一般洪水流量)中的任一流量值,m^3/s;

a——N 年内特大洪水流量的个数,其中包括 n 年内的特大洪水流量 l 个;

l——n 年内特大洪水流量的个数;

n——实测流量资料的总年数,即实测期,不计缺测年份;

N——调查或考证的总年数,即调查期或考证期,其中包括实测期 n 年。

C_s 采用适线法或参考地区经验选定 C_s/C_v 值后求的。

3) 设计频率的推算

当确定了三个主要参数 $\bar{Q}$、C_v 和 C_s 的初始值后,混合资料不连续系列的设计流量推算方法与连续观测资料的推算方法相同。C_s 及最终的 $\bar{Q}$ 和 C_v 仍采用适线法确定。

(三) 根据暴雨资料推算设计流量

公路工程中位于小流域及沟渠的桥梁和涵洞,以及公路排水系统的设计流量,一般由暴雨资料来推算。

暴雨推理法就是运用成因分析与经验推断相结合的方法,从实际的暴雨资料入手,应用地区综合分析方法来分析暴雨资料和地区特征关系,从而间接推求设计流量。它是一种半经验半理论的计算方法。

降雨经过植被截留、土壤入渗等损失,再填满流域坡面的坑洼,开始出现地面径流。降雨扣除各种损失后称为净雨。从降雨到净雨的过程称为产流过程。

假定设计暴雨的频率与设计洪水的频率相同,时段平均暴雨强度、历时和频率之间的关系用下式表示:

$$i = \frac{S_P}{t^n} \tag{3-1-6}$$

式中：S_P——频率为 P 的雨力，mm/h，即 t 为 1h 的降雨强度；

n——降雨递减系数。

从降雨量推算净雨量，有两种方法：一种方法是降雨量乘以折减系数，即洪峰径流系数，以 ψ 表示；另一种方法是从降雨量中减去损失雨量，损失雨量可用损失参数 μ(mm/h)表示。

坡面出现径流后，从流域各处汇集到流域出口河流断面的过程，称为汇流过程。影响汇流过程的主要因素有主河道长度和坡度及地形等。

从流域最远点流到出口断面的时间称为汇流时间 τ(h)。

1. 推理公式

1) 公式形式

原交通部公路科学研究所的推理公式：

$$Q_P = 0.278 \times \left(\frac{S_P}{\tau^n} - \mu\right) F \quad (3\text{-}1\text{-}7)$$

式中：Q_P——设计频率为 P(%)时的洪峰流量，m³/s；

S_P——设计频率为 P(%)的雨力，mm/h，查各地《水文手册》雨力等值线或图表资料，或全国雨力等值线图(图 3-1-2、3-1-3 和图 3-1-4)；

n——降雨递减指数，查各省(自治区) n 值分区(图 3-1-5 和表 3-1-3)，得 n_1、n_2 和 n_3，由 τ 值查($\tau \leqslant$ 1h，用 n_1；1h $< \tau \leqslant$ 6h，用 n_2；6h $< \tau \leqslant$ 24h，用 n_3)；

τ——汇流时间，h；

μ——降雨损失参数，mm/h；

F——流域面积，km²。

2) 推理公式中两个参数的计算

(1) 损失参数的计算。

北方多采用 $\qquad \mu = K_1 (S_P)^{\beta_1} \qquad (3\text{-}1\text{-}8a)$

南方多采用 $\qquad \mu = K_2 (S_P)^{\beta_2} F^{-\lambda} \qquad (3\text{-}1\text{-}8b)$

式中：K_1、K_2——系数，查表 3-1-5，表中土壤植被分类见表 3-1-4；

β_1、β_2、λ——指数，查表 3-1-5，表中土壤植被分类见表 3-1-4。

(2) 汇流时间 τ(h)的计算。

北方多采用

$$\tau = K_3 \left[\frac{L}{\sqrt{I_z}}\right]^{\alpha_1} \quad (3\text{-}1\text{-}9a)$$

南方多采用

$$\tau = K_4 \left[\frac{L}{\sqrt{I_z}}\right]^{\alpha_2} \cdot S_P^{-\beta_3} \quad (3\text{-}1\text{-}9b)$$

式中：L——主河沟长度，km；

I_z——主河沟平均坡度，‰；

K_3、K_4——系数，查表 3-1-6；

α_1、α_2、β_3——指数，查表 3-1-6；

其他符号意义同前。

暴雨递减指数 n 值分区　　　　表 3-1-3

省名	分区	n_1	n_2	n_3	省名	分区	n_1	n_2	n_3
内蒙古	I	0.62	0.79	0.86	四川	I	0.50	0.60~0.65	
	II	0.60	0.76	0.79		II	0.45	0.70~0.75	—
	III	0.59	0.76	0.80		III	0.73	0.70~0.75	
	IV	0.65	0.73	0.75	青海	I	0.49	0.75	
	V	0.63	0.76	0.81		II	0.47	0.76	0.87
	VI	0.59	0.71	0.77		III	0.65	0.78	0.82
	VII	0.62	0.74	0.82	吉林	I	0.56	0.70	0.76
陕西	I	0.59	0.71	0.78		II	0.56	0.75	0.82
	II	0.52	0.75	0.81		III	0.60	0.49	0.75
	III	0.52	0.72	0.78	河南	I	0.55~0.60	0.65~0.70	0.75~0.80
福建	I	0.53	0.65	0.70		II	0.50~0.55	0.70~0.75	0.75~0.80
	II	0.52	0.69	0.73		III	0.45~0.50	0.60~0.65	0.75
	III	0.47	0.65	0.70	广西	I	0.38~0.43	0.65~0.70	0.70~0.80
	IV	0.48	0.65	0.73		II	0.40~0.45	0.70~0.75	0.75~0.85
	V	0.51	0.67	0.70		III	0.40~0.45	0.60~0.65	0.75~0.85
浙江	I	0.65	0.65	0.78	新疆	I	0.63	0.70	0.84
	II	0.49	0.62	0.65		II	0.73	0.78	0.85
	III	0.53	0.68	0.73		III	0.56	0.72	0.88
安徽	I		0.61	0.69		IV	0.45	0.64	0.80
	II	0.38	0.69	0.69		V	0.63	0.77	0.91
	III	0.39	0.76	0.77		VI	0.62	0.74	0.80
甘肃	I	0.69	0.72	0.78		VII	0.60	0.72	0.86
	II	0.61	0.76	0.82		VIII	0.60	0.66	0.85
	III	0.62	0.77	0.85	山西		0.60	0.70	—
	IV	0.55	0.65	0.82	贵州		0.60	0.69	0.89
	V	0.58	0.74	0.85	河北	I	0.40~0.50	0.50~0.60	0.65
	VI	0.49	0.59	0.84		II	0.50~0.55	0.60~0.70	0.70
	VII	0.53	0.66	0.75		III	0.55	0.60	0.60~0.70
宁夏	I	0.52	0.62	0.81		IV	0.30~0.40	0.70~0.75	0.75~0.80
	II	0.59	0.66	0.75	云南	I	0.50~0.55	0.75~0.80	0.75~0.80
辽宁	I	0.60~0.66	0.70~0.74			II	0.45~0.55	0.70~0.80	0.75~0.80
	II	0.60~0.55	0.70~0.60	—		III	0.55	0.600	0.65
	III	0.55~0.50	0.60~0.55			IV	0.50~0.45	0.65~0.75	0.70~0.80
湖南	III	0.4~0.50	0.55~0.60	0.70~0.80	湖南	I	0.45	0.62~0.63	0.70~0.75
	IV	0.4~0.50	0.65~0.70	0.75~0.80		II	0.30~0.40	0.65~0.70	0.75
	V	0.4~0.50	0.70~0.75	0.75~0.80					

注：n_1-小于 1h 的暴雨递减指数；n_2-1~6h 的暴雨递减指数；n_3-6~24h 的暴雨递减指数。

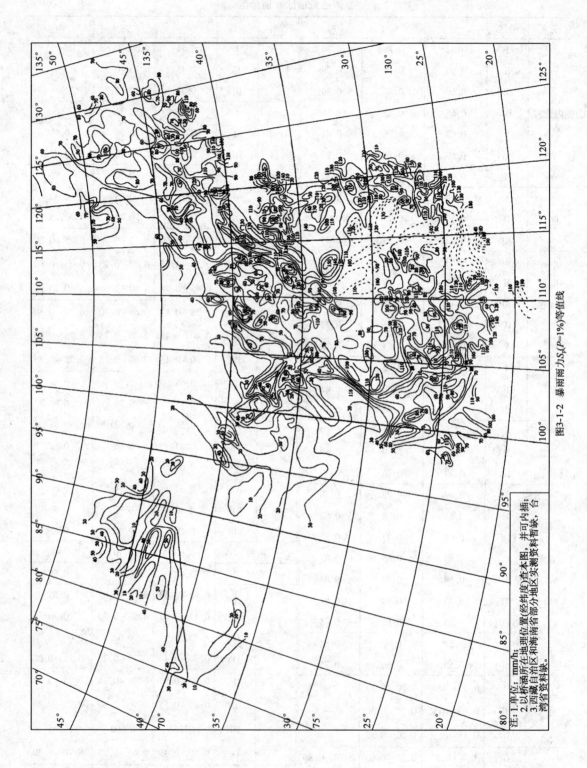

图3-1-2 暴雨雨力$S_p(P=1\%)$等值线

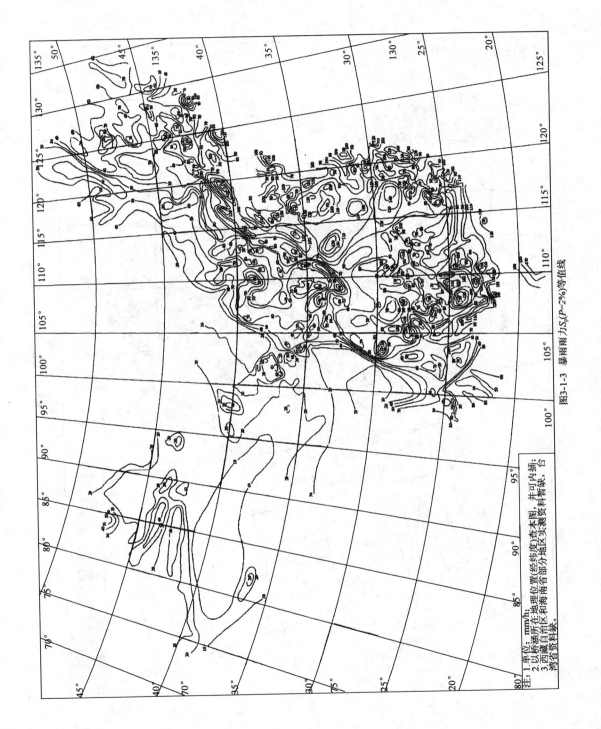

图3-1-3 暴雨雨力$S_p(P=2\%)$等值线

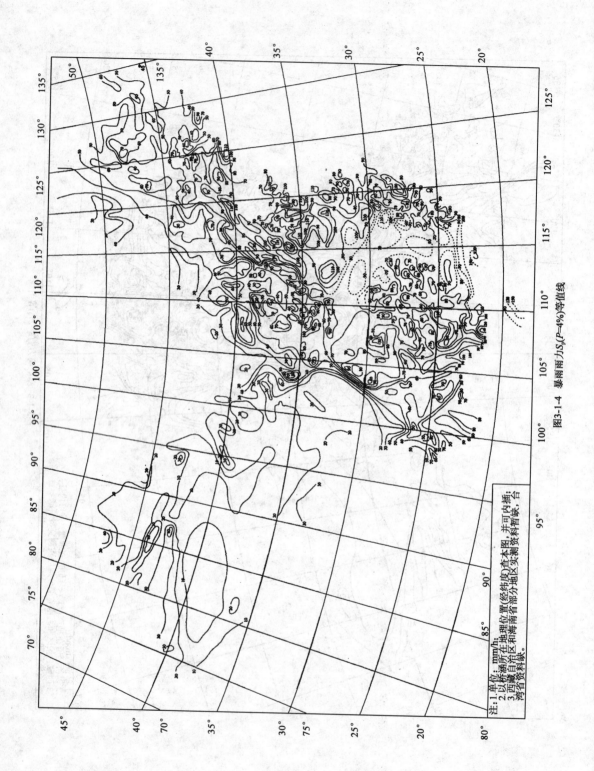

图3-1-4 暴雨雨力$S_p(P=4\%)$等值线

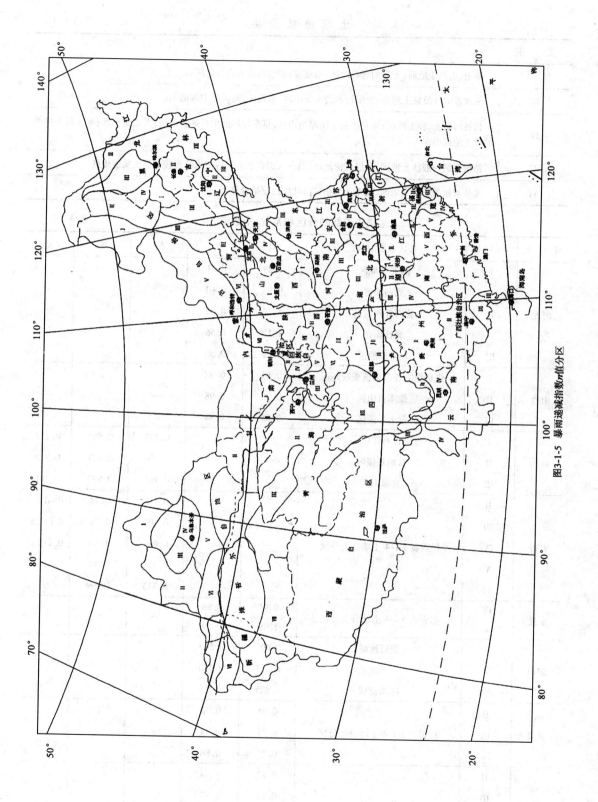

图3-1-5 暴雨递减指数n值分区

土壤植被分类   表3-1-4

类别	特征
I	黏土、盐碱土地面，土薄的岩石地区；植被差；轻微风化的岩石地区
III	植被差的沙质黏土地面；土层轻薄的土面山区，植被中等；风化中等的山区
IV	植被的黏土、沙土地面；风化严重土层厚的山区；草灌较厚的山丘区或草地；人工幼林区；水土流失中等的黄土地面山区
V	植被差的一般沙土地面；土层较密的地区；有大面积水土保持措施治理较好的土质的地区
VI	无植被松散的沙土地面，茂密并有枯枝落叶层的原始森林

损失参数的分区和系数、指数值   表3-1-5

省名	分区	各区系数、指数	K_1	β_1	K_2	β_2	λ
河北	I	河北平原区	1.23	0.61			
		冀西山区	0.95	0.60			
	II	冀西北西盆区	1.15	0.58	—	—	—
		冀西山区	1.12	0.56			
	III	坝上高原区	1.52	0.50			
山西	I	煤矿塌陷和森林覆盖较好区	0.85	0.98			
	II	裸露石山区	0.25	0.98	—	—	—
	III	黄土丘陵区	0.65	0.98			
四川	I	青衣江区			0.742	0.542	0.222
	II	盆地丘陵区	—	—	0.270	0.897	0.272
	III	盆缘山区			0.263	0.887	0.281
安徽	II	根据表3-1-4 土壤分类分区			0.755	0.74	0.017 1
	III				0.103	1.21	0.042 5
	IV				0.406	1.00	0.110 4
	V				0.520	0.94	0
	VI				0.332	1.099	0
宁夏	IV	根据表3-1-4 土壤分类分区	0.93	0.86	—	—	—
	V		1.98	0.69			
湖南	I	湘资流域	0.697	0.567			
	II	沅水流域	0.213	0.940	—	—	—
	III	沣水流域	1.925	0.223			
甘肃	II	根据表3-1-4 土壤分类分区	0.65	0.82			
	III		0.75	0.84	—	—	—
	IV		0.75	0.86			
吉林	II	根据表3-1-4 土壤分类分区	0.12	1.44			
	III		0.13	1.37	—	—	—
	IV		0.29	1.01			
	V		0.29	1.01			

续上表

省 名	分 区	各区系数、指数	K_1	β_1	K_2	β_2	λ
河南	I	根据表 3-1-4 土壤分类分区	0.002 3	1.75	—	—	—
	II		0.057	1.0			
	III		1.0	0.71			
	IV		0.80	0.51			
青海	I	东部区	0.52	0.744	—	—	—
	II	内陆区	0.32	0.913			
新疆	I	$50 < F < 200$	0.46	1.09	—	—	—
	II	$F < 200$	0.68	1.09			
浙江	I	浙北地区	0.08	0.15	—	—	—
	II	浙东南沿海区	0.10~0.11	0.15			
	III	浙西南、西北及东部丘陵区	0.13~0.14	0.15			
	IV	杭嘉湖平地区丘陵区	0.15	0.15			
内蒙古	IV	大兴安岭中段及余脉山区	0.517~0.83	0.4~0.71	—	—	—
	VI	黄河流域山地丘陵区	1.0	1.05			
福建		全省通用	0.34	0.93	—	—	—
	I	深山区	—	—	1.17	1.099	0.437
	II	浅山区	—	—	0.51	1.099	0.437
	III	平丘区	—	—	0.31	1.099	0.437
广西	I	丘陵区	0.52	0.774	—	—	—
	II	山区	0.32	0.915			

汇水时间分区和系数、指数　　表 3-1-6

省 名	分 区	各区系数、指数	K_3	α_1	K_4	α_2	β_3
河北	I	河北平原	0.70	0.41	—	—	—
	II	冀北山区	0.65	0.38			
		冀西北盆地	0.58	0.39			
		冀西山区	0.54	0.40			
河北	III	坝上高原	0.45	0.18	—	—	—
山西		土石覆盖的林区	0.15	0.42			
		煤矿塌陷漏水和严重风化区	0.13	0.42			
		黄土丘陵区	0.10	0.42			
四川		盆地丘陵区 $I_z \leq 10‰$			3.67	0.620	0.203
		青衣江区 $I_z > 10‰$	—	—	3.67	0.516	0.203
		盆缘山区 $I_z \leq 15‰$			3.29	0.620	0.203
		西昌区 $I_z \geq 15‰$			3.29	0.516	0.239

续上表

省 名	分 区	各区系数、指数	K_3	α_1	K_4	α_2	β_3
安徽	I	>15‰			$F<(90)37.5$ $F>(90)26.3$	0.925	0.725
	II	10‰~15‰	—	—	11	0.512	0.395
	III	5‰~10‰			29	0.810	0.544
	IV	<15‰			14.3	0.300	0.330
湖南	I	湘资水系	5.59	0.380			
	II	沅水系	3.79	0.197	—	—	—
	III	沣水系	1.57	0.636			
宁夏	I	山区	0.14	0.44	—	—	—
	II	丘陵区	0.38	0.21			
广西	I	山区	0.56	0.306	—	—	—
	II	丘陵区	0.42	0.419			
甘肃	I	山区	0.96	0.71			
	II	丘陵区	0.62	0.71	—	—	—
	III	山区	0.39	0.71			
吉林	I		0.000 35	1.4			
	II	—	1.40	0.84	—	—	—
	III		0.032	0.84			
	IV		0.022	1.45			
河南	I		0.73	0.32			
	II	根据 n 值分区图	0.038	0.75	—	—	—
	III		0.63	0.15			
	IV		0.80	0.20			
青海	I	东部区	0.871	0.75	—	—	—
	II	内陆区	0.96	0.747			
新疆	I	$50<F<200$	0.60	0.65	—	—	—
	II	$F>200$	0.20	0.65			
浙江	I	浙江地区			72.0	0.187	0.90
	II	浙东南沿海区	—	—	72.0	0.187	0.90
浙江	III	浙西南、西北山区及中部丘陵区			72.0	0.187	0.90
	IV	杭嘉湖平原边缘地势平缓地区			105.0	0.187	0.90
内蒙古	I	大兴安岭中段及余脉山地丘陵区	—	0.334~0.537	0.16	—	—
	II	黄河流域山地丘陵区		0.344~0.537	0.16		
福建	I	平原区			1.8	0.48	0.51
	II	丘陵区	—	—	2.0	0.48	0.51
	III	山区			2.6	0.48	0.51
贵州	I	平原区	0.080	0.713			
	II	浅山区	0.193	0.713	—	—	—
	III	深山区	0.302	0.713			

2. 经验公式

20世纪80年代初,在制定推理公式的基础上,又制定了简单的小流域暴雨径流的经验公式。

经验公式 I

$$Q_P = \psi(S_P - \mu)^m \cdot F^{\lambda_2} \quad (3\text{-}1\text{-}10\text{a})$$

经验公式 II

$$Q_P = CS_P^\beta \cdot F^{\lambda_3} \quad (3\text{-}1\text{-}10\text{b})$$

式中:ψ——地貌系数,查表3-1-7;

m、λ_2——指数,查表3-1-7;

C、β、λ_3——系数、指数,查表3-1-8;

S_P、μ、F 意义同前。

经验公式(3-1-10a)各区系数指数 表3-1-7

省 名	分 区	各区系数指数		ψ	m	λ_2
四川	I	盆地丘陵区	$I_z \leq 2‰$	0.086	1.18	0.712
			$2‰ < I_z \leq 10‰$	0.105		0.730
			$I_z \geq 10‰$	0.124		0.747
	II	盆缘山区 青衣江区	$I_z \leq 10‰$	0.102	1.20	0.724
			$10‰ < I_z < 20‰$	0.123		0.745
			$I_z \geq 20‰$	0.142		0.788
安徽	I	$I_z > 15‰$	$P = 4\%$	1.2×10^{-4}	2.75	0.896
			$P = 2\%$	1.4×10^{-4}		
			$P = 1\%$	1.6×10^{-4}		
	II	$I_z = 5‰ \sim 15‰$	$P = 4\%$	4.8×10^{-4}	2.75	1.0
			$P = 2\%$	5.5×10^{-4}		
			$P = 1\%$	7.0×10^{-4}		
	III	$I_z < 5‰$	$P = 4\%$	1.8×10^{-4}	2.75	0.965
			$P = 2\%$	1.9×10^{-4}		
			$P = 1\%$	2.0×10^{-4}		
宁夏	I	丘陵区		0.308	1.32	0.60
	II	山区		0.542	1.32	0.60
	III	林区		0.085	1.32	0.75
甘肃	I	平原		0.08	1.08	0.96
	II	丘陵		0.14	1.08	0.96
	III	山区		0.27	1.08	0.96
吉林	I	平原		0.007 6 ~ 5.6	1.50	0.80
	II	丘陵		0.005 3 ~ 7.0	1.50	0.80
	III	山区		0.003 ~ 0.68	1.50	0.80

续上表

省 名	分 区	各区系数指数		ψ	m	λ_2
河南	I	根据河南省 n 值分区图		0.22	0.98	0.86
	II			0.66	1.03	0.65
	III			0.76	1.00	0.67
	IV			0.28	1.07	0.81
新疆	I	林区土石山		0.006 5	1.5	0.80
	II	土石山		0.035	1.5	0.80
贵州	I	平原丘陵区		0.022		
	II	浅山区		0.038	1.085	0.98
	III	深山区		0.066		
内蒙古	I	大青山东端山区	$P=4\%$	8.4	0.41	0.55
			$P=2\%$	12.3		
			$P=1\%$	19.2		
	II	大青山东部和蛮汉山山地丘陵区	$P=4\%$	7.8	0.41	0.55
			$P=2\%$	11.8		
			$P=1\%$	16.5		
	III	大青山西端山区	$P=4\%$	7.4	0.41	0.55
			$P=2\%$	11.2		
			$P=1\%$	15.0		
福建	I	平原		0.09	1.0	0.96
	II	丘陵		0.10		
	III	浅山区		0.16		
	IV	深山区		0.25		

经验公式(3-1-10b)各区系数、指数　　　　表3-1-8

省 名	分 区	各区系数指数		C	β	λ_3
山西	I	石山、黄山丘陵植被差土石山		0.24～0.20	1.0	0.78
	II	风化石山植被一般煤矿漏水区		0.19～0.16		
	III	植被较好地区		0.15～0.12		
四川	I	盆地丘陵区	$I_z \leq 10‰$	0.140	1.10	0.723
			$I_z > 5‰$	0.145		
	II	盆缘山区	$I_z \leq 10‰$	0.140	1.14	0.737
		青衣江区	$I_z > 10‰$	0.160		

续上表

省 名	分 区	各区系数指数		C		β	λ_3
安徽	I	$I_z > 15‰$		$P=4\%$	2.92×10^{-4}	2.414	0.896
				$P=2\%$	3.15×10^{-4}		
				$P=1\%$	3.36×10^{-4}		
	II	$I_z = 5‰ \sim 15‰$		$P=4\%$	1.27×10^{-4}	2.414	1.0
				$P=2\%$	1.32×10^{-4}		
				$P=1\%$	1.50×10^{-4}		
	III	$I_z < 15‰$		$P=4\%$	2.35×10^{-4}	2.414	0.965
				$P=2\%$	2.66×10^{-4}		
				$P=1\%$	2.75×10^{-4}		
宁夏	I	丘陵区		0.061			0.60
	II	山区		0.082		1.51	0.60
	III	林区		0.013			0.75
甘肃	I	平原区		0.016			
	II	丘陵区		0.025		1.40	0.95
	III	山区		0.050			
吉林	I	松花江、图们江、牡丹江水系	山岭	0.075		0.8	1.12
			丘陵	0.035			
			平原	0.013 5			
	II	拉林河、饮马河水系	山岭	0.3		0.8	1.37
			丘陵	—			
			平原	0.14~0.618			
	III	东运河水系	山岭	—		0.80	0.52
			丘陵	—			
			平原	0.275			
河南	I	根据河南省 n 值分区图		0.18		1.00	0.86
	II			0.45		1.09	0.65
	III			0.36		1.07	0.67
	IV			0.48		0.95	0.80
浙江	I	钱塘江流域		0.01			
	II	浙北地区		0.02		0.37	1.11
	III	其他		0.015			

续上表

省　名	分　区	各区系数指数	C	β	λ_3
福建	I	平原区	0.030	1.25	0.90
	II	丘陵区	0.034		
	III	浅山区	0.050		
	IV	深山区	0.071		
贵州	I	平原丘陵区	0.016	1.112	0.985
	II	浅山区	0.030		
	III	深山区	0.056		

以上交通系统制定的推理公式和经验公式，一般用于流域面积为 $100km^2$ 以下的小河沟。

二、河道冲刷深度计算

桥下河床冲刷计算是确定墩台基础最小埋置深度的重要依据。设计桥梁时，为了保证洪水能顺畅地通过桥下和保证桥梁的安全，不仅要求有足够的桥孔长度和桥梁高度，还必须使墩台基础有足够的埋置深度。因此，在桥位设计中，对墩台冲刷必须十分重视。桥梁墩台冲刷是一个综合冲刷过程，大致可分为三部分。

(1) 桥位河床自然演变而引起河床的自然演变冲刷。自然演变冲刷造成河床变形有4种类型：①河流发育成长过程中河床纵断面的变形，如河源段的逐年下切、河口段的逐年淤积；②河槽横向移动所引起的变形，如边滩下移，河弯发展、移动和裁弯取直等；③河段中泓线摆动引起的冲刷变形；④在一个水文周期内，河槽随水位、流量变化而发生的周期性变形。

(2) 因建桥后压缩水流而引起桥下整个河床断面普遍存在的一般冲刷。这部分冲刷是由于河床的边界发生了变化而引起的。原来是天然河段，建桥后，过桥位断面的来水、来沙条件相比自然形态时重新进行分配。但河床地质、土质条件、河床比降并没有明显的变化，因此桥下的整个河床断面又逐渐地形成自动调整状态，进入新的自然河床演变冲刷。

(3) 由于桥梁墩台阻水而引起的河床局部冲刷，也就是桥梁墩台冲刷深度。事实上，桥梁墩台冲刷是受多种因素同时交叉影响产生的，是一个综合复杂的冲刷过程，但是为了便于研究和计算，我们把墩台周围总的冲刷深度假定为这三种冲刷先后进行，即可分别进行计算，然后叠加。除上述自然变形外，当河道经过整治或桥位上下游修建水工建筑物后，也会引起河床的显著变形，这些变形也应在桥下冲刷中予以考虑。

对于河床的自然演变冲刷，目前尚无可靠的计算方法。一般可通过利用桥位上下游水文站实测断面资料分析确定；也可通过对桥位河段的实地调查，了解河道特性和历史演变情况，据以推算在桥梁使用年限内河床可能下降或上升的幅度，合理地增减墩台基础的埋置深度或提高桥下净空。

(一) 桥下一般冲刷计算

河上建桥后，桥下过水断面受压缩减少，致使桥下流速增大，水流挟沙能力增强，桥下河床全断面内发生的普遍冲刷，称为一般冲刷。

随着一般冲刷的发展，桥下河床加深，过水面积加大，流速逐渐下降；当达到新的输沙平衡状态，或桥下流速降低到河床的允许不冲刷流速时，冲刷即停止，一般冲刷深度达到最大。一般冲刷深度是指桥下河床在一般冲刷完成后从设计水位算起的某一垂线水深。

1. 非黏性土河床的一般冲刷

1）河槽部分

(1) 64-2 简化式。

64-2 简化式是根据我国实测观测资料,参照国内外同类公式,依据桥下河槽输沙平衡原理建立的,比较符合我国河流桥下一般冲刷的实际情况,仅适用于有推移质运动的非黏性土河床。

当上游天然断面带来的泥沙量（来沙量）G_1 与桥下河槽断面带到下游去的泥沙量（排沙量）G_2 相等时,桥下河槽断面达到输沙平衡,冲刷即停止。由于桥下河槽一般冲刷主要是通过推移质运动来实现的,因此可以通过桥下河槽断面推移质输沙量的平衡条件,导出一般冲刷64-2 简化公式。

$$h_\mathrm{P} = 1.04 \left(A_\mathrm{d} \frac{Q_2}{Q_\mathrm{c}} \right)^{0.9} \left[\frac{B_\mathrm{c}}{(1-\lambda)\mu B_\mathrm{cg}} \right]^{0.66} \cdot h_\mathrm{cm} \quad (3\text{-}1\text{-}11\mathrm{a})$$

$$Q_2 = \frac{Q_\mathrm{c}}{Q_\mathrm{c}+Q_\mathrm{tl}} \cdot Q_\mathrm{P} \quad (3\text{-}1\text{-}11\mathrm{b})$$

$$A_\mathrm{d} = \left(\frac{\sqrt{B_\mathrm{z}}}{H_\mathrm{z}} \right)^{0.15} \quad (3\text{-}1\text{-}11\mathrm{c})$$

式中：h_P——桥下一般冲刷后的最大水深,m；

Q_P——频率为 $P\%$ 的设计流量,m^3/s；

Q_2——建桥后桥下河槽部分通过的设计流量,m^3/s,当桥下河槽能扩宽至全桥时（桥孔压缩水流很大,且河滩土质易冲）,$Q_2=Q_\mathrm{P}$；当桥下河槽不能扩宽时,按式 (3-1-11b) 计算；

Q_c——天然状态下河槽部分设计流量,m^3/s；

Q_tl——天然状态下桥下河滩部分设计流量,m^3/s；

B_cg——建桥后桥长范围内的河槽宽度,m,当河槽能扩宽至全桥时,取用桥孔总长度；只有当桥孔压缩部分河滩,而桥下河槽又不扩宽时,为天然河槽宽度；

B_z——造床流量下的河槽宽度,m,对复式河床可取平滩水位时河槽宽度,见图 3-1-6；

λ——设计水位下,在 B_cg 宽度范围内,桥墩阻水总面积与桥下过水面积的比值；

μ——桥墩水流侧向压缩系数,按表 3-1-9 确定；

h_cm——桥下河槽最大水深,m；

A_d——单宽流量集中系数,山前变迁、游荡、宽滩河段,当 $A_\mathrm{d}>1.8$ 时,A_d 值可采用 1.8；

H_z——造床流量下的河槽平均水深,m,对复式河床可取平滩水位时河槽平均水深,见图 3-1-6。

桥墩水流侧向压缩系数 μ 值表　　　　表 3-1-9

设计流速 v_s(m/s)	单孔净跨径 L_0(m)								
	≤10	13	16	20	25	30	35	40	45
<1	1.00	1.00	1.00	1.00	1.00	1.00	1.00	1.00	1.00
1.0	0.96	0.97	0.98	0.99	0.99	0.99	0.99	0.99	0.99
1.5	0.96	0.96	0.97	0.97	0.98	0.98	0.98	0.99	0.99
2.0	0.93	0.94	0.95	0.97	0.97	0.97	0.98	0.98	0.98

续上表

设计流速 v_s(m/s)	单孔净跨径 L_0(m)								
	≤10	13	16	20	25	30	35	40	45
2.5	0.90	0.93	0.94	0.96	0.96	0.97	0.97	0.98	0.98
3.0	0.89	0.91	0.93	0.95	0.96	0.96	0.97	0.97	0.98
3.5	0.87	0.90	0.92	0.94	0.95	0.96	0.96	0.97	0.97
≥4.0	0.85	0.88	0.91	0.93	0.94	0.95	0.96	0.96	0.97

注:1. 侧向压缩系数 μ 是指墩台侧面因漩涡形成滞流区而减小过水面积的折减系数。

2. 当单孔净跨径 $L_0 > 45$m 时,可按 $\mu = 1 - 0.375 \dfrac{v_s}{L_0}$ 计算。对不等跨的桥孔可采用各孔 μ 值的平均值。单孔净跨径 $L_0 > 200$m 的桥梁,取 $\mu \approx 1.0$。

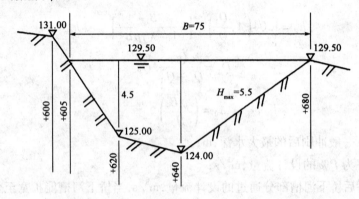

图 3-1-6 河槽平滩(造床)水位(尺寸单位:m)

(2) 64-1 修正式。

64-1 修正式是根据我国各类河段实测洪水冲刷资料,参照国内外同类公式,根据水力学的连续性原理建立的。其将桥下一般冲刷停止时的垂线平均流速称为不冲刷速度,即冲止速度。流速降低到冲止流速时,水深达到最大一般冲刷垂线水深,即一般冲刷深度。冲止速度是决定冲刷深度的重要因素。

$$h_p = \left[\frac{A_d \dfrac{Q_2}{\mu B_{cj}} \left(\dfrac{h_{cm}}{h_{cq}} \right)^{5/3}}{E \bar{d}_c^{1/6}} \right]^{3/5} \tag{3-1-12}$$

式中:B_{cj}——桥下河槽部分桥孔过水净宽,m,当桥下河槽能扩宽至全桥时,即为全桥桥孔过水净宽;

h_{cq}——桥下冲刷前河槽的平均水深,m;

$\bar{d}_c$——一般冲刷计算层的河槽泥沙平均粒径,mm,当多层土计算时,$\bar{d}_c$ 与 h_p 应为同层,否则重新计算;

E——与汛期含沙量有关的系数,按表 3-1-10 选用;

其他符号意义同前。

E 值表 表 3-1-10

含沙量 ρ(kg/m³)	<1.0	1~10	>10
E	0.46	0.66	0.86

注:含沙量 ρ 采用历年汛期月最大含沙量平均值。

2)河滩部分

$$h_\mathrm{P} = \left[\frac{Q_1}{\mu B_\mathrm{tj}}\left(\frac{h_\mathrm{tm}}{h_\mathrm{tp}}\right)^{5/3}\right]^{5/6} \Big/ v_\mathrm{H1} \quad (3\text{-}1\text{-}13\mathrm{a})$$

$$Q_1 = \frac{Q_\mathrm{tl}}{Q_\mathrm{c}+Q_\mathrm{tl}}Q_\mathrm{p} \quad (3\text{-}1\text{-}13\mathrm{b})$$

式中：Q_1——桥下河滩部分通过的设计流量，m^3/s；

h_tm——桥下河滩最大水深，m；

h_tp——桥下河滩平均水深，m；

B_tj——河滩部分桥孔净长，m；

v_H1——河滩水深1m时非黏性土不冲刷流速，m/s，按表3-1-11选用；

其他符号意义同前。

水深1m时非黏性土不冲刷流速表　　　　　　　　　　表3-1-11

河床泥沙		$\overline{d}$(mm)	v_H1(m/s)	河床泥沙		$\overline{d}$(mm)	v_H1(m/s)
砂	细	0.05~0.25	0.35~0.32	石	细	20~40	1.50~2.00
	中	0.25~0.50	0.32~0.40		中	40~60	2.00~2.30
	粗	0.50~2.00	0.40~0.60		粗	60~200	2.30~3.60
圆砾	大	2.00~5.00	0.60~0.90	漂石	小	200~400	3.60~4.70
	中	5.00~10.00	0.90~1.20		大	400~800	4.70~6.00
	小	10~20	1.20~1.50		中	>800	>6.00

2.黏性土河床的一般冲刷

按泥沙颗粒大小分类，一般认为平均粒径小于0.05mm的泥沙属于黏性土。黏性土颗粒极细，颗粒表面的物理化学性质与粗颗粒有很大不同，很细的颗粒在表面形成很薄且结合紧密的薄膜水，使颗粒之间产生一定的黏结力。液性指数 I_L 和孔隙率 e 是反映黏结力大小的指标，液性指数和孔隙率越小，黏土的黏结力越大，抗冲能力越强，冲止速度越大。

《公路工程水文勘测设计规范》（JTG C30—2002）中根据铁道部《黏土桥渡冲刷天然资料分析报告》提出的黏性土河床一般冲刷，推荐的公式如下。

1)河槽部分

$$h_\mathrm{P} = \left[\frac{A_\mathrm{d}\dfrac{Q_\mathrm{s}}{\mu L_\mathrm{j}}\left(\dfrac{h_\mathrm{max}}{\overline{h}}\right)^{5/3}}{0.33\left(\dfrac{1}{I_\mathrm{L}}\right)}\right]^{5/8} \quad (3\text{-}1\text{-}14)$$

式中：A_d——单宽流量集中系数，取1.0~1.2；

I_L——冲刷坑范围内黏性土液性指数，适用范围为0.16~1.19；

其他符号意义同前。

2)河滩部分

$$h_\mathrm{P} = \left[\frac{\dfrac{Q_1}{\mu B_\mathrm{tj}}\left(\dfrac{h_\mathrm{tm}}{h_\mathrm{tp}}\right)^{5/3}}{0.33\left(\dfrac{1}{I_\mathrm{L}}\right)}\right]^{5/6} \quad (3\text{-}1\text{-}15)$$

式中符号意义同前。

3. 桥台偏斜冲刷

当桥前无导流堤,而河滩引道路堤阻挡流量较大时,河滩水流在桥台附近集中,形成偏斜冲刷。无导流堤时的桥台偏斜冲刷深度,可用包尔达可夫公式计算:

$$h'_P = P\left[(h_{max} - h)\frac{h}{h_{max}} + h\right] \tag{3-1-16}$$

式中:h'_P——桥台偏斜冲刷后的水深,m;

P——冲刷系数,$P = \dfrac{A}{A_j}$,即桥下需要的过水面积与净过水面积之比;

h——冲刷前桥台处垂线水深,m,通常左右桥台各以前缘水深计;

其他符号意义同前。

(二)桥墩局部冲刷计算

水流流向桥墩时,受桥墩阻挡,水流结构发生急剧变化,围着桥墩发生绕流,在桥墩附近床面形成螺旋形漩涡体系,桥墩周围发生剧烈冲刷,形成桥墩周围局部冲刷坑的现象,称为局部冲刷。引起局部冲刷的水流结构如图3-1-7所示。

局部冲刷时,冲刷坑内会发生土壤粗化现象,留下粗粒泥沙,覆盖在冲刷坑表面上,增大了抗冲能力和粗糙度,一直到水流对河床泥沙的冲刷作用与河床泥沙抗冲作用达到平衡时,冲刷就停止了。这时冲刷坑外缘与坑底的最大高差,就是这一次水流最大局部冲刷深度。

影响局部冲刷的主要因素有流速、墩形、墩宽、水深和床沙粒径等。局部冲刷深度h_b通常是以一般冲刷h_P完成后的高程起算,所表示的是桥墩垂线上的冲刷坑深度。现行规范对桥墩局部冲刷计算有两类计算公式:一类是用于非黏土河床的65-2修正式和65-1修正式;另一类是黏性土河床的桥墩局部冲刷公式。

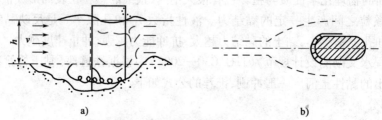

图 3-1-7 桥墩局部冲刷示意图
a)立面;b)平面

1. 非黏性土河床的桥墩局部冲刷

1965年,铁路和公路部门根据我国的实桥观测和模型试验资料,制定了局部计算65-1公式和65-2公式。生产实践证明:这两个公式反映了冲刷深度随流速的变化关系,并考虑了底砂运动对冲刷深度的影响,计算数值较为稳定可靠。近年来,对原公式进行了验证和修正,提出了65-2修正式和65-1修正式。与原公式相比,结构较合理,形式较简单,同时又提高了精度。

非黏性土河床的一般冲刷,可按下列公式计算。

(1)65-2式。

当$v \leq v_0$时:

$$h_b = K_\xi K_{\eta2} B_1^{0.6} h_P^{0.15} \left(\frac{v - v'_0}{v_0}\right) \tag{3-1-17a}$$

当 $v > v_0$ 时:

$$h_b = K_\xi K_{\eta2} B_1^{0.6} h_P^{0.15} \left(\frac{v - v'_0}{v_0}\right)^{n_2} \tag{3-1-17b}$$

$$K_{\eta2} = \frac{0.0023}{\overline{d}^{2.2}} + 0.375\overline{d}^{0.24} \tag{3-1-17c}$$

$$v_0 = 0.28(\overline{d} + 0.7)^{0.5} \tag{3-1-17d}$$

$$v'_0 = 0.12(\overline{d} + 0.5)^{0.55} \tag{3-1-17e}$$

$$n_2 = \left(\frac{v_0}{v}\right)^{0.23 + 0.191 \lg \overline{d}} \tag{3-1-17f}$$

式中:h_b——桥墩局部冲刷深度,m;

K_ξ——墩形系数,按表 3-1-12 选用;

B_1——桥墩计算宽度,m,同表 3-1-12,表中 h 应为 h_P;

h_P——一般冲刷后的最大水深,m;

$\overline{d}$——河床计算层泥沙的平均粒径,mm;

$K_{\eta2}$——河床颗粒影响系数,按式(3-1-17c)计算;

v——一般冲刷后墩前行近流速,m/s,具体计算见后述内容;

v_0——河床泥沙起动流速,m/s,按式(3-1-17d)计算;

v'_0——墩前泥沙始冲流速,m/s,按式(3-1-17e)计算;

n_2——指数,按式(3-1-17f)计算。

墩 形 系 数 表　　　　　　　　表 3-1-12

序 号	墩形示意图	墩形系数 K_ξ	墩形计算宽度 B_1
1		1.00	$B_1 = d$
2		不带联系梁:$K_\xi = 1.00$ 带联系梁: | α | 0° | 15° | 30° | 45° | | K_ξ | 1.00 | 1.05 | 1.10 | 1.15 |	
3			$B_1 = (L-b)\sin\alpha + b$

续上表

序号	墩形示意图	墩形系数 K_ξ	墩形计算宽度 B_1
4		与水流正交时各种迎水角系数 | θ | 45° | 60° | 75° | 90° | 120° | |---|---|---|---|---|---| | K_ξ | 0.70 | 0.84 | 0.90 | 0.95 | 1.10 | 迎水角 $\theta=90°$ 与水流斜交时的系数 K_ξ（图：K_ξ 随 α（0°~80°）变化曲线，0.8~1.1）	$B_1=(L-b)\sin\alpha+b$ （为了简化，可按圆形墩计算）
5		（图：K_ξ 随 α（0°~80°）变化曲线，1.0~1.3）	与水流正交时： $B_1=\dfrac{b_1h_1+b_2h_2}{h}$ 与水流斜交时： $B_1=\dfrac{B_1'h_1+B_2'h_2}{h}$ $B_1'=L_1\sin\alpha+b_1\cos\alpha$ $B_2'=L_2\sin\alpha+b_2\cos\alpha$
6		$K_\xi=K_{\xi1}K_{\xi2}$ （图：$K_{\xi1}$ 随 h_2/h（0~1.0）变化曲线，0.98~1.2） （图：$K_{\xi2}$ 随 α（0°~80°）变化曲线，圆端、矩形，0.8~1.2） 注：沉井与墩身的 K_ξ 相差较大时，根据 h_1、h_2 的大小，在两线间按比例定点取值	与水流正交时： $B_1=\dfrac{b_1h_1+b_2h_2}{h}$ 与水流斜交时： $B_1=\dfrac{B_1'h_1+B_2'h_2}{h}$ $B_1'=(L_1-b_1)\sin\alpha+b_1$ $B_2'=L_2\sin\alpha+b_2\cos\alpha$
7		与水流正交时 $K_\xi=K_{\xi1}$ （图：$K_{\xi1}$ 随 h_2/h（0~1.0）变化曲线，$\theta=120°$、$\theta=90°$、$\theta=60°$，0.8~1.2） 其他角度可补插取值	与水流正交时： $B_1=\dfrac{b_1h_1+b_2h_2}{h}$

续上表

序号	墩形示意图	墩形系数 K_ξ	墩形计算宽度 B_1
7		迎水角 $\theta=90°$ 与水流斜交时 $K_\xi = K_{\xi 1} K_{\xi 2}$ （图：$K_{\xi 2}$ 随 α 变化曲线，尖端、矩形） 注：沉井与墩身的 $K_{\xi 2}$ 相差较大时，根据 h_1、h_2 的大小，在两线间按比例定点取值	与水流斜交时： $B_1 = \dfrac{B_1' h_1 + B_2' h_2}{h}$ $B_1' = (L_1 - b_1)\sin\alpha + b_1$ $B_2' = L_2\sin\alpha + b_2\cos\alpha$
8		扩大基础采用与水流正交时的墩身系数	与水流正交时：$B_1 = b$ 与水流斜交时： $B_1 = (L-b)\sin\alpha + b$
9		$K_\xi = K_\xi' K_{m\phi}$ 其中 $K_{m\phi} = 1 + 5\left[\dfrac{(m-1)\phi}{B_m}\right]^2$ 式中：K_ξ'——单桩形状系数，按序号1、2、3、5墩形确定（如多为圆柱，$K_\xi'=1.0$ 可省略）； $K_{m\phi}$——桩群系数； B_m——桩群垂直水流方向的分布宽度； m——桩的排数（垂直水流方向）	$B_1 = \phi$
10		桩承台桥墩局部冲刷计算方法： 当承台底面低于一般冲刷线时，上部按实体计算； 当承台底面高于水面，应为上述排架墩，承台底面相对高度在 $0 \leq h_\phi \leq 1.0$ 时，冲刷深度 h_b 按下式计算： $h_b = (K_\xi' K_{m\phi} K_{h\phi} \phi^{0.6} + 0.85 K_{\xi 1} K_{\xi 2} B_1^{0.6}) \times K_\eta (v_0 - v_0') \times \left[\dfrac{(v-v_0')}{(v_0-v_0')}\right]^n$ 其中 $K_{h\phi} = 1.0 - \dfrac{0.001}{(h_\phi/h + 0.1)}$ 式中：$K_{h\phi}$——淹没桩体折减系数； K_{h2}——墩身承台减少系数； K_η, v, v_0, v_0', n 意义同前。 （图：K_{h2} 随 h_ϕ/h 变化曲线，承台厚度/水深=0.1、0.2、0.3）	

续上表

序 号	墩形示意图	墩形系数 K_ξ	墩形计算宽度 B_1
11		按下式计算局部冲刷深度 h_b $h_b = K_{od} h_{by}$ $K_{od} = 0.2 + 0.4\left(\dfrac{c}{h}\right)^{0.3}\left[1+\left(\dfrac{z}{h_{by}}\right)^{0.6}\right]$ K_{od}——大直径围堰群桩墩形系数; h_{by}——按序号 1 墩形计算的局部冲刷深度适用范围; $0.2 \leqslant \dfrac{c}{h} \leqslant 1.0, 0.2 \leqslant \dfrac{z}{h_{by}} \leqslant 1.0$	$B_1 = d$
12		按下式计算局部冲刷深度 h_b $h_b = K_\alpha K_{Zh} h_{by}$ $K_{Zh} = 1.22 K_{h2}\left(1+\dfrac{h_\phi}{h}\right) + 1.18\left(\dfrac{\phi}{B_1}\right) \cdot \dfrac{h_\phi}{h}$ $K_\alpha = -0.57\alpha^2 + 0.57\alpha + 1$ h_{by}——按序号 1 墩形计算的局部冲刷深度; K_{Zh}——工字承台大直径基桩组合墩墩形系数; α——桥轴法线与流向的夹角(以 rad 计)适用范围; $D = 2\phi$ $0.2 < \dfrac{h_2}{h} < 0.5, 0 < \dfrac{h_\phi}{h} < 1.0$ $\alpha = 0 \sim 0.785$	

(2)65-1 修正式。

当 $v \leqslant v_0$ 时:

$$h_b = K_\xi K_{\eta 1} B_1^{0.6}(v - v'_0) \tag{3-1-18a}$$

当 $v > v_0$ 时:

$$h_b = K_\xi K_{\eta 1} B_1^{0.6}(v_0 - v'_0)\left(\dfrac{v - v'_0}{v_0 - v'_0}\right)^{n_1} \tag{3-1-18b}$$

$$v_0 = 0.0246\left(\dfrac{h_P}{\overline{d}}\right)^{0.14}\sqrt{332\overline{d} + \dfrac{10 + h_P}{\overline{d}^{0.72}}} \tag{3-1-18c}$$

$$K_{\eta 1} = 0.8\left(\dfrac{1}{\overline{d}^{0.45}} + \dfrac{1}{\overline{d}^{0.15}}\right) \tag{3-1-18d}$$

$$v'_0 = 0.462\left(\dfrac{\overline{d}}{B_1}\right)^{0.06} v_0 \tag{3-1-18e}$$

$$n_1 = \left(\frac{v_0}{v}\right)^{0.25\bar{d}^{0.19}} \tag{3-1-18f}$$

式中：v_0——河床泥沙起动流速，m/s，按式(3-1-18c)计算；
  $K_{\eta 1}$——河床颗粒的影响系数，按式(3-1-18d)计算；
  v'_0——墩前泥沙始冲流速，m/s，按式(3-1-18e)计算；
  n_1——指数，按式(3-1-18f)计算；
  其他符号意义同前。

2. 黏性土河床的桥墩局部冲刷

黏性土河床局部冲刷可参照下式计算。

当 $\dfrac{h_P}{B_1} \geq 2.5$ 时：

$$h_b = 0.83 K_\xi B_1^{0.6} I_L^{1.25} v \tag{3-1-19a}$$

当 $\dfrac{h_P}{B_1} < 2.5$ 时：

$$h_b = 0.55 K_\xi B_1^{0.6} h_P^{0.1} I_L^{1.0} v \tag{3-1-19b}$$

式中：I_L——冲刷坑范围内黏性土液性指数，适用范围为 0.16~1.48。

3. 一般冲刷后墩前行近流速的计算

一般冲刷后墩前行近流速宜按下列公式计算。

(1) 当采用式(3-1-11a)(64-2 简化式)计算一般冲刷深度时：

$$v = \frac{A_d^{0.1}}{1.04}\left(\frac{Q_2}{Q_c}\right)^{0.1}\left[\frac{B_c}{\mu(1-\lambda)B_{cg}}\right]^{0.34}\left(\frac{h_{cm}}{\bar{h}_c}\right)^{2/3} v_c \tag{3-1-20a}$$

式中：v_c——河槽平均流速，m/s；
  $\bar{h}_c$——河槽平均水深，m。

(2) 当采用式(3-1-12)(64-1 修正式)计算一般冲刷深度时：

$$v = E\bar{d}^{1/6} h_P^{2/3} \tag{3-1-20b}$$

(3) 当采用式(3-1-13a)式计算一般冲刷深度时：

$$v = v_{H1} h_P^{1.5} \tag{3-1-20c}$$

(4) 当采用式(3-1-14)计算一般冲刷深度时：

$$v = \frac{0.33}{I_L} h_P^{3/5} \tag{3-1-20d}$$

(5) 当采用式(3-1-15)式计算一般冲刷深度时：

$$v = \frac{0.33}{I_L} h_P^{1/6} \tag{3-1-20e}$$

式中符号意义同前。

(三) 桥梁墩台基础最小埋置深度

桥梁墩台处桥下河床自然演变等因素导致的冲刷深度 Δh、一般冲刷深度 h_P 及局部冲刷深度 h_b 三部分冲刷全部完成后的最大水深线，称为桥下河槽最低冲刷线。在确定桥梁墩台基础埋置深度时，应根据桥位河段具体情况，取河床自然演变冲刷、一般冲刷和局部冲刷深度的不利组合，作为确定桥梁墩台基础埋深的依据。

全部冲刷完成后的最大水深,称为总冲刷深度 h_s。由此可计算桥下河槽最低冲刷线高程及基底最浅埋置高程,可用下式表示,即

$$\left.\begin{array}{l} h_s = h_P + h_b + \Delta h \\ H_S = H_P - h_s \\ H_N = H_S - \Delta c \end{array}\right\} \quad (3-1-21)$$

式中:h_s——桥下断面综合冲刷最大水深,m;

H_P——设计水位,m;

H_S——桥下最低冲刷线高程,m;

H_N——基础底埋置高程,m;

Δc——基础埋深安全值,m,见表3-1-13和表3-1-14。

非岩性河床基底埋深安全值　　　　表3-1-13

桥梁类别	总冲刷深度(m)				
	0	5	10	15	20
一般桥梁	1.5	2.0	2.5	3.0	3.5
特殊大桥	2.0	2.5	3.0	3.5	4.0

注:1. 总冲刷深度为自河床面算起的河床自然演变冲刷、一般冲刷和局部冲刷深度之和。
2. 表列数值为墩台基础埋入总冲刷深度以下的最小值;若对设计流量、水位和原始断面资料无把握或不能获得河床演变准确资料时,其值宜适当加大。
3. 若桥位上下游有已建桥梁,应调查已建桥梁的特大洪水冲刷情况,新建桥梁墩台基础埋置深度不宜小于已建桥梁的冲刷深度且酌加必要的安全值。
4. 如河床上有铺砌层时,基础底面宜设置在铺砌层顶面以下不小于1m。

岩石地基墩台冲刷及基底埋深参考数据表　　　　表3-1-14

岩石类别	极限抗压强度(MPa)		岩石名称	建议埋入岩面深度(按施工枯水季平均水位至岩面的距离分级)(m)		
				$h<2m$	$h=2\sim10m$	$h>10m$
I	极软岩	<5	胶结不良的长石砂岩、炭质页岩等	3~4	4~5	5~7
II	软质岩	II₁ 5~15	黏土岩、泥质页岩等	2~3	3~4	4~5
II	软质岩	II₂ 15~30	砂质页岩、砂页岩互层、砂岩、砾岩等	1~2	2~3	3~4
III	硬质岩	>30	板岩、钙质砂岩、矽质岩、石灰岩、花岗岩、流纹岩、石英岩等	0.2~1.0	0.2~2.0	0.5~3.0

另外,位于河槽的桥台,当其最大冲刷深度小于桥墩总冲刷深度时,桥台基底的埋深应与桥墩基底高程相同;当桥台位于河滩时,对河槽摆动的不稳定河流,桥台基底高程应与桥墩相同;在稳定河流上,桥台基底高程可按照桥台冲刷计算结果确定。

桥台锥体护坡基脚埋置深度应考虑冲刷的影响。当位于稳定、次稳定河段的河滩上时,基脚底面应在一般冲刷线以下至少0.50m;当桥台位于不稳定河流的河滩上时,基脚底面应在一般冲刷线以下至少1m。

【案例3-1-1】 南方地区某桥位地处开阔河段,河道基本顺直,上游有河湾,河床平坦,两岸较为整齐,无坍塌现象。实测桥位河流横断面如图3-1-8所示,可作为水文断面进行流量计

算。据形态调查得:河滩部分表土为粗砂,$n_t=0.025$,河槽部分表土为砾石,$n_c=0.032$。调查的历史洪水位为135.00m,洪水比降为0.5‰,沿桥轴向断面资料如表3-1-15所示。试求其相应的历史洪水流量。

沿桥轴线断面资料表　　　　　　表3-1-15

桩号(m)	K5+500	+520	+560	+600	+620	+640	+680	+710	+760	+790
地面高程(m)	140.00	133.00	131.50	131.00	125.00	124.00	129.50	129.00	132.00	136.00

解:(1)列表计算水力三要素。

过水面积 A 和水面宽度,可根据图3-1-8所示河流横断面列表计算,如表3-1-16所示。

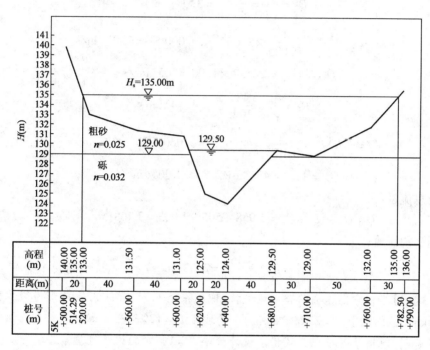

图3-1-8　实测河流横断面图

计算水力要素表　　　　　　表3-1-16

桩号	河床高程(m)	水深(m)	平均水深(m)	水面宽度(m)	湿周(m) $\chi=\sqrt{L^2+\Delta h^2}$	过水面积(m²)	累积面积(m²)	合计
+514.29	135.00	0					5.7	
			1.00	5.7	6.05	5.7		
+520.00	133.00	2.00					115.7	$A_{tz}=265.7\text{m}^2$
			2.75	40.0	40.03	110.0		
+560.00	131.50	3.50					265.7	$\chi_{tz}=86.08\text{m}$
			3.75	40.0	40.00	150.0		
+600.00	131.00	4.00					405.7	
			7.00	20.0	20.88	140.0		
+620.00	125.00	10.00					615.7	$A_c=680\text{m}^2$
			10.50	20.0	20.02	210.0		
+640.00	124.00	11.00					945.7	$\chi_c=81.28\text{m}$
			8.25	40.0	40.38	330.0		
+680.00	129.50	5.50					1118.2	
			5.75	30.0	30.00	172.5		
+710.00	129.00	6.00					1343.2	
			4.50	50.0	50.09	225.0		
+760.00	132.00	3.00					1377.0	$A_{ty}=431.3\text{m}^2$
			1.50	22.5	22.70	33.8		$\chi_{ty}=102.79\text{m}$
+782.50	135.00	0						

(2)计算流速和流量。

河槽部分：

$$R_c = \frac{A_c}{\chi_c} = \frac{680}{81.28} = 8.366(\text{m})$$

$$v_c = \frac{1}{n}R_c^{\frac{2}{3}}i^{\frac{1}{2}} = \frac{1}{0.032} \times 8.366^{\frac{2}{3}} \times 0.0005^{\frac{1}{2}} = 2.88(\text{m/s})$$

$$Q_c = A_c v_c = 680 \times 2.88 = 1958(\text{m}^3/\text{s})$$

河滩部分：

左滩

$$R_{tz} = \frac{A_{tz}}{\chi_{tz}} = \frac{265.7}{86.08} = 3.087(\text{m})$$

$$v_{tz} = \frac{1}{n_c}R_{tz}^{\frac{2}{3}}i^{\frac{1}{2}} = \frac{1}{0.025} \times 3.087^{\frac{2}{3}} \times 0.0005^{\frac{1}{2}} = 1.90(\text{m/s})$$

$$Q_{tz} = A_{tz}v_{tz} = 265.7 \times 1.90 = 505(\text{m}^3/\text{s})$$

右滩

$$R_{ty} = \frac{A_{ty}}{\chi_{ty}} = \frac{431.3}{102.79} = 4.195(\text{m})$$

$$v_{ty} = \frac{1}{n_t}R_{ty}^{\frac{2}{3}}i^{\frac{1}{2}} = \frac{1}{0.025} \times 4.195^{\frac{2}{3}} \times 0.0005^{\frac{1}{2}} = 2.33(\text{m/s})$$

$$Q_{tz} = A_{tz}v_{tz} = 431.3 \times 2.33 = 1005(\text{m}^3/\text{s})$$

全断面总流量：

$$Q = Q_c + Q_{tz} + Q_{ty} = 1958 + 505 + 1005 = 3468(\text{m}^3/\text{s})$$

全断面平均流速：

$$v = \frac{Q}{A} = \frac{3468}{1377} = 2.52(\text{m/s})$$

【案例3-1-2】 合宁高速公路合肥段某桥,地处东经117°,北纬32°,地形为微丘区。汇水面积 $F = 80\text{km}^2$,主河沟长 $L = 25\text{km}$,主河沟平均坡度 $I_z = 12‰$,河床土质为黏土。该桥工程点无实测流量资料,现用暴雨推理公式推求设计频率 $P = 1\%$ 时的设计流量 $Q_{1\%}$。

解：(1)查雨力 S_P。

查暴雨雨力 $S_P(P = 1\%)$ 等值线,得暴雨强度 $S_{P=1\%} = 115\text{mm/h}$

(2)汇流时间 τ 值的计算。

用南方公式

$$\tau = K_4\left(\frac{L}{\sqrt{I_z}}\right)^{\alpha_2} \cdot S_P^{-\beta_3}$$

查表3-1-6, $I_z = 12‰$ 时, $K_4 = 11, \alpha_2 = 0.512, \beta_3 = 0.395$。

$$\tau = 11 \times \left(\frac{25}{\sqrt{12}}\right)^{0.512} \times 115^{-0.395} = 4.64(\text{h})$$

(3)确定暴雨递减指数 n。

先查图3-1-5,可知安徽合肥属 II 区,再查表3-1-3,当 $\tau = 4.64\text{h}$ 时,应取 n_2,因此 $n = 0,\cdots,69$。

(4)损失参数 μ 值计算。

南方公式

$$\mu = K_2(S_P)^{\beta_2} F^{-\lambda}$$

先查表 3-1-4,可知土壤植被为 II 区,再查表 3-1-5 得 $K_2 = 0.755, \beta_2 = 0.74, \lambda = 0.0171$。

$$\mu = 0.755 \times 115^{0.74} \times 80^{-0.0171} = 23.46$$

(5)计算设计频率 $P = 1\%$ 时的设计流量。

用以上数值代入式(3-1-7):

$$\begin{aligned} Q_{1\%} &= 0.278 \left(\frac{S_P}{\tau^n} - \mu \right) \cdot F \\ &= 0.278 \times \left(\frac{115}{4.64^{0.69}} - 23.46 \right) \times 80 \\ &= 365.2 (\text{m}^3/\text{s}) \end{aligned}$$

【案例 3-1-3】 按案例1,根据钻探资料,河滩表面土为粗砂层,平均粒径 $\bar{d} = 1.5 \text{mm}$,河槽及标高 129.00m 以下为小颗粒的砾石层,$\bar{d} = 3.0 \text{mm}$。桥位河段历年汛期洪水平均含沙量 $\rho = 0.8 \text{kg/m}^3$。据分析桥下河槽能扩宽至全桥,但自然演变冲刷 $\Delta h = 0$。

根据多方面水文资料分析计算结果如下。

(1)根据实测水深计算各项水力要素如表 3-1-17a 所示。

各项水力要素计算结果　　　表 3-1-17a

各项水力要素	过水面积(m²)	宽度(m)	平均水深(m)	流速(m/s)	流量(m³/s)
左河滩	265.7	85.71	3.10	1.90	1 958
右河滩	431.3	102.5	4.21	2.33	505
河槽	680	80	8.5	2.88	1 005
全断面	1 377	—	—	—	3 468

(2)桥墩过水面积 1064.3m^2,桥墩阻水面积 94.1m^2,河滩路堤阻挡流量 $627.6 \text{m}^3/\text{s}$。

(3)桥梁上部结构拟采用跨径为 13m 的钢筋混凝土简支梁,净跨径 $L_0 = 11.8 \text{m}$,梁高 1m(包括桥梁铺装层)。下部为双柱钻孔灌注桩,墩径 $d = 1.2 \text{m}$,采用 U 形桥台,台长为 6m。各墩台桩号和水深如表 3-1-17b 所示。

各墩台桩号及水深　　　表 3-1-17b

所处位置	左滩	河槽							
墩台编号	左台	1号	2号	3号	h_m	4号	5号	6号	
桩号	K5+592.20	+604.60	+617.60	+630.60	+640.60	+643.60	+656.60	+669.60	
原地面高程	131.10	129.62	125.72	124.47	124.00	124.19	126.28	128.07	
水深	3.9	5.38	9.28	10.53	11.00	10.51	8.72	6.93	
所处位置	右滩								
墩台编号	7号	8号	9号	10号	11号	右台			
桩号	K5+682.60	+695.60	+708.60	+721.60	+734.60	+747.00	+760.00	+782.50	
原地面高程	129.46	129.24	129.02	129.70	130.48	131.22	132.00	135.00	
水深	5.54	5.76	5.98	5.30	4.52	3.78	3.00	0	

本桥为一般性桥梁,试确定最大冲刷线高程和桥梁墩台最浅埋置高程。

解: 1)冲刷计算

(1)利用 64-2 简化公式即式(3-1-11a)计算河槽一般冲刷深度 h_P。

$$h_P = 1.04\left(A_d \frac{Q_2}{Q_c}\right)^{0.9}\left(\frac{B_c}{(1-\lambda)\mu B_{cg}}\right)^{0.66} \cdot h_{cm}$$

式中:当桥下河槽能扩宽至全桥,$Q_2 = Q_P = 3\,468\,\text{m}^3/\text{s}$,$Q_c = 1\,958\,\text{m}^3/\text{s}$,$B_c = 80\,\text{m}$,$L_0 = 11.8\,\text{m}$,$v_P = v_c = 2.88\,\text{m/s}$,查表 3-1-9 得:

$$\mu = 0.908$$
$$B_{cg} = L = 747.00 - 592.20 = 154.8\,\text{m}, h_{cm} = 11\,\text{m}$$
$$\lambda = \frac{A'_D}{A_{OM}} = \frac{94.1}{1\,064.3} = 0.088\,4$$

平滩(造床)水位时,见图 3-1-6。

$$A = \frac{1}{2} \times 4.5 \times 15 + \frac{1}{2} \times (4.5 + 5.5) \times 20 + \frac{1}{2} \times 5.5 \times 40 = 243.75\,\text{m}^2$$

$$B = 75\,\text{m}, H = \frac{A}{B} = \frac{243.75}{75} = 3.25\,(\text{m})$$

单宽流量集中系数:

$$A = \left(\frac{\sqrt{B}}{H}\right)^{0.15} = \left(\frac{\sqrt{75}}{3.25}\right)^{0.15} = 1.16$$

河槽一般冲刷:

$$h_P = 1.04 \times \left(1.16 \times \frac{3\,468}{1\,958}\right)^{0.9} \times \left[\frac{80}{(1-0.088\,4) \times 0.908 \times 154.8}\right]^{0.66} \times 11$$
$$= 16.01\,(\text{m})$$

(2)用 64-1 修正式即式(3-1-12)计算河槽一般冲刷深度

$$h_P = \left[\frac{A_d \dfrac{Q_2}{\mu B_{cj}}\left(\dfrac{h_{cm}}{h_{cq}}\right)^{5/3}}{E\overline{d}_c^{1/6}}\right]$$

其中,$A = 1.16$,$Q_2 = Q_P = 3\,468\,\text{m}^3/\text{s}$,$\mu = 0.908$,$h_{cm} = 11\,\text{m}$,则:

能扩宽全桥时 $B_{cj}' = L_j = 11.8 \times 12 = 141.6\,(\text{m})$

第二层 $\overline{d}_c = 3\,\text{mm}$

当 $\rho = 0.8\,\text{kg/m}^3$ 时,查表 3-1-10,得 $E = 0.46$,则河槽一般冲刷深度为:

$$h_P = \left[\frac{1.16 \times \dfrac{3\,468}{0.908 \times 141.6}\left(\dfrac{11}{8.5}\right)^{5/3}}{0.46 \times 3^{1/6}}\right]^{3/5} = 14.59\,\text{m}$$

(3)计算桥台偏斜冲刷深度。

$$h'_P = P\left[(h_{max} - h)\frac{h}{h_{max}} + h\right]$$

其中,左台 $h = 3.9\,\text{m}$,右台 $h = 3.78\,\text{m}$。

$$P = \frac{A}{A_j} = \frac{3\,468/2.88}{1\,064.3 - 94.1} = \frac{1\,204}{970.2} = 1.24$$

则左台偏斜冲刷深度为:

$$h'_P = 1.24 \times \left[(11 - 3.9) \times \frac{3.9}{11} + 3.9\right] = 7.96\,\text{m}$$

右台偏斜冲刷深度为:

$$h'_P = 1.24 \times \left[(11-3.78) \times \frac{3.78}{11} + 3.78\right] = 7.76(\text{m})$$

(4)河滩一般冲刷。

依据式(3-1-13a)：

$$h_P = \left[\frac{Q_1 \left(\frac{h_{tm}}{h_{tp}}\right)^{5/3}}{\mu B_{tj}}\right]^{5/6}$$

由于本题桥下河槽能扩宽至全桥,故河滩一般冲刷 h_P 可不必计算,即冲刷后桥下河滩变为河槽的一部分了。

现若假定桥下河槽不能扩宽至全桥,则式中桥下河滩最大水深 $h_{tm}=6\text{m}$,天然状况下桥下河滩部分通过流量：

$$Q_t = Q_P - Q_c - Q'_t = 3\,468 - 1\,958 - 627.6 = 882.4(\text{m}^3/\text{s})$$

桥下河滩部分通过的设计流量：

$$Q'_t = \frac{Q_t}{Q_c + Q_t} Q_P = \frac{882.4}{1\,958 + 882.4} \times 3\,468 = 1\,077.4(\text{m}^3/\text{s})$$

桥下河滩过水面积：

$$A_t = A_{OM} - A_c = 1\,064.3 - 680 = 384.3(\text{m}^2)$$

桥下河滩宽度：

$$B_t = 7.8 + 67 = 74.8(\text{m})$$

河滩部分桥孔净长：

$$B'_t = 74.8 - 1.2 \times 5 = 68.8(\text{m})$$

桥下河滩平均水深：

$$\bar{h}'_t = \frac{A_t}{B_t} = \frac{384.3}{74.8} = 5.14(\text{m})$$

河滩粗砂表层 $\bar{d}=1.5\text{mm}$,查表3-1-11, $v_{HI}=0.5\text{m/s}$。

河滩一般冲刷：

$$h = \left[\frac{1\,077.4 \left(\frac{6}{5.14}\right)^{5/3}}{0.908 \times 68.8}\right]^{5/6} = 22.58(\text{m})$$

可见,超过了河槽一般冲刷 h_P 值,故假定桥下河槽不能扩宽至全桥是错误的。

(5)65-2式计算桥墩局部冲刷。

河槽计算层为小颗粒的砾石 $\bar{d}=3\text{mm}$,河床泥沙起动速度为：

$$v_0 = 0.28(\bar{d} + 0.7)^{0.5} = 0.28 \times (3 + 0.7)^{0.5} = 0.538\,6(\text{m/s})$$

用式(3-1-20a)计算一般冲刷后墩前行近流速：

$$\begin{aligned}v &= \frac{A_d^{0.1}}{1.04}\left(\frac{Q_2}{Q_c}\right)^{0.1}\left[\frac{B_c}{\mu(1-\lambda)B_{cg}}\right]^{0.34}\left(\frac{h_{cm}}{\bar{h}_c}\right)^{2/3} v_c \\ &= \frac{1.16^{0.1}}{1.04} \times \left(\frac{3\,458}{1\,958}\right)^{0.1} \times \left[\frac{80}{0.908 \times (1-0.088\,4) \times 154.8}\right]^{0.34} \times \left(\frac{11}{8.5}\right)^{2/3} \times 2.88 \\ &= 3.011\,6(\text{m/s})\end{aligned}$$

查表3-1-12,双柱墩为序号2, $K_\xi=1$, $B_1=d=1.2\text{m}$。

墩前泥沙始冲流速：

$$v'_0 = 0.12(\bar{d}+0.5)^{0.55} = 0.12 \times (3+0.5)^{0.55} = 0.239 (\text{m/s})$$

∵ $v > v_0$ 为动床冲刷,用式(3-1-17b)计算局部冲刷深度,先求出 n_2。

$$n_2 = \left(\frac{v_0}{v}\right)^{0.23+0.19 \lg d} = \left(\frac{0.5386}{3.0116}\right)^{0.23+0.191g3} = 0.296$$

$$K_{\eta 2} = \frac{0.0023}{\bar{d}^{2.2}} + 0.375\bar{d}^{0.24} = \frac{0.0023}{3^{2.2}} + 0.375 \times 3^{0.24} = 0.4883$$

桥墩局部冲刷：

$$h_b = K_\xi K_{\eta 2} B_1^{0.6} h_P^{0.15} \left(\frac{v-v'_0}{v_0}\right)^{n_2}$$

$$= 1 \times 0.4883 \times 1.2^{0.6} \times 16.01^{0.15} \times \left(\frac{3.0116-0.239}{0.5386}\right)^{0.296} = 1.263(\text{m})$$

(6) 用 65-1 修正式计算桥墩局部冲刷。

此时河槽一般冲刷用 64-1 修正式的计算值 $h_P = 14.59\text{m}$,以式(3-1-18c)计算河床起动流速：

$$v_0 = 0.0246 \left(\frac{h_P}{\bar{d}}\right)^{0.14} \times \sqrt{332\bar{d} + \frac{10+h_P}{\bar{d}^{0.72}}}$$

$$= 0.0246 \times \left(\frac{14.59}{3}\right)^{0.14} \times \sqrt{332 \times 3 + \frac{10+14.59}{3^{0.72}}}$$

$$= 0.97(\text{m/s})$$

墩前泥沙始冲流速由式(3-1-18e)计算：

$$v'_0 = 0.462 \left(\frac{\bar{d}}{B_1}\right)^{0.06} v_0 = 0.462 \times \left(\frac{3}{1.2}\right)^{0.06} \times 0.97 = 0.47(\text{m/s})$$

一般冲刷后墩前行近流速 v 由式(3-1-20b)计算：

$$v = E\bar{d}^{1/6} h_P^{2/3} = 0.46 \times 3^{1/6} \times 14.59^{2/3} = 3.30(\text{m/s})$$

∵ $v > v_0$,以式(3-1-18b)计算：

$$h_b = K_\xi K_{\eta 1} B_1^{0.6} (v_0 - v'_0) \left(\frac{v-v'_0}{v_0-v'_0}\right)^{n_1}$$

式中：$K_\xi = 1$, $B_1 = 1.2\text{m}$(同上)。

$$K_{\eta 1} = 0.8 \left(\frac{1}{\bar{d}^{0.45}} + \frac{1}{\bar{d}^{0.15}}\right) = 0.8 \left(\frac{1}{3^{0.45}} + \frac{1}{3^{0.15}}\right) = 1.166$$

$$n_1 = \left(\frac{v_0}{v}\right)^{0.25 \times \bar{d}^{0.19}} = \left(\frac{0.97}{3.30}\right)^{0.25 \times 3^{0.19}} = 0.686$$

$$h_b = 1 \times 1.166 \times 1.2^{0.6} \times (0.97 - 0.47) \times \left(\frac{3.30-0.47}{0.97-0.47}\right)^{0.686} = 2.14(\text{m})$$

2) 冲刷值的组合

此题桥下河槽能扩宽至全桥,左右台偏斜冲刷值 h'_P,相对河槽一般冲刷值 h_P 较小,故桥下只需用河槽一般冲刷与河槽桥墩局部冲刷 h_b 组合。

以 64-2 简化式与 65-2 式组合：

$$h_P + h_b = 16.01 + 1.263 = 17.27(\text{m})$$

以 64-1 修正式与 65-1 修正式组合：

$$h_P + h_b = 14.59 + 2.14 = 16.73(\text{m})$$

现取定 $h_\mathrm{P} + h_\mathrm{b} = 17.27(\mathrm{m})$

3)计算冲刷线高程

各墩台最大冲刷时的高程

$$H_\mathrm{S} = H_\mathrm{P} - h_\mathrm{s} = H_\mathrm{P} - (h_\mathrm{P} + h_\mathrm{b} + \Delta h)$$
$$= 135.00 - (17.27 + 0) = 117.73(\mathrm{m})$$

据此高程可在桥轴纵断面图上绘出最大冲刷线(从略)。

4)确定墩台基底最浅埋置高程

总冲刷深度为 $h_\mathrm{s} - h_\mathrm{cm} = 17.27 - 11.00 = 6.72\mathrm{m}$,查表 3-1-13,当一般桥梁时取安全值 $\Delta = 2.5\mathrm{m}$。桥梁各墩台基底最浅埋置高程

$$H_\mathrm{JM} = H_\mathrm{S} - \Delta = 117.73 - 2.5 = 115.23(\mathrm{m})$$

据此高程可绘出各墩台基底最浅埋置线。本题最大冲刷线和基底最浅埋置线均为水平线(绘线从略)。

工作任务二　刚性扩大基础设计

学习目标

1. 了解桥梁基础埋置深度的确定要求;
2. 理解刚性扩大基础的作用效应计算;
3. 掌握刚性扩大基础的设计验算内容和方法。

任务描述

教师根据全班组数或学生数准备若干有关桥梁施工图设计所需资料(与桥梁墩台设计资料相同),学生分组(视班级总人数可分 5~6 人/组),每组推选一名组长负责任务的组织与实施,最终每名学生完成桥梁基础设计说明书及绘制桥梁基础施工图。各组在接到任务后,认真学习公路桥涵有关设计标准及规范的相关内容,结合教师讲课并视需要收集其他相关信息,每组各成员单独完成桥梁基础的施工图设计,并上交《××桥梁基础设计说明书》和基础施工图。

学习引导

本工作任务沿着以下脉络进行学习:

| 任务布置(桥梁基础施工图设计) | → | 课堂教学 | → | 课后思考与总结 | → |

| 完成任务(桥梁基础施工图设计说明书、基础施工图绘制) | → | 各组成果检查 | → | 分组讨论 | → |

| 上交成果 | → | 学生自测与自评 | → | 小组各组员相互检查成果,组长对组员进行考核 | → | **教师考核** |

桥梁基础中最简单的方案,就是天然地基上的浅基础。与其他类型相比,其设计计算内容自然也要简单一些。但其设计中所考虑的一些基本问题,其他类型基础也涉及了,因此掌握浅基础的设计计算原理,将有助于理解和掌握其他类型基础的设计计算原理和内容。

基础设计主要包括对地基作出评价,结合结构物和其他具体条件初步拟订基础的材料、埋置深度、类型及尺寸,然后通过验算,证实各项设计要求是否能得到满足,最后确定设计方案。

浅基础有刚性基础和柔性基础之分。将基础平面尺寸扩大以满足地基强度要求,这种刚

性基础又称刚性扩大基础,如图 3-2-1 所示,平面形状常为矩形,每边扩大的尺寸最小为 0.20~0.50m。作为刚性基础,每边扩大的最大尺寸受到材料刚性角的限制。当基础较厚时,可在纵横两个方向上都做成台阶形,以减少基础自重,节省材料。刚性基础结构比较简单,只需圬工材料,不需要钢材,它是桥涵、涵洞和房屋等建筑物常用的基础形式。柔性基础要用钢筋混凝土,桥梁中用得较少。这两类基础对地基的要求和验算内容均相同,柔性基础还要增加其截面强度验算,在这里只介绍刚性扩大基础。

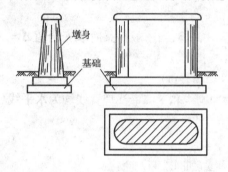

图 3-2-1 刚性扩大基础

刚性扩大基础设计计算的一般步骤和内容为:
(1)确定结构物主要方案,包括基础类型与材料等;
(2)初步选定基础的埋置深度;
(3)初步拟订基础的形状和尺寸;
(4)验算地基强度(持力层和软弱下卧层);
(5)验算基底的合力偏心距;
(6)验算基础抗滑动和抗倾覆稳定性;
(7)必要时验算基础的沉降。

验算中如发现某项设计要求得不到满足,或虽然满足,但尺寸或埋深显得过大而不经济,则需适当修改基础尺寸或埋置深度,重复各项验算,直到各项要求全部满足且使基础尺寸较为合理为止。

一、基础的作用及作用效应组合

1. 基础的作用

桥梁的地基与基础承受着整个建筑物的自重及所传递的各种作用,这些作用有各自不同的特征,且各种作用出现的几率也不同。因此,需将作用效应按几率和时间进行分类,并将实际与可能同时出现的作用效应组合起来,作为设计计算的依据。

对于水下的土中结构物和地基土的浮力计算,从安全角度出发,基础工程设计时对浮力的计算可作如下处理:

(1)基础底面位于透水性地基上的桥梁墩台,当验算稳定时,应考虑设计水位的浮力;当验算地基应力时,可仅考虑低水位的浮力,或不考虑水的浮力。

(2)基础嵌入不透水性地基的桥梁墩台不考虑水的浮力。

(3)作用在桩基承台底面的浮力,应考虑全部底面积。对嵌入不透水地基并灌注混凝土封闭者,不应考虑桩的浮力,在计算承台底面浮力时应扣除桩的截面面积。

(4)当不能确定地基是否透水时,应以透水或不透水两种情况与其他作用组合,取其最不利者。

2. 作用效应组合

桥梁基础的作用效应组合与墩台的作用效应组合基本相同,此处不再赘述。

二、基础埋置深度的选择

基础的埋置深度是指从设计地面到基础底面的距离。选择基础的埋置深度是地基基础设计中的重要步骤,实质上就是选择合适的地基持力层。基础埋置深度的大小,对桥梁工程的造价、工期、材料的消耗和施工技术等有很大影响。基础埋得太深,将会增加施工难度和造价;埋得太浅,又不能保证桥梁的稳定性。由于影响基础埋深的因素很多,设计时应从实际出发,综合分析各方面的因素,合理选择。

1. 地基的工程地质条件

地基的地质条件是确定基础埋置深度的重要因素之一。在岩石地基上有较薄覆盖土层及风化层时,应在清除覆盖土和风化层后,将基础直接修建在新鲜岩面上;如岩石的风化层很厚,难以全部清除时,应根据其风化程度、冲刷深度及相应的容许承载力来确定。若岩层表面倾斜,为防止基础产生不均匀沉降而发生倾斜甚至断裂,不得将基础的一部分置于岩层上,而另一部分则置于土层上。

当基础埋置在非岩石地基上,如受压层范围内为均质土,基础埋置深度既要满足冲刷、冻结等要求,又要根据荷载大小,由地基土的承载力和沉降特性来确定;当地质条件复杂时,对大中型桥梁、结构物基础持力层的选定应通过较详细计算或方案比较后确定。

2. 水文条件

地下水的情况与基础埋深也有密切关系。基础尽量做在地下水位以上,便于施工,如必须将基础埋在地下水位以下时,则应采取施工排水措施,保证地基不受扰动。

当基础位于河岸边时,为防止桥梁基础四周和基底下土层被水流掏空冲走以至倒塌,基础必须埋置在设计洪水的最大冲刷线以下一定的深度,以保证基础的稳定性。对小桥涵基础,应埋置于最大冲刷线以下至少 1.0m;当河床上有铺砌层时,一般应设置在铺砌层顶面以下 1.0m;大桥的墩台基础,当建造在岩石上,且河流冲刷又较严重时,除应清除风化层外,还应根据基岩强度嵌入岩层一定深度,或采用其他锚固措施,使基础与岩石连成整体。大中桥基底埋置在最大冲刷线以下的安全值可按上节表 3-1-13 采用。

位于河槽的桥台,当其最大冲刷深度小于桥墩总冲刷深度时,桥台基底的埋深应与桥墩基底相同。当桥台位于河滩时,对河槽摆动不稳定的河流,桥台基底高程应与桥墩基底高程相同;在稳定河流上,桥台基底高程可按照桥台冲刷结果确定。

3. 上部结构的形式

上部结构的形式不同,对基础产生的位移要求也不同。对中小跨度的简支梁来说,这项因素对确定基础的埋置深度影响不大。但对超静定结构,即基础发生较小的不均匀沉降也会使内力产生一定变化,这样,上部结构的形式也会影响基础埋置深度的选择。

4. 作用在地基上的荷载大小和性质

作用在地基上的荷载大小和性质问题也是一个涉及结构物安全、稳定的问题,跨度大的桥梁,传至基础的荷载就大,因此基础埋置就深。

结构物荷载的性质对基础埋置深度的影响也很明显。对于承受水平荷载的基础,必须有足够的埋置深度来获得土的侧向抗力,以保证基础的稳定性,减少结构物的整体倾斜,防止倾覆及滑移;对于承受上拔力的基础,如输电塔的基础,要求较大的基础埋深,以提供足够的抗阻力;对承受动荷载的基础,则不宜选择饱和疏松的粉细砂作持力层,防止这些土层液化而丧失承载力,造成地基失稳。

5. 当地的冻结深度

在寒冷地区,应考虑由于季节性的冻结和融化对地基土引起的冻胀影响。对于冻胀性土,如土温在较长时间内保持在冻结温度以下,水分能从未冻结土层不断向冻结区迁移,引起地基的冻胀和隆起,这些都可能使基础遭受损坏。为了保证结构物不受地基土季节性冻胀的影响,除持力层选择在非冻胀性土层外,基础底面应埋置在天然最大冻结线以下深度处。当上部结构为超静定结构时,基底应埋置在最深冻结线以下不小于 0.25m 处;对于静定结构的基础,一般也按此规定,但在最大冻结深度较深的地区,为了减少埋置深度,经计算后也可将基底置于最大冻结线以上;桥墩和基底设置在不冻胀土层中时,基底埋深可不受冻结深度的限制。

6. 最小埋置深度

地基土在温度和湿度的影响下会产生一定的风化作用,其性质是不稳定的,加上人类和动物活动以及植物的生长作用,也会破坏地表土层的结构,从而影响其强度和稳定,所以为了保证地基和基础的稳定性,一般地表不能作为持力层。规范规定:涵洞基础,在无冲刷处(岩石地基除外),应设在地面或河床以下埋置不小于 1m 处;若有冲刷,基底埋深应在局部冲刷线以下不小于 1m 处;如河床上有铺砌层时,基础底面宜设置在铺砌层顶面以下不小于 1m 处。

除此之外,在确定基础埋置深度时,还应考虑相邻结构物的影响,如新结构物基础比原结构基础深,则施工挖土有可能影响原有基础的稳定。施工技术条件及经济分析等对基础埋深也有一定影响,这些因素也应考虑。上述影响基础埋深的因素不仅适用于天然地基上的浅基础,有些因素也适用于其他类型的基础(如沉井基础)。

三、基础尺寸的拟订

基础类型、材料及埋置深度按有关要求初步拟订后,按本节要求拟订基础尺寸。基础尺寸包括平面尺寸和立面尺寸两方面,拟订时一般要考虑上部结构的形式、荷载大小、基础埋置深度、地基允许承载力及墩台底面的形状和尺寸等因素。

1. 基础立面尺寸

考虑整个建筑物的美观,并保护基础不受外力破坏,基础一般要求不外露。规范规定墩台基础顶面不宜高于最低水位或地面的高程。在基础埋置深度也即基础底面高程已选定的情况下,基础顶面高程已确定,基础总高度即为顶面和底面高程之差。

基础较厚(超过 1m)时,可将基础的剖面浇(砌)筑成台阶形,如图 3-2-2 所示,台阶数和台阶高度按基础总厚度和底面尺寸,视具体情况而定。混凝土基础每级台阶高度一般不小于 50cm,砌石基础每级台阶高度一般不小于 75cm。

2. 基础平面尺寸

基础平面尺寸主要是基础顶面和底面尺寸。基础顶面的形状应与墩台底部形状相适应,考虑施工的方便性,桥墩底部形状以圆端形居多,但一般基础仍采用矩形。

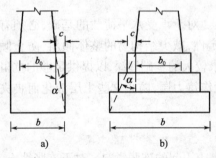

图 3-2-2 基础襟边和扩展角

基础顶面的尺寸应大于墩台底部的尺寸。基础顶面边缘到墩台底部边缘的距离,称为基础的襟边宽度,如图 3-2-2 中的尺寸 c。襟边宽度一般不小于 15~30cm,其作用主要是:①考虑基础施工条件较差,基础砌成后,其位置可能会有些偏移,设置了襟边,墩台就可以按正确的定位要求放样,以纠正基础施工所产生的误差;②便于施工操作和搭置浇筑墩台所需要的模板;③扩大基础底面积,减小基底压应力,以适应地基承载力的要求。因此,基础顶面的最小尺寸应为:

$$b_{\min} = b_0 + 2c \tag{3-2-1}$$

式中：$b_{\min}$——基础顶面的最小宽度或长度；

b_0——墩台底部的宽度或长度；

c——襟边宽度，一般不小于 15~30cm。

基础底面尺寸当然不得小于基础顶面的最小尺寸。对于刚性基础来说，在基础高度已经确定的情况下，基础底面的最大尺寸也受到一定限制。因为基础底面尺寸超过墩台底部尺寸太多，在基础中所产生的最大弯拉应力和最大剪应力，有可能超过圬工材料的强度，使基础底面发生开裂以致遭到破坏。从墩台底部外缘到基础底面外缘的连线与竖线的夹角，称为基础扩展角，见图 3-2-2b)中的 α，为了保证刚性基础本身有足够的强度和刚度，通常限制扩展角 α 不超过一定的极限值，该扩展角的极限值常称为基础的刚性角，用 $\alpha_{\max}$ 表示，它与基础所采用的材料有关，规范规定：

用 M5 及以下水泥砂浆砌筑块石时 $\alpha_{\max} = 30°$；

用 M5 及以上水泥砂浆砌筑块石时 $\alpha_{\max} = 35°$；

水泥混凝土 $\alpha_{\max} = 40°$。

因此，必须使基础的扩展角 $\alpha \leqslant \alpha_{\max}$，这样基础底面的最大尺寸应为：

$$b_{\max} = b_0 + 2H\tan\alpha_{\max} \tag{3-2-2}$$

式中：H——基础的总高度。

基础底面形状应与顶面相配合，其合理的尺寸，一般要通过试算最后确定。应先根据荷载大小和地基强度，参照上述最小襟边宽度和刚性角所要求的最小和最大尺寸，从中初选一个底面尺寸，然后进行各项验算，根据验算结果，再作适当修改。如果采用最大尺寸还不能满足验算要求，那就应改用强度较大的圬工材料或加大基础的埋置深度。

四、地基承载力

地基设计采用正常使用极限状态，所选定的地基承载力为地基承载力容许值。确定地基容许承载力，有以下几种途径：

(1)借鉴邻近结构物的经验；

(2)利用理论公式计算；

(3)利用现场荷载试验成果或触探试验资料确定；

(4)按设计规范确定。

以上前 3 种方法在土力学课程中介绍过，这里着重介绍《公路桥涵地基与基础设计规范》(JTG D63—2007)提供的经验公式和数据确定地基容许承载力的步骤。

1. 确定土的分类名称

通常把一般地基土，根据塑性指数、粒径、工程地质特性等分为六类；即岩石、碎石土、砂土、粉土、黏性土和特殊性岩土。

2. 确定土的状态

土的状态是指土层所处的天然松密和稠度状况。碎石土的密实度分为松散、稍密、中密、密实状态；砂土的密实度可根据标准贯入锤击数分为松散、稍密、中密、密实状态；粉土的密实度应根据孔隙比划分为密实、中密和稍密状态；黏性土的软硬状态可根据液性指数分为坚硬、硬塑、可塑、软塑和流塑状态。

3. 确定地基承载力基本容许值

地基承载力基本容许值$[f_{a0}]$可根据岩土类别、状态及其物理力学特性指标按表 3-2-1 和表 3-2-2 选用。

1)一般岩石地基

一般岩石地基可根据强度等级、节理,按表 3-2-2 确定承载力基本容许值$[f_{a0}]$。对于复杂的岩层(如溶洞、断层、软弱夹层、易溶岩石、软化岩石等)应按各项因素综合确定。

岩石地基承载力基本容许值$[f_{a0}]$ 表 3-2-1

$[f_{a0}]$ (kPa) 坚硬程度 \ 节理发育程度	节理不发育	节理发育	节理很发育
坚硬岩、较硬岩	>3 000	3 000~2 000	2 000~1 500
较软岩	3 000~1 500	1 500~1 000	1 000~800
软岩	1 200~1 000	1 000~800	800~500
极软岩	500~400	400~300	300~200

2)碎石土地基

碎石土地基可根据其类别和密实程度,按表 3-2-2 确定承载力基本容许值$[f_{a0}]$。

碎石土地基承载力基本容许值$[f_{a0}]$ 表 3-2-2

$[f_{a0}]$ (kPa) 土名 \ 密实程度	密实	中密	稍密	松散
卵石	1 200~1 000	1 000~650	650~500	500~300
碎石	1 000~800	800~550	550~400	400~200
圆砾	800~600	600~400	400~300	300~200
角砾	700~500	500~400	400~300	300~200

注:1. 由硬质岩组织、填充砂土者取高值;由软质岩组成、填充黏性土者取低值。
2. 半胶结的碎石土,可按密实的同类土的$[f_{a0}]$值提高10%~30%。
3. 松散的碎石土在天然河床中极少遇见,需特别注意鉴定。
4. 漂石、块石的$[f_{a0}]$值,可参照卵石、碎石适当提高。

3)砂土地基

砂土地基可根据土的密实度和水位,按表 3-2-3 确定承载力基本容许值$[f_{a0}]$。

砂土地基承载力基本容许值$[f_{a0}]$ 表 3-2-3

$[f_{a0}]$ (kPa) 土名及水位情况 \ 密实度		密实	中密	稍密	松散
砾砂、粗砂	与湿度无关	550	430	370	200
中砂	与湿度无关	450	370	330	150
细砂	水上	350	270	230	100
	水下	300	210	190	—
粉砂	水上	300	210	190	—
	水下	200	110	90	—

4)粉土地基

粉土地基可根据土的天然孔隙比 e 和天然含水率 $w(\%)$,按表 3-2-4 确定承载力基本容许值$[f_{a0}]$。

粉土地基承载力基本容许值$[f_{a0}]$ 表3-2-4

$[f_{a0}]$ (kPa) \ e \ w (%)	10	15	20	25	30	35
0.5	400	380	355	—	—	—
0.6	300	290	280	270	—	—
0.7	250	235	225	215	205	—
0.8	200	190	180	170	165	—
0.9	160	150	145	140	130	125

5) 老黏性土地基

老黏性土地基可根据压缩模量E_s,按表3-2-5确定承载力基本容许值$[f_{a0}]$。

老黏性土地基承载力基本容许值$[f_{a0}]$ 表3-2-5

E_s (MPa)	10	15	20	25	30	35	40
$[f_{a0}]$ (kPa)	380	430	470	510	550	580	620

注:当老黏性土$E_s<10$MPa时,承载力基本容许值$[f_{a0}]$按一般黏性土表3-2-6确定。

6) 一般黏性土地基

一般黏性土可根据液性指数I_L和天然孔隙比e,按表3-2-6确定地基承载力基本容许值$[f_{a0}]$。

一般黏性土地基承载力基本容许值$[f_{a0}]$ 表3-2-6

$[f_{a0}]$ (kPa) \ e \ I_L	0	0.1	0.2	0.3	0.4	0.5	0.6	0.7	0.8	0.9	1.0	1.1	1.2
0.5	450	440	430	420	400	380	350	310	270	240	220	—	—
0.6	420	410	400	380	360	340	310	280	250	220	200	180	—
0.7	400	370	350	330	310	290	270	240	220	190	170	160	150
0.8	380	330	300	280	260	240	230	210	180	160	150	140	130
0.9	320	280	260	240	220	210	190	180	160	140	130	120	100
1.0	250	230	220	210	190	170	160	150	140	130	120	110	—
1.1	—	—	160	150	140	130	120	110	100	90	—	—	—

注:1. 土中含有粒径大于2mm的颗粒质量超过总质量30%以上者,$[f_{a0}]$可适当提高。

2. 当$e<0.5$时,取$e=0.5$;当$I_L<0$时,取$I_L=0$。此外,超过表列范围的一般黏性土,$[f_{a0}]=57.22E_s^{0.57}$。

7) 新近沉积黏性土地基

新近沉积黏性土地基可根据液性指数I_L和天然孔隙比e,按表3-2-7确定地基承载力基本容许值$[f_{a0}]$。

新近沉积黏性土地基承载力基本容许值$[f_{a0}]$ 表3-2-7

$[f_{a0}]$ (kPa) \ e \ I_L	≤0.25	0.75	1.25
≤0.8	140	120	100
0.9	130	110	90
1.0	120	100	80
1.1	110	90	—

4. 确定修正后的地基承载力容许值

地基承载力的验算，应以修正后的地基承载力容许值$[f_a]$控制。该值系在地基原位测试或规范给出的各类岩土承载力基本容许值$[f_{a0}]$的基础上，经修正而得。修正后的地基承载力**容许值**$[f_a]$按式(3-2-3)确定。当基础位于水中不透水地层上时，$[f_a]$按平均常水位至一般冲刷线的水深每米再增大10kPa。

$$[f_a] = [f_{a0}] + k_1\gamma_1(b-2) + k_2\gamma_2(h-3) \tag{3-2-3}$$

式中：$[f_a]$——修正后的地基承载力容许值，kPa；

$[f_{a0}]$——地基承载力基本容许值，kPa；应首先考虑由载荷试验或其他原位测试取得，其值不应大于地基极限承载力的1/2；对中小桥、涵洞，当受现场条件限制，或荷载试验和原位测试确有困难时，也可根据岩土类别、状态及其物理力学特性指标按表3-2-1~表3-2-7选用；地基承载力基本容许值尚应根据基础宽度($b>$2m)、基底埋深($h>$3m)及地基土的类别按式(3-2-3)进行修正；

b——基础底面的最小边宽，m；当$b<$2m时，取$b=$2m；当$b>$10m时，取$b=$10m；

h——基底埋置深度，m，自天然地面起算，有水流冲刷时自一般冲刷线起算；当$h<$3m时，取$h=$3m；当$h/b>$4时，取$h=4b$；

k_1、k_2——基底宽度、深度修正系数，根据基底持力层土的类别按表3-2-8确定；

γ_1——基底持力层土的天然重度，kN/m³；若持力层在水面以下且为透水者，应取浮重度；

γ_2——基底以上土层的加权平均重度，kN/m³；换算时若持力层在水面以下，且不透水时，不论基底以上土的透水性质如何，一律取饱和重度；当透水时，水中部分土层应取浮重度。

地基承载力宽度、深度修正系数 k_1、k_2 表3-2-8

系数\土类	黏性土			粉土	砂土										碎石土	
	老黏性土	一般黏性土		新近沉积黏性土	—	粉砂		细砂		中砂		砂砾、粗砂		碎石、圆砾角砾		卵石	
		$I_L \geq 0.5$	$I_L < 0.5$		—	中密	密实	中密	密实	中密	密实	中密	密实	中密	密实	中密	密实
k_1	0	0	0	0	0	1.0	1.2	1.5	2.0	2.0	3.0	3.0	4.0	3.0	4.0	3.0	4.0
k_2	2.5	1.5	2.5	1.0	1.5	2.0	2.5	3.0	4.0	4.0	5.5	5.0	6.0	5.0	6.0	6.0	10.0

注：1. 对于稍密和松散状态的砂、碎石土，k_1、k_2值可采用表列中密值的50%。
2. 强风化和全风化的岩石，可参照所风化层的相应土类取值；其他状态下的岩石不修正。
3. 软土地基承载力容许值可按照下文确定。
4. 其他特殊性岩土地基承载力基本容许值可参照各地区经验或相应的标准确定。

5. 软土地基承载力容许值

软土地基承载力容许值$[f_a]$按下列规定确定。

(1) 软土地基承载力基本容许值$[f_{a0}]$应由荷载试验或其他原位测试取得。荷载试验和原**位测试确有困难时**，对于中小桥、涵洞基底未经处理的软土地基，承载力容许值$[f_a]$可采用以下两种方法确定：

①根据原状土天然含水率w，按表3-2-9确定软土地基承载力基本容许值$[f_{a0}]$，然后按式(3-2-4)计算修正后的地基承载力容许值$[f_a]$。

$$[f_a] = [f_{a0}] + \gamma_2 h \tag{3-2-4}$$

式中,γ_2、h 的意义同式(3-2-3)。

软土地基承载力基本容许值$[f_{a0}]$ 表 3-2-9

天然含水率 $w(\%)$	36	40	45	50	55	65	75
$[f_{a0}]$ (kPa)	100	90	80	70	60	50	40

②根据原状土强度指标确定软土地基承载力容许值$[f_a]$:

$$[f_a] = \frac{5.14}{m}k_P C_u + \gamma_2 h \tag{3-2-5a}$$

$$k_P = \left(1 + 0.2\frac{b}{l}\right)\left(1 - \frac{0.4H}{blC_u}\right) \tag{3-2-5b}$$

式中:m——抗力修正系数,可视软土灵敏度及基础长宽比等因素选用 1.5~2.5;

C_u——地基土不排水抗剪强度标准值,kPa;

k_P——系数;

H——由作用(标准值)引起的水平力,kN;

b——基础宽度,m,有偏心作用时,取 $b - 2e_b$;

l——垂直于 b 边的基础长度,m,有偏心作用时,取 $l - 2e_l$;

e_b、e_l——作用在宽度和长度方向的偏心距;

γ_2、h——的意义同式(3-2-3)。

(2)经排水固结方法处理的软土地基,其承载力基本容许值$[f_{a0}]$应通过荷载试验或其他原位测试方法确定;经复合地基方法处理的软土地基,其承载力基本容许值应通过荷载试验确定,然后按式(3-2-4)计算修正后的软土地基地基承载力容许值$[f_a]$。

6. 地基承载力容许值的提高

地基承载力容许值$[f_a]$应根据地基受荷阶段及受荷情况,乘以下列抗力系数γ_R。

1) 使用阶段

(1)当地基承受作用短期效应组合或作用效应偶然组合时,可取 $\gamma_R = 1.25$;但对承载力容许值$[f_a]$小于 150kPa 的地基,应取 $\gamma_R = 1.0$。

(2)当地基承受的作用短期效应组合仅包括结构自重、预加力、土重、土侧压力、汽车和人群效应时,应取 $\gamma_R = 1.0$。

(3)当基础建于经多年压实未遭破坏的旧桥基(岩石旧桥基除外)上时,不论地基承受的作用情况如何,抗力系数均可取 $\gamma_R = 1.5$;对$[f_a]$小于 150kPa 的地基,可取 $\gamma_R = 1.25$。

(4)基础建于岩石旧桥基上时,应取 $\gamma_R = 1.0$。

2) 施工阶段

(1)地基在施工荷载作用下,可取 $\gamma_R = 1.25$。

(2)当墩台施工期间承受单向推力时,可取 $\gamma_R = 1.5$。

五、地基与基础的验算

基础埋置深度和尺寸初步拟订后,是否符合各项设计要求,还必须通过具体验算加以确认。各项验算应分别采用其最不利的荷载组合作为验算的依据,具体考虑方法,将在各项验算项目中再作介绍。

每一个验算项目均分纵向和横向验算两部分,不予叠加,但都要分别符合规定的要求。对多数桥梁基础来说,往往纵向验算控制设计,所以一般不进行横向验算,但当横向有较大的水平力作用时,则除了纵向验算外,还必须同时进行横向验算。例如,寒冷地区冬季河水冻结,春天河面开冻产生流冰时,对桥墩将产生很大的流冰压力,这时横向验算也可能控制设计。两个方向验算的方法均相同。

地基承载力验算,主要是使基底应力和下卧各土层中的应力不超过地基土的容许承载力,以保证基础不因其地基的承载力不足而危及桥跨结构的安全和使用,其验算包括基础底面下地基持力层承载力和受压层范围内软弱下卧层承载力验算。

1. 持力层承载力验算

持力层是直接与基底相接触的土层。持力层承载力验算的目的是保证基底压应力不超过地基的容许承载力,以保证持力层地基不发生破坏,具体要求是:$p_{max} \leq \gamma_R [f_a]$。

计算由外力(包括基础自重)在基底产生的应力。基底应力分布,用弹性理论可解得较精确的结果,但计算繁琐。实际工作中常采用简化方法,按材料力学中心或偏心受压公式来计算基底应力。由于刚性扩大基础埋置深度较小,在计算中不考虑基础四周土的摩阻力和弹性抗力的作用。

(1)当基底只承受轴心荷载时:

$$p = \frac{N}{A} \leq [f_a] \tag{3-2-6}$$

式中:p——基底平均压应力,kPa;

N——作用短期效应组合在基底产生的竖向力,kN;

A——基础底面面积,m^2;

$[f_a]$——修正后的地基承载力容许值,kPa。

(2)基底单向偏心受压,承受竖向力 N 和弯矩 M 共同作用,当基底合力偏心距 $e_0 = \frac{M}{N} \leq \rho$ 时,应符合下列条件:

$$p_{max} = \frac{N}{A} + \frac{M}{W} \leq \gamma_R [f_a] \tag{3-2-7}$$

式中:p_{max}——基底最大压应力,kPa;

M——作用短期效应组合产生于墩台的水平力和竖向力对基底重心轴的弯矩,KN·m, $M = \sum T_i h_i + \sum P_i e_i = Ne_0$,其中 T_i 为水平力,h_i 为水平力作用点至基底的距离, P_i 为竖向力,e_i 为竖向力 P_i 作用点至基底形心的偏心距,e_0 为合力偏心距;

W——基础底面偏心方向面积抵抗距,如为矩形基底,$W = \frac{1}{6} ab^2 = \rho A$,$\rho$ 为基底核心半径;

γ_R——抗力系数,其规定上述地基承载力容许值提高的说明。

对设置在基岩上的墩台基础,当基底合力偏心距超出核心半径($e_0 > \rho$)时,可仅按受压区计算基底最大压应力,不考虑基底承受拉力。基底为矩形截面的最大压应力按下式计算:

$$p_{max} = \frac{2N}{3da} = \frac{2N}{3\left(\frac{b}{2} - e_0\right)a} \tag{3-2-8}$$

式中:b——偏心方向基础底面的边长;

a——垂直于 b 边基础底面的边长;

d——N 作用点至基底受压边缘的距离；

e_0——N 作用点距截面重心的距离。

（3）当基底双向偏心受压，承受竖向力 N 和绕 x 轴弯矩 M_x 与绕 y 轴弯矩 M_y 共同作用时，应符合下列条件：

$$p_{\max} = \frac{N}{A} + \frac{M_x}{W_x} + \frac{M_y}{W_y} \leq \gamma_R [f_a] \qquad (3\text{-}2\text{-}9)$$

式中：M_x、M_y——作用于基底的水平力和竖向力绕 x 轴和 y 轴的对基底的弯矩；

W_x、W_y——基础底面偏心方向边缘绕 x 轴和 y 轴的面积抵抗距。

规范规定，地基进行竖向承载力验算时，传至基底或承台底面的作用效应，应按正常使用极限状态的短期效应组合采用；同时尚应考虑作用效应的偶然组合（不包括地震作用）。作用效应组合值应小于或等于相应的抗力——地基承载力容许值或单桩承载力容许值。当采用作用短期效应组合时，其中可变作用的频遇值系数均取 1.0，且汽车荷载应计入冲击系数。

应当指出，全国性规范无疑要照顾到各地变化极大的土质情况，所以按《公路桥涵地基与基础设计规范》（JTG D63—2007）方法确定地基容许承载力，一般具有较大的安全度。如遇特殊地基或重大结构物，宜在可能范围内，利用多种方法获得的结果，经过综合分析比较，选取比较可靠、合理的容许承载力值，以便充分利用和发挥地基的潜力，从而达到更经济、合理的目的。

2. 软卧下卧层承载力验算

当受压层范围内地基为多层土组成，且持力层以下有软弱下卧层（容许承载力小于持力层容许承载力的土层）时，还应验算软弱下卧层的承载力。

$$p_z = \gamma_1 (h + z) + \alpha (p - \gamma_2 h) \leq \gamma_R [f_a]_{h+z} \qquad (3\text{-}2\text{-}10)$$

式中：p_z——软弱地基或软土层的压应力；

h——基底的埋置深度，m；当基础受水流冲刷时，由一般冲刷线算起；当不受水流冲刷时，由天然地面算起；如位于挖方内，则由开挖后地面算起；

z——从基底到软弱地基或软土层地基顶面的距离，m，如图 3-2-3 所示；

γ_1——深度（$h+z$）范围内各土层的换算重度，kN/m³；

α——土中附加压应力系数，参见表 3-2-10；

p——基底压应力，kPa；当 $z/b > 1$ 时，p 采用基底平均压应力；当 $z/b \leq 1$ 时，p 按基底压应力图形采用距最大压应力点 $b/4 \sim b/3$ 处的压应力（对于梯形图形前后端压应力差值较大时，可采用上述 $b/4$ 点处的压应力值；反之，则采用上述 $b/3$ 处压应力值），以上 b 为矩形基底宽度；

$[f_a]_{h+z}$——软弱地基或软土层地基顶面土的承载力容许值，参照上述地基承载力容许值规范的方法计算；

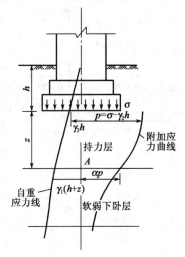

图 3-2-3 软弱下卧层压应力分布图

$$[f_a]_{h+z} = [f_{a0}]_{h+z} + k_1 \gamma_1 (b - 2) + k_2 \gamma_2 (h + z - 3) \qquad (3\text{-}2\text{-}11)$$

$[f_{a0}]_{h+z}$——软弱下卧层地基承载力基本容许值，参考上述地基承载力内容根据软弱下卧层地基参数查规范确定。

桥涵基底中点下卧层附加压力系数 α　　表 3-2-10

z/b \ l/b	1.0	1.2	1.4	1.6	1.8	2.0	2.4	2.8	3.2	3.6	4.0	5.0	≥10（条形）
0.0	1.000	1.000	1.000	1.000	1.000	1.000	1.000	1.000	1.000	1.000	1.000	1.000	1.000
0.1	0.980	0.984	0.986	0.987	0.987	0.988	0.988	0.989	0.989	0.989	0.989	0.989	0.989
0.2	0.960	0.968	0.972	0.974	0.975	0.976	0.976	0.977	0.977	0.977	0.977	0.977	0.977
0.3	0.880	0.899	0.910	0.917	0.920	0.923	0.925	0.928	0.928	0.929	0.929	0.929	0.929
0.4	0.800	0.830	0.848	0.859	0.866	0.870	0.875	0.878	0.879	0.880	0.880	0.881	0.881
0.5	0.703	0.741	0.765	0.781	0.791	0.799	0.810	0.812	0.814	0.816	0.817	0.818	0.818
0.6	0.606	0.651	0.682	0.703	0.717	0.727	0.737	0.746	0.749	0.751	0.753	0.754	0.755
0.7	0.527	0.574	0.607	0.630	0.648	0.660	0.674	0.685	0.690	0.692	0.694	0.697	0.698
0.8	0.449	0.496	0.532	0.558	0.578	0.593	0.612	0.623	0.630	0.633	0.636	0.639	0.642
0.9	0.392	0.437	0.473	0.499	0.520	0.536	0.559	0.572	0.579	0.584	0.588	0.592	0.596
1.0	0.334	0.378	0.414	0.441	0.463	0.482	0.505	0.520	0.529	0.536	0.540	0.545	0.550
1.1	0.295	0.336	0.369	0.396	0.418	0.436	0.462	0.479	0.489	0.496	0.501	0.508	0.513
1.2	0.257	0.294	0.325	0.352	0.374	0.392	0.419	0.437	0.449	0.457	0.462	0.470	0.477
1.3	0.229	0.263	0.292	0.318	0.339	0.357	0.384	0.403	0.416	0.424	0.431	0.440	0.448
1.4	0.201	0.232	0.260	0.284	0.304	0.321	0.350	0.369	0.383	0.393	0.400	0.410	0.420
1.5	0.180	0.209	0.235	0.258	0.277	0.294	0.322	0.341	0.356	0.366	0.374	0.385	0.397
1.6	0.160	0.187	0.210	0.232	0.251	0.267	0.294	0.314	0.329	0.340	0.348	0.360	0.374
1.7	0.145	0.170	0.191	0.212	0.230	0.245	0.272	0.292	0.307	0.317	0.326	0.340	0.355
1.8	0.130	0.153	0.173	0.192	0.209	0.224	0.250	0.270	0.285	0.296	0.305	0.320	0.337
1.9	0.119	0.140	0.159	0.177	0.192	0.207	0.233	0.251	0.263	0.278	0.288	0.303	0.320
2.0	0.108	0.127	0.145	0.161	0.176	0.189	0.214	0.233	0.241	0.260	0.270	0.285	0.304
2.1	0.099	0.116	0.133	0.148	0.163	0.176	0.199	0.220	0.230	0.244	0.255	0.270	0.292
2.2	0.090	0.107	0.122	0.137	0.150	0.163	0.185	0.208	0.218	0.230	0.239	0.256	0.280
2.3	0.083	0.099	0.113	0.127	0.139	0.151	0.173	0.193	0.205	0.216	0.226	0.243	0.269
2.4	0.077	0.092	0.105	0.118	0.130	0.141	0.161	0.178	0.192	0.204	0.213	0.230	0.258
2.5	0.072	0.085	0.097	0.109	0.121	0.131	0.151	0.167	0.181	0.192	0.202	0.219	0.249
2.6	0.066	0.079	0.091	0.102	0.112	0.123	0.141	0.157	0.170	0.184	0.191	0.208	0.239
2.7	0.062	0.073	0.084	0.095	0.105	0.115	0.132	0.148	0.161	0.174	0.182	0.199	0.234
2.8	0.058	0.069	0.079	0.089	0.099	0.108	0.124	0.139	0.152	0.163	0.172	0.189	0.228
2.9	0.054	0.064	0.074	0.083	0.093	0.101	0.177	0.132	0.144	0.155	0.163	0.180	0.218
3.0	0.051	0.060	0.070	0.078	0.087	0.095	0.110	0.124	0.136	0.146	0.155	0.172	0.208
3.2	0.045	0.053	0.062	0.070	0.077	0.085	0.098	0.111	0.122	0.133	0.141	0.158	0.190
3.4	0.040	0.048	0.055	0.062	0.069	0.076	0.088	0.100	0.110	0.120	0.128	0.144	0.184
3.6	0.036	0.042	0.049	0.056	0.062	0.068	0.080	0.090	0.100	0.109	0.117	0.133	0.175
3.8	0.032	0.038	0.044	0.050	0.056	0.062	0.072	0.082	0.091	0.100	0.107	0.123	0.166

续上表

z/b \ l/b	1.0	1.2	1.4	1.6	1.8	2.0	2.4	2.8	3.2	3.6	4.0	5.0	≥10（条形）
4.0	0.029	0.035	0.040	0.046	0.051	0.056	0.066	0.075	0.084	0.090	0.095	0.113	0.158
4.2	0.026	0.031	0.037	0.042	0.048	0.051	0.060	0.069	0.077	0.084	0.091	0.105	0.150
4.4	0.024	0.029	0.034	0.038	0.042	0.047	0.055	0.063	0.070	0.077	0.084	0.098	0.144
4.6	0.022	0.026	0.031	0.035	0.039	0.043	0.051	0.058	0.065	0.072	0.078	0.091	0.137
4.8	0.020	0.024	0.028	0.032	0.036	0.040	0.047	0.054	0.060	0.067	0.072	0.085	0.132
5.0	0.019	0.022	0.026	0.030	0.033	0.037	0.044	0.050	0.056	0.062	0.067	0.079	0.126

注：l、b 为矩形基础边缘的长边和短边，m；z 为基底至下卧层土面的距离，m。

3. 基底合力偏心距验算

墩台基础的设计计算，必须控制基底合力偏心距，其目的是尽可能使基底应力分布比较均匀，以避免基底两侧应力相差过大，使基础产生较大的不均匀沉降，墩台发生倾斜，影响正常使用。故在计算中应对基底合力偏心距 e_0 加以控制，并满足《公路桥涵地基与基础设计规范》（JTG D63—2007）的规定，见表 3-2-11。

墩台基底的合力偏心距容许值 $[e_0]$ 表 3-2-11

作用情况	地基条件	合力偏心距	备注
墩台仅承受永久作用标准值效应组合	非岩石地基	桥墩 $[e_0] \leq 0.1\rho$	拱桥、刚构桥墩台，其合力作用点应尽量保持在基底重心附近
		桥台 $[e_0] \leq 0.75\rho$	
墩台承受作用标准值效应组合或偶然作用（地震作用除外）标准值效应组合	非岩石地基	$[e_0] \leq \rho$	拱桥单向推力墩不受限制，但应符合 JTG G63—2007 中表 4.4.3 规定的抗倾覆稳定系数
	较破碎～极破碎岩石地基	$[e_0] \leq 1.2\rho$	
	完整、较完整岩石地基	$[e_0] \leq 1.5\rho$	

基底以上外力作用点对基底重心轴的偏心距 e_0 按下式计算：

$$e_0 = \frac{M}{N} \leq [e_0] \tag{3-2-12a}$$

式中：N、M——作用于基底的竖向力和所有外力（竖向力、水平力）对基底截面重心的弯矩。

基底承受单向或双向偏心受压的 ρ 值可按下式计算：

$$\rho = \frac{e_0}{1 - \frac{p_{\min}A}{N}} \tag{3-2-12b}$$

$$p_{\min} = \frac{N}{A} - \frac{M_x}{W_x} - \frac{M_y}{W_y} \tag{3-2-12c}$$

式中：$p_{\min}$——基底最小压应力，当为负值时表示拉应力；

e_0——N 作用点距截面重心的距离。

4. 基础稳定性验算

基础稳定性验算包括基础的抗倾覆稳定性验算和基础抗滑动稳定性验算。

（1）桥梁墩台基础的抗倾覆稳定验算示意图如图 3-2-4 所示，按下式计算：

$$k_0 = \frac{s}{e_0} \tag{3-2-13a}$$

$$e_0 = \frac{\sum p_i e_i + \sum H_i h_i}{\sum p_i} \quad (3\text{-}2\text{-}13\text{b})$$

式中：k_0——墩台基础抗倾覆稳定性系数；

s——在截面重心至合力作用点的延长线上，自截面重心至验算倾覆轴的距离，m；

e_0——所有外力的合力 R 在验算截面的作用点对基底重心轴的偏心距；

p_i——不考虑其分项系数和组合系数的作用标准值组合或偶然作用（地震除外）标准值组合引起的竖向力，kN；

e_i——竖向力 p_i 对验算截面重心的力臂，m；

H_i——不考虑其分项系数和组合系数的作用标准值组合或偶然作用（地震除外）标准值组合引起的水平力，kN；

h_i——水平力对验算截面的力臂，m。

需要注意的是

①弯矩应视其绕验算截面重心轴的不同方向取正负号。

②对于矩形凹缺的多边形基础，其倾覆轴应取基底截面的外包线。

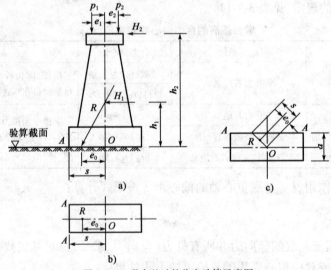

图 3-2-4　墩台基础的稳定验算示意图
a)立面；b)平面（单向偏心）；c)平面（双向偏心）
O-截面重心；R-合力作用点；A-A-验算倾覆轴

（2）桥涵墩台基础的抗滑稳定性系数 K_c 按下式计算：

$$k_c = \frac{\mu \sum p_i + \sum H_{ip}}{\sum H_{ia}} \quad (3\text{-}2\text{-}14)$$

式中：k_c——桥涵墩台基础的抗滑动稳定性系数；

$\sum p_i$——竖向力总和；

$\sum H_{ip}$——抗滑稳定水平力总和；

$\sum H_{ia}$——滑动水平力总和；

μ——基础底面与地基土之间的摩擦系数，通过试验确定；当缺少实际资料时，可参照表 3-2-12 采用。

式中的 $\sum H_{ip}$ 和 $\sum H_{ia}$ 分别为两个相对方向的各自水平力总和，绝对值较大者为滑动水平力

$\sum H_{ia}$,另一为抗滑稳定力 $\sum H_{ip}$;$\mu\sum p_i$ 为抗滑动稳定力。

基底摩擦系数　　　　　　　　　　　　　　　　　　　　表 3-2-12

地基土分类	μ	地基土分类	μ
黏土(流塑~坚硬)、粉土	0.25	软岩(极软岩~较软岩)	0.40~0.60
砂土(粉砂~砾砂)	0.30~0.40	硬岩(较硬岩~坚硬岩)	0.60、0.70
碎石土(松散~密实)	0.40~0.50		

验算墩台抗倾覆和抗滑动的稳定性时,稳定性系数不应小于表 3-2-13 的规定。

抗倾覆和抗滑动的稳定性系数　　　　　　　　　　　　　表 3-2-13

	作用组合	验算项目	稳定性系数
使用阶段	永久作用(不计混凝土收缩及徐变、浮力)和汽车、人群的标准值效应组合	抗倾覆 抗滑动	1.5 1.3
	各种作用(不包括地震作用)的标准值效应组合	抗倾覆 抗滑动	1.3 1.2
施工阶段作用的标准值效应组合		抗倾覆 抗滑动	1.2

5. 基础沉降验算

基础的沉降验算包括沉降量、相邻基础沉降差、基础由于不均匀沉降而发生的倾斜等。基础的沉降主要由竖向荷载作用使土层发生压缩变形引起。沉降量过大将影响结构物的正常使用和安全,应加以限制。在确定一般土质的地基容许承载力时,已考虑了这一变形的因素,所以修建在一般土质条件下的中、小型桥梁基础,只要满足地基强度要求,地基(基础)的沉降也就满足要求。但对于下列情况,则必须验算基础的沉降。

(1)修建在地质情况复杂、地层分布不均或强度较小的软黏土地基及湿陷性黄土的基础。
(2)修建在非岩石地基上的拱桥、连续梁桥等超静定结构的基础。
(3)当相邻基础下地基土强度有显著不同或相邻跨度相差悬殊而必须考虑其沉降时。
(4)对于跨线桥、跨线渡槽要保证桥(槽)下净空高度时。

对于公路桥梁,基础上结构重力和土重作用对沉降影响是主要的,汽车等活载作用时间短暂,对沉降影响小,所以在沉降计算中不予考虑。

计算基础沉降时,传至基础底面的作用效应应按正常使用极限状态下作用长期效应组合采用。该组合仅为直接施加于结构上的永久作用标准值(不包括混凝土收缩及徐变作用、基础变位作用)和可变作用准永久值(仅按汽车荷载和人群荷载)引起的效应。

【案例 3-2-1】 某河流的地质、水文和土层承载力等资料如图 3-2-5 所示,试根据资料确定基础埋置深度。

解:根据水文资料,可以看出土层第 Ⅰ、Ⅲ、Ⅳ 层均可以作为基础持力层,有如下三个不同方案可供选择。

方案一:以第 Ⅰ 层硬塑亚黏土作为持力层。在满足最大冲刷线深度要求的条件下尽量浅埋。若为小桥涵基础埋置深度可以超过冲刷线 1m,最小埋深 3m;若为大、中桥梁基础,由表 3-1-13 可知,冲刷线以下埋深为 1.5m 或 2.0m,因此,一般桥梁最小埋深为 3.5m,重要桥梁基础最小埋深为 4.0m。确定基础埋深后需要对持力层和下卧层的承载力进行验算,若承载力不能满足要求,可以考虑将基础埋置在第 Ⅲ 或第 Ⅳ 层。

方案二:将基础埋置在第 Ⅲ 层硬塑黏土中,冲刷线以下的最小埋置深度为 8m,采用浅基础施工开挖量较大,需要考虑技术和经济的合理性;也可以采用沉井基础方案或桩基础方案,具体要根据技术经济比较选取较优方案。

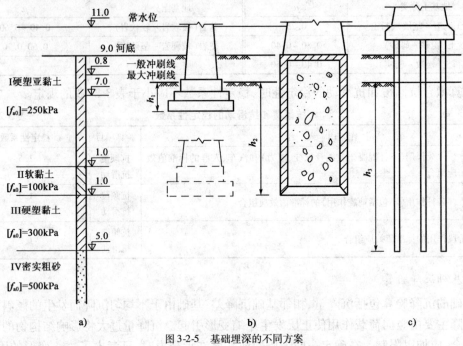

图 3-2-5 基础埋深的不同方案
a)方案一;b)方案二;c)方案三

方案三:采用桩基础,将桩端直接伸入第Ⅳ层密实粗砂层,以密实粗砂层作为桩基的持力层。实际确定时根据实际情况选定,原则上尽量选用浅基础。

【案例3-2-2】 某水中基础,其底面为 $4.0m \times 6.0m$ 的矩形,埋置深度为 $3.5m$,平均常水位到一般冲刷线的深度为 $2.5m$。持力层为黏土,它的天然孔隙比 $e=0.7$,液性指数 $I_L=0.45$,天然容重 $\gamma=19.0kN/m^3$。基底以上全为中密的粉砂,其饱和重度 $\gamma_f=20.0kN/m^3$。当承受作用短期效应组合时,试求持力层的地基承载力容许值。

解:持力层属一般黏性土,按其值 e、I_L,查表 3-2-6 得 $[f_{a0}]=300kPa$;查表 3-2-8 得宽、深度修正系数 $k_1=0$、$k_2=2.5$,由于持力层黏土的 $I_L=0.45<1.0$,呈硬塑状态,可视为不透水,故考虑水深影响,按式(3-2-3)可算得:

$$[f_a] = [f_{a0}] + k_1\gamma_1(b-2) + k_2\gamma_2(h-3) + 10h_w$$
$$= 300 + 0 + 2.5 \times 20 \times (3.5-3) + 10 \times 2.5 = 350(kPa)$$

注意:上式中因持力层不透水,故 $\gamma_2=\gamma_1=20kN/m^3$,$h_w$ 为平均常水位到一般冲刷线的深度。
持力层的地基承载力容许值为:

$$\gamma_R[f_a] = 1.25 \times 350 = 437.5(kPa)$$

【案例3-2-3】 某桥墩为混凝土实体墩,刚性扩大基础,作用短期效应组合产生作用力:支座反力 840kN 及 930kN;桥墩及基础自重为 5480kN;设计水位以下墩身及基础浮力 1200kN;制动力 84kN;墩帽与墩身风力分为 2.1kN 和 16.8kN,结构尺寸及地质、水文资料如图 3-2-6 所示。基础宽3.1m,长9.9m。要求验算:①地基承载力;②基底合力偏心距;③基础稳定性。

解:1)地基承载力验算

(1)持力层承载力验算

持力层为中砂，$[f_{a0}] = 370\text{kPa}$，宽度、深度修正系数 $k_1 = 2.0, k_2 = 4.0$；则修正后的地基承载力容许值$[f_a]$为：

$$[f_a] = [f_{a0}] + k_1\gamma_1(b-2) + k_2\gamma_2(h-3)$$
$$= 370 + 2.0 \times (20.5-10) \times (3.1-2) + 4.0 \times (20.5-10) \times (4.1-3)$$
$$= 439.3(\text{kPa})$$

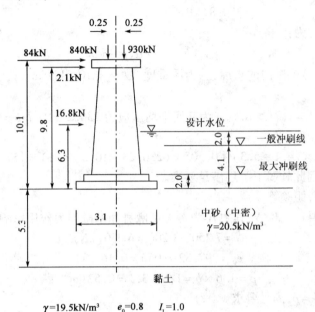

图 3-2-6 桥墩结构尺寸及地质、水文资料图（尺寸单位：m）

根据《公路桥涵设计通用规范》(JTG D60—2004)规定，基础底面位于透水性地基上的桥梁墩台，当验算稳定时，应考虑设计水位的浮力；当验算地基应力时，可仅考虑低水位的浮力，或不考虑水的浮力。

基底竖向力 N：
$$N = 840 + 930 + 5480 = 7250(\text{kN})$$

水平力 T：
$$T = 84 + 2.1 + 16.8 = 102.9(\text{kN})$$

基底重心轴弯矩 M：
$$M = 84 \times 10.1 + 2.1 \times 9.8 + 16.8 \times 6.3 + 930 \times 0.25 - 840 \times 0.25$$
$$= 997.32(\text{kN} \cdot \text{m})$$

基底最大压应力 $p_{\max}$：
$$p_{\max} = N/A + M/W$$
$$= 7250/(3.1 \times 9.9) + 997.32/(9.9 \times 3.1 \times 3.1/6)$$
$$= 299.11(\text{kPa})$$

因为 $299.11 \leq 1.25 \times 439.3$

所以 $p_{\max} \leq \gamma_R[f_a]$，满足要求。

(2) 软弱下卧层强度验算

下卧层为黏土，$I_L = 1.0, e_0 = 0.8$，查表(3-2-6)，$[f_{a0}] = 150\text{kPa}$，小于持力层$[f_{a0}] = $

370kPa,故为软弱下卧层。

$I_L = 1.0 > 0.5$,宽度、深度修正系数 $k_1 = 0, k_2 = 1.5$。

则修正后的软弱下卧层的承载力为:

$$[f_a] = [f_{a0}] + k_1\gamma_1(b-2) + k_2\gamma_2(h+z-3)$$
$$= 150 + 1.5 \times (20.5 - 10) \times (4.1 + 5.3 - 3)$$
$$= 250.8(\text{kPa})$$

下卧层顶面应力为:

$$p_z = \gamma_1(h+z) + \alpha(p - \gamma_2 h)$$

其中 γ_1 为 $(h+z)$ 范围内的重度,且为浮重度,故 $\gamma_1 = 10.5\text{kN/m}^3$; γ_2 为 h 范围内的重度,则 $\gamma_2 = 10.5\text{kN/m}^3$。

因 $z/b = 5.3/3.1 = 1.71 > 1$,则 p 为基底平均压应力 236.23kPa, $l/b = 9.9/3.1 = 3.194$,查表 3-2-10,经内插 $\alpha = 0.305$。

$$p_z = 10.5 \times (4.1 + 5.3) + 0.305 \times (236.23 - 10.5 \times 4.1) = 157.62(\text{kPa})$$

$p_z \leq 1.25[f_a]$,因此软弱下卧层满足要求。

2)基底合力偏心距验算

基底合力偏心距 $e_0 = M/N$,其中 N 为考虑了墩身和基础浮力作用影响,则:

$$N = 7\,250 - 1\,200 = 6\,050(\text{kN})$$
$$e_0 = 997.32/6\,050 = 0.16(\text{m})$$
$$\rho = 1/6 \times b = 1/6 \times 3.1 = 0.52(\text{m})$$

$e_0 = M/N \leq [e_0] = \rho$,满足要求。

3)基础稳定性验算

(1)抗倾覆稳定性验算

$$k_0 = \frac{s}{e_0}$$

$$e_0 = \frac{\sum P_i e_i + \sum H_i h_i}{\sum P_i}$$

其中, $s = b/2 = 3.1/2 = 1.55(\text{m})$, $e_0 = 997.32/6.50 = 0.16(\text{m})$。

查表 3-2-13,抗倾覆稳定性系数为 1.3,

则 $k_0 = 1.55/0.16 = 9.69 > 1.3$,满足要求。

(2)抗滑动稳定性验算

$$k_c = \frac{\mu \sum p_i + \sum H_{ip}}{\sum H_{ia}}$$

其中, $\sum p_i = 6\,050\text{kN}$, $\sum H_{ip} = 0$, $\sum H_{ia} = 102.9\text{kN}$,查表 3-2-12, $\mu = 0.4$,查表 3-2-13 抗滑动稳定性系数为 1.2,则:

$K_c = 0.4 \times 6\,050/102.9 = 23.52 > 1.2$,满足要求。

工作任务三 桩基础设计

✎ 学习目标

1. 了解桩基础的作用效应计算与强度、变形验算的原理和方法;
2. 掌握静载试验法、规范法确定单桩轴向容许承载力。

任务描述

教师根据全班组数或学生数准备若干有关桥梁施工图设计所需资料(与桥梁墩台设计资料相同),学生分组(视班级总人数可分 5~6 人/组),每组推选一名组长负责任务的组织与实施,最终每名学生完成桥梁基础设计说明书及绘制桥梁桩基础施工图。各组在接到任务后,认真学习公路桥涵有关设计标准及规范的相关内容,结合教师讲课并视需要收集其他相关信息,每组各成员单独完成桥梁基础的施工图设计,并上交《××桥梁桩基础设计说明书》和桩基础施工图。

学习引导

本工作任务沿着以下脉络进行学习:

任务布置(桥梁桩基础施工图设计) → 课堂教学 → 课后思考与总结 → 完成任务(桥梁桩基础施工图设计说明书、桩基础施工图绘制) → 各组成果检查 → 分组讨论 → 上交成果 → 学生自测与自评 → 小组各组员相互检查成果,组长对组员进行考核 → 教师考核

天然地基上的浅基础一般造价较低,施工简单,因此在桥梁工程中应尽量优先采用。但当地基浅层土质不良,采用浅基础无法满足建筑对地基承载力、变形和稳定性方面的要求时,往往采用深基础。桩基础是一种常用的深基础类型,由埋于土中的若干根桩及将所有桩连成整体的承台(或盖梁)两部分组成。如图 3-3-1 所示,桩基中的桩通常称基桩,桩身可以全部或部分埋入地基土中,当桩身外露在地面上较高时,在桩之间还应加横系梁,以加强各桩之间的横向联系。桩可以先预制好,再将其运至现场沉入土中;也可以就地钻孔(或人工挖孔),然后在孔中浇注水泥混凝土或放入钢筋骨架后再浇注混凝土而成桩。

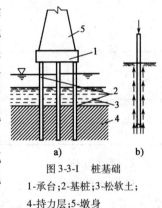

图 3-3-1 桩基础
1-承台;2-基桩;3-松软土;
4-持力层;5-墩身

在设计桩基础时,首先应从分析单桩入手,确定单桩容许承载力,然后结合桩基础的结构和构造形式进行基桩受力分析计算,从而确定桩基础的承载力。

一、单桩容许承载力的确定

单桩容许承载力是指单桩在荷载作用下,地基土和桩本身的强度及稳定性均能得到保证,变形也在容许范围之内,以保证结构物正常使用所能承受的荷载。一般情况下,桩受到轴向力、横向力及弯矩作用,因此单桩容许承载力包括单桩的轴向容许承载力和横向容许承载力,但通常桩主要承受轴向力,所以本节主要研究单桩轴向容许承载力的确定,简要介绍单桩横向容许承载力和负摩阻力问题。

单桩轴向容许承载力的确定方法有:静载试验法、经验公式(规范法)、静力触探法、动力公式及按桩身材料确定单桩轴向容许承载力等。

1. 用静载试验确定单桩容许承载力

静载试验法即在现场对一根沉入设计深度的桩在桩顶逐级施加轴向荷载,直至桩达到破坏状态为止,并在试验过程中测量每级荷载下的桩顶沉降,根据沉降与荷载及时间的关系,分析确定单桩轴向容许承载力。

静载试验可在现场做试桩或利用基础中已筑好的基桩进行试验。试桩数目应不少于基桩

总数的2%,且不应少于2根;试桩的施工方法以及试桩材料和尺寸、入土深度均应与设计桩相同。

1)试验装置

锚桩法试验装置是常用的一种加荷装置,主要设备由锚梁、横梁和油压千斤顶组成,如图3-3-2所示。锚桩可根据需要布设4~6根,锚桩的入土深度等于或大于试桩的入土深度。锚桩与试桩的间距应大于试桩桩径的3倍,以减小对试桩的影响。桩顶沉降常用百分表或位移计量测。观测装置的固定点(如基准桩)应与试桩、锚桩保持适当的距离,见表3-3-1。

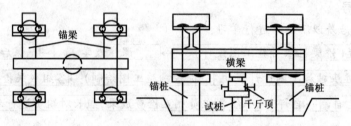

图3-3-2 锚桩法试验装置

观测装置的固定点与试桩、锚桩的最小距离　　表3-3-1

锚桩数目	观测装置的固定点与试桩、锚桩的最小距离(m)	
	与试桩	与锚桩
4	2.4	1.6
6	1.7	1.0

2)测试方法

试桩加载应分级进行,每级荷载为极限荷载预估值的1/15~1/10;有时也采用递变加载方式,开始阶段每级荷载取极限荷载预估值的1/5~1/2.5,终了阶段取1/15~1/10。

测读沉降时间,在每级加荷后的第1小时内,每隔15min测读1次,以后每隔30min测读一次,至沉降稳定为止。沉降稳定的标准通常规定为:对砂性土为30min内不超过0.1mm;对黏性土为1h内不超过0.1mm。待沉降稳定后,方可施加下一级荷载。循环加载观测,直至桩达到破坏状态,终止试验。

当出现下列情况之一时,一般认为桩已达破坏状态,相应所施加的荷载即为破坏荷载:

(1)桩的沉降量突然增大,总沉降量大于40mm,且本级荷载下的沉降量为前一级荷载下沉降量的5倍以上。

(2)总位移量大于或等于40mm,本级荷载加上后24h桩的沉降未趋稳定。

3)极限荷载和轴向容许承载力的确定

破坏荷载求得以后,可将其前一级荷载作为极限荷载,单桩轴向受压承载力容许值等于极限荷载除以安全系数(一般取2)。

对于大块碎石类、密实砂类土及硬黏性土,总沉降量值小于40mm,但荷载已大于或等于设计荷载与设计规定的安全系数乘积时,可取终止加载时的总荷载为极限荷载。

根据试验测得资料所作的试桩曲线来分析,确定试桩的破坏荷载。可以在静载试验时绘制的$p\text{-}S$曲线上,以曲线出现明显下弯转折点所对应的作用荷载作为极限荷载,但有时$p\text{-}S$曲线的转折点不明显,此时极限荷载就难以确定,需借助其他方法辅助判定,例如绘制各级荷载下的沉降—时间(S-t)曲线,或用对数坐标绘制 $\lg p$-$\lg S$ 曲线,可能使转折点显得明确些。

采用静载试验法确定单桩容许承载力比较符合实际情况,是较可靠的方法,但需要较多的人力物力和较长的试验时间,工程投资较大,因此《公路桥涵地基与基础设计规范》(JTG D63—2007)规定,对于具有下列情况的大桥、特大桥,应通过静载试验确定单桩容许承载力:①桩的入土深度远超过常用桩;②地质情况复杂,难以确定桩的承载力;③有其他特殊要求的桥梁用桩。

2. 按经验公式(规范法)确定单桩轴向容许承载力

《公路桥涵地基与基础设计规范》(JTG D63—2007)规定了以经验公式计算单桩轴向容许承载力的方法。根据大量的静载试验资料,经过理论分析和统计整理,规范给出了不同类型的桩,按土的类别、状态、埋置深度等条件下有关土的阻力的经验系数和数据,列出了公式。这种方法具有一定理论根据和实践基础,可在一般桥梁基础设计中直接应用。

1) 摩擦桩

摩擦桩单桩轴向受压承载力容许值等于桩侧总摩阻力容许值与桩端总承载力容许值之和。

由于沉桩与灌注桩的施工方法和埋在土中的条件不同,由试验所得的桩侧摩阻力和桩尖承载力的数据也不同,所以计算式也有所区别,分述如下。

(1)钻(挖)孔灌注桩:

$$[R_a] = \frac{1}{2}u\sum_{i=1}^{n}q_{ik}l_i + A_p q_r \tag{3-3-1a}$$

$$q_r = m_0\lambda\{[f_{a0}] + k_2\gamma_2(h-3)\} \tag{3-3-1b}$$

式中:$[R_a]$——单桩轴向受压承载力容许值,kN;桩身自重与置换土重(当自重计入浮力时,置换土重也计入浮力)的差值作为荷载考虑;

u——桩身周长,m;

A_p——桩端截面面积,m^2;对于扩底桩,取扩底截面面积;

n——桩所穿过的土层数;

l_i——对低桩承台,为承台底面以下桩所穿过的各层土的厚度,m;对高桩承台,为局部冲刷线以下桩所穿过的各土层的厚度,m;扩孔部分不计;

q_{ik}——与 l_i 对应的各土层和桩侧的摩阻力标准值,kPa;宜采用单桩摩阻力试验确定,当无试验条件时按表 3-3-2 选用;

q_r——桩端处土的承载力容许值,kPa;当持力层为砂土、碎石土时,若计算值超过下列值,宜按下列值采用:粉砂 1 000kPa,细砂 1 150kPa,中砂、粗砂、砾砂 1 450kPa,碎石土 2 750kPa;

$[f_{a0}]$——桩端处土的承载力基本容许值,kPa,可查地基承载力表确定;

h——桩端的埋置深度,m;对有冲刷的基桩,由一般冲刷线算起;对无冲刷的基桩,埋深由天然地面线或实际开挖后的地面线算起;h 的计算值不大于40m;当大于40m时,按 h=40m 计算;

k_2——容许承载力随深度的修正系数,可按桩端处持力层土类查表确定;

γ_2——桩端以上各层土的加权平均重度,kN/m^3;若持力层在水位面以下且不透水时,不论桩端以上土的透水性如何,一律用饱和重度;当持力层透水时则水中部分土层取浮重度;

λ——修正系数,见表3-3-3;

m_0——清底系数,按表3-3-4选用。

钻孔桩桩侧土的摩阻力标准值 q_{ik} 表3-3-2

土 类		q_{ik}(kPa)	土 类		q_{ik}(kPa)
	中密炉渣、粉煤灰	40~60	中砂	中密	45~60
黏性土	$I_L>1$,流塑	20~30		密实	60~80
	$0.75<I_L≤1$,软塑	30~50	粗砂、砾砂	中密	60~90
	$0<I_L≤0.75$,可塑、硬塑	50~80		密实	90~140
	$I_L≤0$,坚硬	80~120	圆砾、角砾	中密	120~150
粉土	中密	30~55		密实	150~180
	密实	55~80	碎石、卵石	中密	160~220
粉砂、细砂	中密	35~55		密实	220~400
	密实	55~70	漂石、块石		400~600

注:挖孔桩的摩阻力标准值可参照本表采用。

修正系数 λ 值 表3-3-3

桩端土情况 \ l/d	4~20	20~25	>25
透水性土	0.7	0.70~0.85	0.85
不透水性土	0.65	0.65~0.72	0.72

(2)沉桩的承载力容许值:

$$[R_a] = \frac{1}{2}(u\sum_{i=1}^{n}\alpha_i l_i q_{ik} + \alpha_r A_p q_{rk}) \quad (3-3-2)$$

式中:$[R_a]$——单桩轴向受压承载力容许值,kN;桩身自重与置换土重(当自重计入浮力时,置换土重也计入浮力)的差值作为荷载考虑;

清底系数 m_0 值 表3-3-4

t/d	0.3~0.1
m_0	0.70~1.0

注:1. t、d 为桩端沉渣厚度和桩的直径。
2. $d<1.5m$ 时,$t≤300mm$;$d>1.5m$ 时,$t≤500mm$;且 $0.1<t/d<0.3$。

u——桩身周长,m;

n——桩所穿过的土层数;

l_i——承台底面或局部冲刷线以下各层土的厚度;

q_{ik}——与 l_i 对应的各土层和桩侧的摩阻力标准值,kPa;宜采用单桩摩阻力试验确定,当无试验条件时按表3-3-5选用;

q_{rk}——桩端处土的承载力标准值,宜采用单桩试验确定或通过静力触探试验测定,当无试验条件时按表3-3-6选用;

α_i、α_r——分别为振动沉桩对各土层桩侧摩阻力和桩端承载力的影响系数,按表3-3-7选用,对于锤击静压沉桩其值均取为1.0。

沉桩桩侧土的摩阻力标准值 q_{ik}　　　　表 3-3-5

土 类	状 态	τ_i (kPa)	土 类	状 态	τ_i (kPa)
黏性土	$1 \leqslant I_L \leqslant 1.5$	15～30	粉细砂	稍密	20～35
	$0.75 \leqslant I_L < 1$	30～45		中密	35～65
	$0.5 \leqslant I_L < 0.75$	45～60		密实	65～80
	$0.25 \leqslant I_L < 0.5$	60～75	中砂	中密	55～75
	$0 \leqslant I_L < 0.25$	75～85		密实	75～90
	$I_L < 0$	85～95	粗砂	中密	70～90
粉土	稍密	20～35		密实	90～105
	中密	35～65			
	密实	65～80			

注：表中土的液性指数 I_L 系按 76g 平衡锥测定的数值算得。

沉桩桩端处土的承载力标准值 q_{rk}　　　　表 3-3-6

土 类	状 态	桩端承载力标准值 q_{rk} (kPa)		
黏性土	$1 \leqslant I_L$	1 000		
	$0.65 \leqslant I_L < 1$	1 600		
	$0.35 \leqslant I_L < 0.65$	2 200		
	$I_L < 0.35$	3 000		
		桩尖进入持力层的相对深度		
		$1 > \dfrac{h_c}{d}$	$4 > \dfrac{h_c}{d} \geqslant 1$	$\dfrac{h_c}{d} \geqslant 4$
粉土	中密	1 700	2 000	2 300
	密实	2 500	3 000	3 500
粉砂	中密	2 500	3 000	3 500
	密实	5 000	6 000	7 000
细砂	中密	3 000	3 500	4 000
	密实	5 500	6 500	7 500
中、粗砂	中密	3 500	4 000	4 500
	密实	6 000	7 000	8 000
圆砾石	中密	4 000	4 500	5 000
	密实	7 000	8 000	9 000

注：表中 h_c 为桩端进入持力层的深度（不包括桩靴），d 为桩的直径或边长。

系数 α_i、α_r 值　　　　表 3-3-7

桩径或边长 d (m)	土类 黏 土	亚黏土	亚砂土	砂 土
$d \leqslant 0.8$	0.6	0.7	0.9	1.1
$0.8 < d \leqslant 2.0$	0.6	0.7	0.9	1.0
$d > 2.0$	0.5	0.6	0.7	0.9

2)柱桩(支承桩)

支承在基岩上或嵌入基岩内的钻(挖)孔桩、沉桩的单桩轴向受压承载力容许值$[R_a]$,由嵌岩段总侧阻力、总端阻力和桩周土总侧阻力三部分组成,按下式计算:

$$[R_a] = c_1 A_p f_{rk} + u\sum_{i=1}^{m} c_2 h_i f_{rki} + \frac{1}{2}\zeta_s u \sum_{i=1}^{n} l_i q_{ik} \quad (3\text{-}3\text{-}3)$$

式中:$[R_a]$——单桩轴向受压承载力容许值,kN;桩身自重与置换土重(当自重计入浮力时,置换土重也计入浮力)的差值作为荷载考虑;

c_1——根据清孔情况、岩石破碎程度等因素而定的端阻发挥系数,按表3-3-8采用;

A_p——桩端截面面积,m^2;对于扩底桩,取扩底截面面积;

f_{rk}——桩端岩石饱和单轴抗压强度标准值,kPa;黏土质岩取天然湿度单轴抗压强度标准值,当f_{rk}小于2MPa时按摩擦桩计算(f_{rki}为第i层的f_{rk}值);

c_2——根据清孔情况、岩石破碎程度等因素而定的侧端阻发挥系数,按表3-3-8采用;

u——各土层或各岩层部分的桩身周长,m;

h_i——桩嵌入各岩层部分的厚度,m,不包括强风化岩和全风化岩;

m——岩层的层数,不包括强风化岩和全风化岩;

ζ_s——覆盖层土的侧阻力发挥系数,根据桩端f_{rk}确定;当$2MPa \leqslant f_{rk} < 15MPa$时,$\zeta_s = 0.8$,当$15MPa \leqslant f_{rk} < 30MPa$时,$\zeta_s = 0.2$;

l_i——各土层的厚度;

q_{ik}——桩侧第i层土的侧阻力标准值,kPa;宜采用单桩摩阻力试验值,当无试验条件时,对于钻(挖)孔桩按表3-3-2选用,对于沉桩按表3-3-5采用;

n——土层的层数,强风化和全风化岩层按土层考虑。

3)考虑桩身材料确定单桩轴向承载力容许值

$$[R_a] = \frac{0.9\varphi(f_{cd}A + f'_{sd}A'_s)}{\gamma_0} \quad (3\text{-}3\text{-}4)$$

式中:$[R_a]$——钢筋混凝土桩轴向承载力容许值,MN;

A——构件毛截面面积,当纵向钢筋配筋率大于3%时,A应改用$A_n = A - A'_s$;

A'_s——全部纵向钢筋的截面面积;

γ_0——结构重要性系数;

φ——纵向弯曲系数,可从表3-3-9中查得,一般对高桩承台中的桩需考虑,对低桩承台中的桩可不考虑纵向弯曲,即取$\varphi=1$;高承台中桩的l可参照表3-3-10确定,桩嵌入承台深度符合规定时,可认为是刚性嵌制(固结),否则作为铰接,桩底一般视桩尖土的密实情况而定;

f_{cd}——混凝土轴心抗压强度设计值,按混凝土强度等级查表3-3-11;

f'_{sd}——纵向钢筋抗压强度设计值,按表3-3-12选用。

系 数 c_1、c_2 值　　表3-3-8

岩石层情况	c_1	c_2
完整、较完整	0.6	0.05
较破碎	0.5	0.04
破碎、极破碎	0.4	0.03

注:1. 当入岩深度小于或等于0.5m时,c_1乘以0.75的折减系数,$c_2 = 0$。

2. 对于钻孔桩,系数c_1、c_2值应降低20%采用;桩端沉渣厚度t应满足以下要求:$d < 1.5m$时,$t \leqslant 50mm$;$d > 1.5m$时,$t \leqslant 100mm$。

3. 对于风化层作为持力层的情况,c_1、c_2应分别乘以0.75的折减系数。

钢筋混凝土轴心受压构件的纵向弯曲系数　　　表 3-3-9

l_0/b	≤8	10	12	14	16	18	20	22	24	26	28
$l_0/2r$	≤7	8.5	10.5	12	14	15.5	17	19	21	22.5	24
l_0/i	≤28	35	42	48	55	62	69	76	83	90	97
φ	1.0	0.98	0.95	0.92	0.87	0.81	0.75	0.70	0.65	0.60	0.56
l_0/b	30	32	34	36	38	40	42	44	46	48	50
$l_0/2r$	26	28	29.5	31	33	34.5	36.5	38	40	41.5	43
l_0/i	104	111	118	125	132	139	146	153	160	167	174
φ	0.52	0.48	0.44	0.40	0.36	0.32	0.29	0.26	0.23	0.21	0.19

注:1. 表中 l_0 为构件计算长度;b 为矩形截面的短边尺寸;r 为圆形截面的半径;i 为截面最小回转半径,$i=\sqrt{\dfrac{I}{A}}$(I 为截面惯性矩,A 为截面面积)。

2. 构件计算长度,当构件两端固定时取 $0.5l$;当一端固定一端为不移动的铰时,取 $0.7l$;当两端均为不移动的铰时取 l;当一端固定一端自由时取 $2l$;l 为构件支点间长度。

高承台中桩的 l 值　　　表 3-3-10

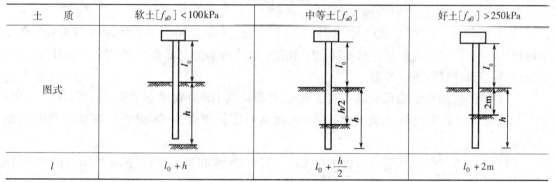

土质	软土[f_{a0}]<100kPa	中等土[f_{a0}]	好土[f_{a0}]>250kPa
图式			
l	l_0+h	$l_0+\dfrac{h}{2}$	l_0+2m

混凝土抗压强度设计值　　　表 3-3-11

强度等级	C15	C20	C25	C30	C35	C40	C45	C50	C55	C60	C65	C70	C75	C80
f_{cd}	6.9	9.2	11.5	13.8	16.1	18.4	20.5	22.4	24.4	26.5	28.5	30.5	32.4	34.6

纵向钢筋抗拉、抗压强度设计值　　　表 3-3-12

钢筋种类	R235($d=8\sim20mm$)	HRB335($d=6\sim50mm$)	HRB400($d=6\sim50mm$)	KL400($d=8\sim40mm$)
f_{sd}	195	280	330	330
f'_{sd}	195	280	330	330

二、桩的负摩阻力简介

一般情况下,桩受轴向荷载作用后,桩相对于桩侧土体向下位移,使土对桩产生向上作用的摩阻力,称正摩阻力,如图 3-3-3a)所示。但是,当桩穿过软弱可压缩土层时,由于地表面有较大的荷载作用(如桥头填土及路堤),或地下水下降,或上层属次固结状态等情况,均会引起桩侧土体下沉(固结),若桩侧土体下沉量大于桩受荷后的沉降(包括桩身压缩和柱底下沉),则桩侧土相对于桩向下位移,使土对桩产生向下作用的摩阻力,即称其为负摩阻力,如图 3-3-3b)所示。

由于桩身表面发生负摩阻力,将使桩侧土的部分重力传递给桩,因此,负摩阻力不但不能

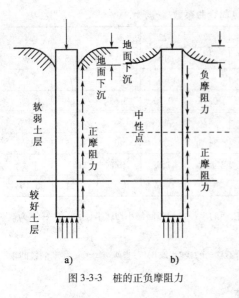

图 3-3-3 桩的正负摩阻力

成为桩承载力的一部分,反而变成施加在桩上的外荷载,加大桩基沉降,这在桩基设计中应予以注意。桩的负摩阻力产生的原因有:

(1)在桩基础附近地面有大面积堆载,引起地面沉降,对桩产生负摩阻力,对于桥头路堤高填土的桥台桩基础,地坪大面积堆放重物的车间、仓库建筑的桩基础,均要特别注意负摩阻力问题。

(2)土层中抽取地下水或其他原因,地下水位下降,使土层产生自重固结下沉。

(3)桩穿过欠固结土层(如填土)进入硬持力层,土层产生自重固结下沉。

(4)桩数很多的密集群桩打桩时,使桩周土中产生很大的超孔隙水压力,打桩停止后,桩周土的再固结作用引起下沉。

(5)在黄土、冻土中的桩,因黄土湿陷、冻土融化产生地面下沉。

从上述可见,当桩穿过软弱高压缩性土层而支承在坚硬的持力层上时,最易发生桩的负摩阻力问题。在确定桩的承载力和桩基设计中应予以注意。为降低和克服桩的负摩阻力,以下措施在桩基设计时可予以考虑:

(1)对于填土场地,应保证填土的密实度,且要待填土地面沉降基本稳定后再成桩。

(2)对于地面大面积堆载的建筑物,采取预压等处理措施,减少地面堆载引起的地面沉降。

(3)桩周换土法,在松砂或其他粗粒土内设置桩基,可在打好桩后,挖去桩周的粗粒土,换成摩擦角小的土。

(4)涂层法,在桩上涂具有黏弹性质的特殊沥青或聚氯乙烯作滑动层,也可涂抹 1.8~2mm 的合成树脂作为保护层,这种方法可以有效地降低负摩阻力,材料消耗和施工费用节约 20%。

(5)预钻孔法,用钻机在桩位预先钻孔,然后将桩插入并在桩的周围灌入膨润土。此法可用于不适于深层法的地层条件,在黏土地层中效果较好。

三、桩的内力和位移计算

桩基础上的作用荷载首先是通过承台传给桩,然后再由桩传递给地基。承台传递给基桩桩顶的作用力包括轴向力、横向力和弯矩。桩在受力后要发生变形,包括轴向变形和桩的挠曲所引起的横向变位。由于埋入土中的桩受到桩侧土的约束,所以桩在发生横向变位时,将受桩侧土横向抗力的作用。在计算时一般将作用于桩上的力分轴向受力和横向受力两部分分别加以验算。在考虑横向受力问题时,首先要明确桩侧土横向抗力的分布规律,这个问题比较复杂,目前一些计算方法如 K 法、C 法和 M 法,都对横向抗力的分布作了一些简化的假定。它们的共同点是运用了弹性地基梁的计算原理,区别是对影响土横向抗力分布的地基系数作了不同的假定。下面先说明有关的基本概念,再介绍目前应用较广的 M 法的具体计算。

1. 基本概念

1）土的横向抗力及地基系数

桩基础在轴向荷载、横向荷载和力矩作用下产生竖向位移、水平位移和转角，桩的竖向位移引起桩侧摩阻力和桩端阻力，桩身的水平位移及转角使桩挤压桩侧土体，桩侧土对桩产生的约束称土的横向抗力 σ_{zx}。横向抗力 σ_{zx} 起抵抗外力和稳定桩基础的作用。假定土的横向抗力符合文克尔假设，将桩作为弹性构件考虑，当桩受到水平外力作用后，桩土协调变形，任一深度 z 处所产生的桩侧土水平抗力与该点水平位移 x_z 成正比，即：

$$\sigma_{zx} = Cx_z \tag{3-3-5}$$

式中：σ_{zx}——横向抗力，kN/m^2；

C——地基系数，kN/m^3，表示单位面积土在弹性限度内产生单位变形时所需加的力；

x_z——深度 z 处桩的横向位移，m。

地基系数是反映地基土抗力性质的指标。当桩的横向位移一定时，C 值越大，土的横向抗力越大。C 的大小不仅与土的类别及其性质有关，而且也随着深度而变化。由于实测的客观条件和分析方法不尽相同等原因，所采用的 C 值随深度的分布规律也各有不同。常采用的地基系数分布规律有如图 3-3-4 所示的几种形式，相应产生几种基桩内力和位移计算的方法，有：①m 法，假定地基系数 C 值随深度成正比例地增长，即 $C = mz$，如图 3-3-4a) 所示，m 称为地基比例系数（kN/m^4）。②K 法，假

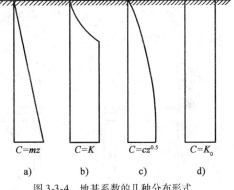

图 3-3-4 地基系数的几种分布形式

定在桩身挠曲曲线第一挠曲零点以上地基系数 C 随深度增加呈凹形抛物线变化；在第一挠曲零点以下，地基系数 $C = K(kN/m^3)$ 不再随深度变化而为常数，如图 3-3-4b) 所示。③c 值法，假定地基系数 C 随着深度呈抛物线规律增加，即 $C = cz^{0.5}$，如图 3-3-4c) 所示。④C 法又称"张有龄法"，假定地基系数 C 沿深度为均匀分布，不随深度而变化，即 $C = K_0(kN/m^3)$ 为常数，如图 3-3-4d) 所示。现只介绍目前应用较广的 m 法。

2）单桩、单排桩和多排桩

计算基桩内力应该先根据作用在承台底面的外力 N、H、M 计算出作用在每根桩顶的荷载 p_i、Q_i 和 M_i 值，然后才能计算各桩在荷载作用下各截面的内力与位移。桩基础按其作用力 H 与基桩布置方式之间的关系可归纳为单桩、单排桩及多排桩来计算各桩顶的受力。

（1）单桩或与横向外力作用方向相垂直的单排桩，如图 3-3-5a)、b) 所示。对于单桩来说，上部荷载全由它承担。对于单排桩，桥墩作纵向验算时，若作用于承台底面中心的荷载为 N、H、M，当 N 在承台横桥向无偏心时，则可以假定各荷载是平均分配在各桩上，即：

$$p_i = N/n; Q_i = H/n; M_i = M/n \tag{3-3-6}$$

（2）多排桩或顺横向外力作用方向的单排桩，如图 3-3-5c) 所示。多排桩指在水平外力作用平面内有一根以上桩的桩基础，这类桩基础属于一个超静定的结构或平面刚架，其内力分析和变位计算需用超静定方法求解。

3）桩的计算宽度

桩在水平外力作用下，除了桩身范围内桩侧土受挤压外，在桩身宽度以外一定范围内的土

体也会受到一定程度的影响,且对不同截面形状的桩,土受到的影响范围大小不同。在计算各种不同情况下,桩侧的实际作用范围时,用桩的计算宽度 b_1 来代替桩的设计宽度(直径),根据规范桩的计算宽度如下。

(1) 当 $d \geqslant 1.0 \mathrm{m}$ 时:
$$b_1 = kk_f(d+1) \tag{3-3-7a}$$

(2) 当 $d < 1.0 \mathrm{m}$ 时:
$$b_1 = kk_f(1.5d + 0.5) \tag{3-3-7b}$$

式中:b_1——桩的计算宽度 m,$b_1 \leqslant 2d$;

d——桩径或垂直于水平外力作用方向桩的宽度;

k_f——形状换算系数,视水平作用面(垂直于水平力作用方向)而定;圆形或圆端截面 $k_f = 0.9$;矩形截面 $k_f = 1.0$;对圆端形与矩形组合截面 $k_f = (1 - 0.1a/d)$,如图 3-3-6 所示;

k——平行于水平力作用方向的桩间相互影响系数,单排桩 $k = 1.0$,多排桩见《公路桥涵地基基础设计规范》(JTG D63—2007)。

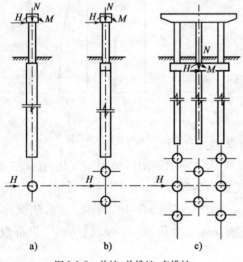

图 3-3-5 单桩、单排桩、多排桩

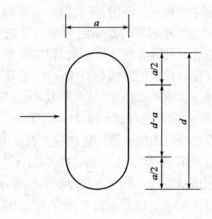

图 3-3-6 计算圆端形与矩形组合截面 k_f 示意图

4) 刚性构件与弹性构件

m 法计算中,常将埋入土中的桩分为刚性构件和弹性构件。在水平外力作用下,如果桩只发生转动和位移,不产生变形,这种桩属于刚性构件;如果桩本身出现挠曲变形,则这种桩属于弹性构件。桩身是否出现挠曲变形,主要与桩长、截面形状、尺寸、桩的刚度等因素有关。m 法计算中引入基础变形系数 α 来反映这些因素对桩变形的影响。

$$\alpha = \sqrt[5]{\frac{mb_1}{EI}} \tag{3-3-8}$$

式中:b_1——桩的计算宽度,m;

E——桩的弹性模量,MPa;

I——桩的截面惯矩,m^4;

m——地基系数,$\mathrm{MN/m}^4$。

若桩柱底面置于地面或局部冲刷线以下的深度为 l,根据经验,当 $\alpha l \leqslant 2.5$ 时,将桩视为刚性构件,一般沉井、大直径管柱及其他实体深基础都属于这一类;当 $\alpha l > 2.5$ 时,则将桩视为弹性构件。一般沉桩与灌注桩多属这一类。根据不同的构件,可采用不同公式计算变位、内力和土的横向抗力,本节只研究弹性构件。

2. m 法弹性单排桩内力和位移计算

当一根计算宽度为 b_1 的弹性桩埋在土中,桩顶若与地面平齐($z=0$),且已知桩顶作用有水平荷载 Q_0 和力矩 M_0 时,桩将发生挠曲,桩侧土将产生横向抗力 σ_{zx}(图 3-3-7),得桩的挠曲微分方程为

$$EI\frac{d^4x}{dz^4} = -q = -\sigma_{zx}b_1 = -mzx_zb_1$$

整理后可得: $\quad \dfrac{d^4x}{dz^4} + \alpha^5 z x_z = 0 \quad$ (3-3-9)

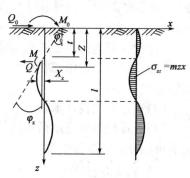

图 3-3-7　桩的挠曲与土的横向抗力

式中:b_1——桩的计算宽度;

x_z——桩在深度 z 处的横向位移(即桩的挠度);

α——桩的变形系数,$\alpha = \sqrt[5]{\dfrac{mb_1}{EI}}$。

根据边界条件求解获得桩身任意截面上的变位(水平位移 x_z 及转角 φ_z)和内力(弯矩 M_z 及剪力 φ_z)公式。

$$\left.\begin{aligned} x_z &= \frac{Q_0}{\alpha^3 EI}A_x + \frac{M_0}{\alpha^2 EI}B_x \\ \varphi_z &= \frac{Q_0}{\alpha^2 EI}A_\varphi + \frac{M_0}{\alpha EI}B\varphi \\ M_z &= \frac{Q_0}{\alpha}A_m + M_0 B_m \\ Q_z &= Q_0 A_Q + \alpha M_0 B_Q \end{aligned}\right\} \quad (3\text{-}3\text{-}10)$$

式中,A_x、B_x、A_φ、B_φ、A_m、B_m、A_Q、B_Q 为无量纲系数,均为 αl 和 αz 的函数,有关手册已将其制成表格,以供查用。Q_0、M_0 是桩在地面或局部冲刷线处的横向荷载,可按下式求得:

$$\left.\begin{aligned} Q_0 &= Q_i \\ M_0 &= M_i + Q_i l_0 \end{aligned}\right\} \quad (3\text{-}3\text{-}11)$$

式中:Q_i、M_i——作用于桩顶上的横向荷载;

l_0——桩顶到地面或局部冲刷线处的长度。

当桩顶露出地面或局部冲刷线的长度为 l_0 时,可进一步导出桩顶的水平位移 x_1 和转角 φ_1:

$$\left.\begin{aligned} x_1 &= \frac{Q}{\alpha^3 EI}A_{x1} + \frac{M}{\alpha^2 EI}B_{x1} \\ \varphi_1 &= -\left(\frac{Q}{\alpha^2 EI}A_{\varphi 1} + \frac{M}{\alpha EI}B_{\varphi 1}\right) \end{aligned}\right\} \quad (3\text{-}3\text{-}12)$$

式中:Q、M——作用于桩顶上的剪力和弯矩;

A_{x1}、$A_{\varphi 1}$——无量纲系数,与 B_{x1}、$B_{\varphi 1}$ 相等,为 αz 和 αl_0 的函数。

以上公式对桩的内力和位移的符号作如下规定:Q 和 x 以顺 x 轴正方向为正值,φ 以逆时针方向为正值,M 以使左侧纤维受拉时为正值;反之,则为负。

四、桩基础设计计算步骤

设计桩基础应根据荷载的性质与大小、上部结构的形式与使用要求、地质和水文资料以及材料供应和施工条件等,确定适宜的桩基础类型和各组成部分的尺寸,保证承台、基桩和地基在承载力、变形和稳定性方面,满足安全和使用上的要求,并应同时考虑技术和经济上的可能性和合理性。桩基础的设计方法与步骤,一般是先根据所收集的必要设计资料,拟订出设计方案(包括选择桩基础类型、桩长、桩径、桩数及桩的布置、承台位置与尺寸等),然后进行基桩和承台强度、稳定、变形检验,经过计算、比较、修改,直至符合各项要求,最后确定较佳的设计方案。

桩基础设计应遵循下列设计原则:

(1)设计前进行必要的基本情况调查。

(2)认真选定适用、简便、可行而又可靠的设计方法,认真测定和选用有代表性且可靠的原始参数。

(3)确定桩的设计承载力时应考虑不同结构物的容许沉降量。

(4)设计桩基时应遵循和执行有关技术规范的规定,当然,规范不是法律,在某些特殊情况下可以灵活对待和处理。

1. 桩基础类型的选择

选择桩基础类型时应根据设计要求和现场条件,同时要考虑各种类型桩和桩基础具有的不同特点,注意扬长避短,综合考虑选定。

1)承台底面高程的确定

承台底面的高程应根据桩的受力情况,桩的刚度和地形、地质、水流、施工等条件确定。承台低,稳定性较好,但在水中施工难度较大,因此可用于季节性河流、冲刷小的河流或岸滩上的墩台及旱地上其他结构物基础。当承台埋于冻胀土层中时,为了避免由于土的冻胀引起桩基础的损坏,承台底面应位于冻结线以下不少于 0.25m。对于常年有流水,冲刷较深,或水位较高,施工排水困难,在受力条件允许时,应尽可能采用高桩承台。承台如在水中,或在有流冰的河道,承台底面应位于最低冰层底面以下不少于 0.25m;在有其他漂流物或通航的河道,承台底面也应适当放低,以保证基桩不会直接受到撞击。

2)端承桩和摩擦桩的选择

端承桩与摩擦桩的选择主要根据地质和受力情况确定。端承桩基础承载力大,沉降量小,较为安全可靠。因此,当基岩埋深较浅时应考虑采用端承桩。若适宜的岩层埋置较深或受到施工条件的限制不宜采用柱桩时,则可采用摩擦桩,但在同一桩基础中不宜同时采用柱桩和摩擦桩,同时也不宜采用不同材料、不同直径和长度相差过大的桩,以避免桩基产生不均匀沉降或丧失稳定性。

当采用端承桩时,除桩底支承在基岩上外,如覆盖层较薄,或水平荷载较大时,还需将桩底端嵌入基岩中一定深度成为嵌岩桩,以增加桩基的稳定性和承载能力。为保证嵌固牢靠,嵌入新鲜岩层最小深度不应小于 0.5m,若新鲜岩层埋藏较深,微风化层、弱风化层厚度较大,需计算其嵌入深度。

3)单排桩和多排桩的确定

单排桩与多排桩的确定主要根据受力情况,并与桩长、桩数的确定密切相关。多排桩稳定性好,抗弯刚度较大,能承受较大的水平荷载,水平位移小,但多排桩的设置将会增大承台的尺寸,增加施工难度,有时还影响航道;单排桩与此相反,能较好地与柱式墩台结构形式配用,可节省圬工,减小作用在桩基的竖向荷载。因此,当桥跨不大、桥高较矮,或单桩承载力较大、需用桩数不多时,常采用单排排架式基础。公路桥梁自采用了具有较大刚度的钻孔灌注桩后,选用盖梁式承台双柱或多柱式单排墩台桩柱基础也较广泛,对较高的桥台、拱桥桥台、制动墩和单向水平推力墩基础,则常需用多排桩。在桩基受有较大水平力作用时,无论是单排桩还是多排桩,若能选用斜桩或竖直桩配合斜桩的形式,则将明显增加桩基抗水平力的能力和稳定性。

4)施工方式的选择

设计时将桩基施工方式拟订为打入桩、振动下沉桩、钻(挖)孔灌注桩、管柱基础等桩型的选择应根据地质情况、上部结构要求和施工技术设备条件等确定。

5)承台尺寸的拟订

承台尺寸应根据受力情况,按照有关设计规范和施工规范,拟订其平面尺寸和立面尺寸,承台厚度一般为 1.0~2.5m,承台底面尺寸的拟订,要求扩展角不超过刚性角。

2. 桩材料、桩径、桩长的拟订和单桩承载力容许值的确定

1)桩材料的拟订

桥梁墩台桩基础目前一般用钢筋混凝土桩;在一些重要工程中也可采用钢桩;在盛产木材地区修筑或抢修桥梁以及建造施工便桥时也可采用木桩。

2)桩径拟订

桩基础类型确定后,桩的横截面(即桩径)就可根据各类桩的特点与常用尺寸,并考虑工程地质情况和施工条件选择确定。预制桩的截面规格对于方桩为 20cm × 20cm ~ 50cm × 50cm,管径为 1~1.5m;若用钻孔桩,则设计直径常用规格为 0.8m、1.0m、1.25m 和 1.5m 等。

3)桩长拟订

桩长确定的关键在于选择桩底持力层,设计时可先根据地质条件选择适宜的桩底持力层初步确定桩长,并应考虑施工的可能性(如打桩设备能力或钻进的最大深度等)。

设计时一般希望把桩底置于岩层或坚实的土层上,以得到较大的承载力和较小的沉降量。如在施工条件容许的深度内没有坚实土层存在,应尽可能选择压缩性较低、强度较高的土层作为持力层,要避免把桩底坐落在软土层上或离软弱下卧层的距离太近,以免桩基础发生过大的沉降。

对于摩擦桩,有时桩底持力层可能有多种选择,此时确定桩长与桩数两者相互牵连。遇此情况,可通过试算比较,选用较合理的桩长。摩擦桩的桩长不应拟订得太短,因为桩长过短则达不到设置桩基把荷载传递到深层或减小基础下沉量的目的,且必然增加桩数,扩大承台尺寸,也影响施工的进度。此外,为保证发挥摩擦桩桩底土层支承力,桩底端部应插入桩底持力层一定深度(插入深度与持力层土质、厚度及桩径等因素有关),其深度一般不宜小于1m。

4)单桩轴向受压承载力容许值的确定

桩径、桩长确定后,应根据地质资料确定单桩容许承载力,进而估算桩数和进行桩基验算。单桩轴向受压承载力容许值的确定,对于一般性桥梁和结构物,或在各种工程的初步设计阶段可按经验(规范)公式计算;而对于大型、重要桥梁或复杂地基条件,还应通过静载试验或其他方法,并作详细分析比较,较准确合理地确定。

3. 确定基桩的根数及其在平面的布置

1)桩的根数估算

一个基础所需桩的根数可根据承台底面上的竖向荷载和单桩容许承载力估算,估算的桩数是否合适,尚待验算各桩的受力状况后验证确定。

2)桩的间距确定

考虑桩与桩侧土的共同作用条件和施工需要,对桩间距(即桩轴线中心距离)应有一定的要求。

锤击、静压沉桩,在桩端处的中心距不应小于桩径(或边长)的3倍,对于软土地基宜适当增大;振动法沉入砂土内的桩,在桩端处的中距不小于桩径(或边长)的4倍。桩在承台底面处的中距不小于桩径(或边长)的1.5倍。钻(挖)孔桩的摩擦桩中距不得小于桩径的2.5倍,支承或嵌固在基岩中的钻(挖)孔桩中距不应小于桩径的2.0倍。钻(挖)孔扩底灌注桩中距不应小于1.5倍扩底直径或扩底直径加1.0m,取两者中较大者。

为了避免承台边缘距桩身过近而发生破裂,并考虑桩顶位置允许的偏差,边桩外侧到承台边缘的距离,对于桩径小于或等于1.0m的桩不应小于0.5倍桩径,且不小于250mm;对于桩径大于1.0m的桩不应小于0.3倍桩径并不小于500mm(盖梁不受此限)。

3)确定桩的平面布置

桩数确定后,可根据桩基受力情况选用单排桩桩基或多排桩桩基。桩的排列形式:一般墩(台)基础,多以纵向荷载控制设计。控制设计的方向上,桩的布置应尽可能使各桩受力相近,且考虑施工的可能和方便。当荷载偏心较大时,承台底面的应力分布呈梯形,若 $\sigma_{max}/\sigma_{min}$ 值比较大,宜用不等距排列,两侧密,中间疏;若 $\sigma_{max}/\sigma_{min}$ 值不大,宜用等距排列。而非控制设计的方向上,一般均采用等距排列。当作用于桩基的弯矩较大时,宜尽量将桩布置在离承台形心较远处,采用外密内疏的布置方式,以增大基桩对承台形心或合力作用点的惯性矩,提高桩基的抗弯能力。相邻桩的间距不宜过大。间距大,承台平面尺寸和重量相应增大;间距小,摩擦桩桩尖处应力重叠现象严重,加大基础的沉降。

4. 桩基础设计方案检验

根据上述原则所拟订的桩基础设计方案应进行检验,即对桩基础的强度、变形和稳定性进行必要的验算,以验证所拟订的方案是否合理、是否需要修改,从而选出最佳的设计方案。为此,应计算基础及其组成部件(基桩与承台)在与验算项目相应的最不利作用效应组合下,所受到的作用力及相应产生的内力与位移,作下列各项验算。

1)桩的受力验算

(1)单桩轴向承载力检验:

$$N_{max} + G \leq \gamma_R [R_a] \tag{3-3-13}$$

式中:N_{max}——作用于桩顶上的最大轴向力;

G——桩重,地面或局部冲刷线以下的桩身自重等于这段桩身自重与置换土重之差;

$[R_a]$——单桩轴向受压承载力容许值;

γ_R——单桩轴向受压承载力的抗力系数,根据桩的受荷情况按表3-3-13确定。

单桩轴向受压承载力的抗力系数　　　　　表3-3-13

受荷阶段	作用效应组合		抗力系数
使用阶段	短期效应组合	永久作用与可变作用组合	1.25
		结构自重、预加力、土重、土侧压力和汽车、人群组合	1.00
	作用效应偶然组合(不含地震作用)		1.25
施工阶段	施工荷载效应组合		1.25

(2)验算桩身截面强度或考虑配筋。

判断基桩属于弹性构件还是刚性构件。验算桩身截面强度或考虑配筋可参照《结构设计原理》教材。钢筋混凝土桩,其配筋可采用偏心受压构件承载力计算公式进行计算,如桩内弯矩较小,桩内配筋按构造配筋即可满足要求。

在单桩轴向力验算中如果不能满足式(3-3-13)的要求,则应增加桩数 n 或调整桩的平面布置,减少 N_{max} 值;也可以加大桩的截面尺寸,重新确定桩数、桩长和布置,直到符合验算要求为止。

2)承台强度的验算

承台强度验算包括:桩顶处局部压应力,承台抗弯、抗剪强度及桩对承台的冲剪等内容,可参阅《结构设计原理》教材及有关内容。

3)群桩基础承载力和沉降量的检验

群桩基础是根据桩在传力时的扩散作用,将桩基础视为宽为 b,长为 a,包括范围 $cdef$ 内的实体刚性基础(图 3-3-8),桩尖平面作为基底,从而验算地基强度和沉降变形。

《公路桥涵地基与基础设计规范》(JTJ D63—2007)规定 9 根桩及 9 根以上的多排摩擦桩群桩在桩端平面内桩距小于 6 倍桩径时,群桩作为整体基础验算桩端平面处土的承载力。当桩端平面以下有软弱下卧层或软弱地基时,还应验算该土层的承载力。

当桩基为端承桩或在桩端平面内桩的间距大于桩径(或边长)的 6 倍时,桩基的总沉降可取单桩的总沉降。在其他情况下,墩台基础采用分层总和法计算群桩的沉降量,并应计入桩身压缩量。

4)计算墩台顶的水平位移

《公路桥涵地基与基础设计规范》(JTJ D63—2007)要求作墩台顶水平位移验算。在荷载作用下,墩台水平位移,除了墩台本身材料受力变位外,还包括基桩的水平位移及转角。若桥墩墩顶即桩顶,可直接用公式计算出桩顶位移 x_1,见式(3-3-12),墩顶位移 $\Delta = x_1$;若桩顶上有截面不同于桩身的墩(台)柱,如图 3-3-9 所示,则可按下式计算墩(台)顶的水平位移:

$$\Delta = x_1 - \varphi_1 l_1 + \Delta_0 \tag{3-3-14}$$

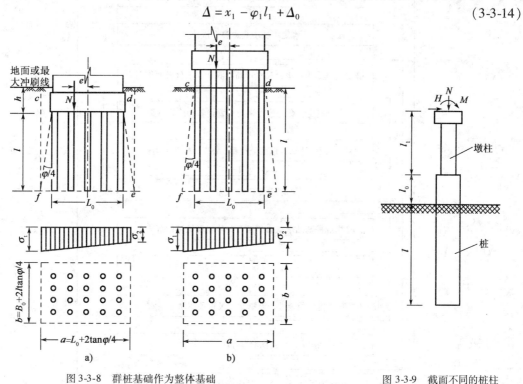

图 3-3-8 群桩基础作为整体基础　　　　图 3-3-9 截面不同的桩柱

式中:x_1、φ_1——桩顶的水平位移和截面转角,按式(3-3-12)计算;

　　　　l_1——墩(台)顶到桩顶的高度;

　　　　Δ_0——墩柱部分由弹性挠曲所引起的墩顶水平位移,一般按桩顶处为固定端的悬臂梁计算。

针对图 3-3-9 受力情况,根据材料力学计算挠度的公式,Δ_0 可为:

$$\Delta_0 = \frac{Hl_1^3}{3E_1I_1} + \frac{Ml_1^2}{2E_1I_1} \tag{3-3-15}$$

式中:E_1、I_1——墩柱的弹性模量和截面惯性矩。

在荷载作用下,墩台顶水平位移 Δ 不应超过规定的容许值$[\Delta]$,即:$\Delta \leq [\Delta] = 0.5\sqrt{L}$(cm),其中,$L$ 为桥孔跨径,以 m 计。

五、桩基础设计计算步骤与程序

综合上述,桩基础设计是一个系统工程,包含着方案设计与施工图设计。为取得良好的技术与经济效果,有时(特别是大桥或特大桥)应作几种方案比较或对已拟订方案进行修正,使施工图设计成为方案设计实施的保证。为阐明桩基础设计与计算的过程,现以图 3-3-10来说明。

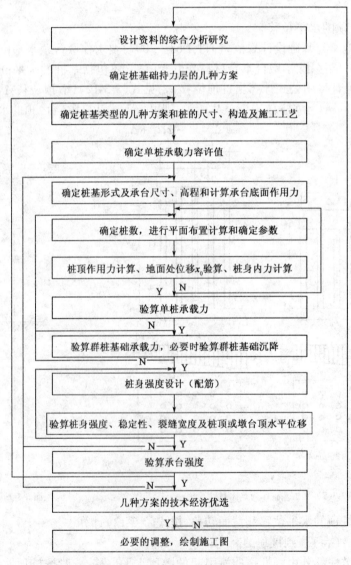

图 3-3-10 桩基础设计计算步骤与程序示意框图

【案例 3-3-1】 某桥台采用钻孔灌注桩基础,设计桩径 1.20m,采用冲抓锥成孔,桩穿过土层情况如图 3-3-11 所示,桩长 $L=20\text{m}$,桩身材料重度 25kN/m^3,试按土的阻力求单桩轴向承载力。

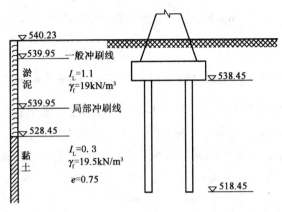

图 3-3-11　土层情况

解:由式(3-3-1a)、式(3-3-1b)可知:

$$[R_a] = \frac{1}{2}u\sum_{i=1}^{n}q_{ik}l_i + A_p q_r$$

$$q_r = m_0\lambda\{[f_{a0}] + k_2\gamma_2(h-3)\}$$

桩身周长　　　　　　　　$U = \pi \times 1.2 = 3.77\text{m}$

桩的截面面积　　　　　　$A = \dfrac{\pi \times 1.2^2}{4} = 1.13(\text{m}^2)$

桩穿过各土层厚: $l_1=10\text{m}, l_2=10\text{m}$。桩侧土的摩阻力标准值查表 3-3-2,淤泥 $I_L=1.1>1$,处于流塑状态,取 $q_{1k}=28\text{kPa}$;黏土 $I_L=0.3$,属于硬塑状态,取 $q_{2k}=68\text{kPa}$。桩端处黏土的承载力容许值 $[f_{a0}]$ 按 $I_L=0.3, e=0.75$ 的黏土可查表 3-2-6 得 $[f_{a0}]=305\text{kPa}, k_2=2.5$。桩尖埋置深度应从一般冲刷线算起,桩尖埋深为 21.5m。清底系数按一般要求取 $t/d=0.3$,查表 3-3-4 得 $m_0=0.7$,假设 $l/d=4\sim20$,λ 值由桩端土不透水性,查表 3-3-3,得 $\lambda=0.65$,则:

$$\begin{aligned}[R_a] &= \frac{1}{2}u\sum_{i=1}^{n}q_{ik}l_i + A_p q_r\\
&= 0.5\times3.77\times(10\times28+10\times68)+0.7\times0.65\times1.13\times\\
&\quad\left[305+2.5\times\frac{11.5\times19+10\times19.5}{11.5+10}\times(21.5-3)\right]\\
&= 2\,423.76(\text{kN})\end{aligned}$$

【案例 3-3-2】 上一案例中,若桩长未知,已知单根桩桩顶所受的最大竖向力为 $p=2\,619.36\text{kN}$,桩身重度按 25kN/m^3 计,其他条件相同,试按土的阻力求桩长。

解:由式(3-3-1a)反算桩长,该桩埋入最大冲刷线以下深度为 l,一般冲刷线以下深度为 h,则:

$$N = [R_a] = \frac{1}{2}u\sum_{i=1}^{n}q_{ik}l_i + A_p m_0\lambda\{[f_{a0}]+k_2\gamma_2(h-3)\}$$

式中:N——一根桩受到的全部竖直荷载,kN;

其余符号意义同前。

最大冲刷线以下桩重按桩身自重与置换土重的差值作为荷载考虑。

桩身周长 $U = \pi \times 1.2 = 3.77(\text{m})$

桩的截面面积 $A = \dfrac{\pi \times 1.2^2}{4} = 1.13(\text{m}^2)$

桩每延米自重 $q = \dfrac{\pi \times 1.2^2}{4} \times 25 = 28.26(\text{kN})$

置换土重

$$\sigma = \dfrac{\pi \times 1.2^2}{4} \times (533.95 - 528.45) \times 19 + \dfrac{\pi \times 1.2^2}{4} \times 19.5 \times l = 118.13 + 22.04l$$

桩侧土的摩阻力标准值查表3-3-2,淤泥 $I_L = 1.1 > 1$,处于流塑状态,取 $q_{1k} = 28\text{kPa}$,黏土 $I_L = 0.3$,属于硬塑状态,取 $q_{2k} = 68\text{kPa}$。桩端处黏土的承载力容许值 $[f_{a0}]$ 按 $I_L = 0.3$,$e = 0.75$ 的黏土可查表3-2-6得 $[f_{a0}] = 305\text{kPa}$,$k_2 = 2.5$。桩尖埋置深度 h 应从一般冲刷线算起。清底系数按一般要求取 $t/d = 0.3$,查表3-3-4得 $m_0 = 0.7$,λ 值由 $l/d = 16.7$,桩端土不透水性,查表3-3-3 得 $\lambda = 0.65$,则:

$$p + l_0 q + lq - \sigma = \dfrac{1}{2} u \sum_{i=1}^{n} q_{ik} l_{i_i} + \lambda m_0 A \{[f_{a0}] + k_2 \gamma_2 (h-3)\}$$

式中:l_0——局部冲刷线以上桩的长度,m。

故上式即为:

$$2\,619.36 + 28.26 \times 4.5 + 28.26l - 118.13 - 22.04l$$
$$= \dfrac{1}{2} \times 3.77 \times [10 \times 28 + (l - 5.5) \times 68] + 0.65 \times 0.7 \times 1.13 \times$$
$$\left[305 + 2.5 \times \dfrac{11.5 \times 19 + (l - 5.5) \times 19.5}{11.5 + 1 - 5.5}(3.0 + l)\right]$$

解得取 $l = 15.67\text{m}$,取 16m,故桩长 $L = 20.5\text{m}$,与假设相近;否则,重新进行桩长计算。

学习效果自测题

每位学生根据本学习情境的学习目标、教师要求,选择完成下述自测题目,并根据学生自评表的要求,完成自我检验。

一、填空题

1.计算流量所依据的河流横断面,称为(　　　　)断面。

2.桥梁墩台冲刷,包括自然演变冲刷、(　　　　)和(　　　　)三部分。

3.《标准》规定的桥涵设计洪水频率,高速公路的特大桥和大桥分别为(　　　　)和(　　　　)。

4.刚性扩大基础底面的应力分布与合力偏心距有关,当(　　　　)时,说明基底一侧出现了拉应力。

5.当上部结构为超静定结构时,基础底面埋置深度应在最大冻结线以下不小于(　　　　)m。

6.当桩基为端承桩或在桩端平面内桩的间距大于桩径(或边长)的(　　　　)倍时,桩基的总沉降可取单桩的总沉降。

7.地基系数是反映地基(　　　　)性质的指标。

二、判断题

1. 一般冲刷是由于桥墩阻挡水流结构发生急剧变化,围着桥墩发生绕流,在桥墩附近床面形成螺旋形漩涡体系,桥墩周围发生剧烈冲刷,形成桥墩周围局部冲刷坑的现象。（   ）
2. 桥位计算断面上通过设计流量时相应的水位,称为设计洪水位。（   ）
3. 在钻(挖)孔灌注桩单桩承载力计算公式 $[R_a] = \frac{1}{2}u\sum_{i=1}^{n}q_{ik}l_i + A_p q_r$ 中,对高桩承台,l_i 为一般冲刷线以下桩所穿过的各土层的厚度。（   ）
4. 低桩承台基础的基桩应全部埋入土中(桩的自由长度为零)。（   ）
5. 沉井刃脚的作用是在沉井自重作用下易于切土下沉,同时有支承沉井的作用。（   ）

三、简答题

1. 何谓设计流量？计算方法有哪几种？
2. 简述桥下最大(最低)冲刷线的概念。
3. 确定基础埋置深度应考虑哪些因素？基础埋置深度对地基承载力、沉降有什么影响？
4. 刚性扩大基础为什么要验算基底合力偏心距？
5. 何谓桩的负摩阻力？它是如何产生的？
6. 简述桩基础设计计算步骤。

学习情境四 桥梁下部施工测量

工作任务一 桥位复测

✎ 学习目标
1. 熟知桥位复测内容与方法；
2. 能根据施工图纸资料找寻桥位控制点。

✎ 任务描述
教师根据全班组数在校内准备模拟桥位及桥梁施工图，学生分组（视班级总人数可分5~6人/组），每组推选一名组长负责任务的组织与实施，最终每组学生完成桥位复测工作。各组在接到任务后，认真学习公路桥涵有关设计标准及规范的相关内容，结合教师讲课并视需要收集其他相关信息，每组各成员协作完成桥位各控制点的恢复任务。

✎ 学习引导
本工作任务沿着以下脉络进行学习：

任务布置(桥位复测) → 课堂教学 → 课后思考与总结 → 完成任务(桥位各控制点的恢复) →
各组成果检查 → 分组讨论 → 上交成果 → 学生自测与自评 →
小组各组员相互检查成果,组长对组员进行考核 → 教师考核

一、桥位复测内容

一般中小桥在施工前，根据道路的导线点增设施工控制点组成施工控制网，构成简单的三角网或闭合导线，测设精度要达到工程施工测量的精度要求。

重要、复杂的大桥、特大桥从设计到施工的时间一般较长，在正式施工开始时，施工单位首先要在设计图纸上找寻控制桥位的里程桩号及有关控制点的位置，然后应对全桥控制网进行实地全面复测、检查，为满足施工需要进行必要的施工控制点加密。复测平面控制网应包括基线复测、角度复测、成果复算、对比。复测时应尽量保持原测网图形。复测精度一般依原测要求进行。

高程控制网的复测一般依原测等级进行。过河水准、两岸水准网或水准路线可作为一部分复测，平差后再连成一体。

平面和高程控制网复测成果与原测成果相差较大时，应分析原因，及时报告业主和设计单位，要求确认，以便后续施工。

在复测时要检查控制点的稳定情况，做好记录。如有怀疑，在成果计算时不能作为起算点，以免成果失真。

二、桥涵施工准备阶段的测量内容与要求

1.桥梁施工准备阶段的测量内容及要求

一般情况下,桥梁在施工准备阶段的测量内容如下:

(1)对设计单位所交付的有关桥涵的中线桩、三角网基点桩、水准基点桩等及其测量资料进行检查、核对,若发现桩志不足、不稳妥、被移动过或测量精度不符合要求时,应按《公路桥涵施工技术规范》(JTG/T F50—2011)规定,补测加固、移设或重新测校。

(2)施工需要的桥涵中线桩。

(3)补充施工需要的水准点。

(4)测定墩、台纵向和横向及基础桩的位置,并与施工设计图比较,判断位置是否准确。

(5)锥坡、翼墙的位置,并与施工设计图比较,判断位置是否准确。

以上内容如与图纸有出入,应与设计部门联系予以更正。

2.桥涵施工准备阶段的测量要求

(1)当有良好的丈量条件时,采用直接丈量法进行墩台施工定位。

(2)大中桥的水中墩台和基础位置,宜用校验过的电磁波测距仪测量。

(3)曲线上的桥梁施工测量,应按照设计文件参照公路曲线测定方法处理。

(4)如图纸上墩台的位置以坐标形式表示,则应采用全站仪或 GPS 进行施工定位。

(5)对于各种高程测量应根据测量精度要求选择相应精度的测量仪器。

工作任务二 桥梁施工测量控制网点的布设

学习目标

1.会进行桥梁施工平面控制网的布设;

2.能根据施工图纸资料找寻桥位控制点。

任务描述

教师根据全班组数在校内准备模拟桥位及桥梁施工图,学生分组(视班级总人数可分5~6人/组),每组推选一名组长负责任务的组织与实施,最终每组学生完成桥梁施工测量控制网点的布设。各组在接到任务后,认真学习公路桥涵有关设计标准及规范的相关内容,结合教师讲课并视需要收集其他相关信息,每组各成员协作完成桥梁施工测量控制网点的布设任务。

学习引导

本工作任务沿着以下脉络进行学习:

任务布置(桥梁施工测量控制网点的布设) → 课堂教学 → 课后思考与总结 →
完成任务(桥位各控制点的恢复) → 各组成果检查 → 分组讨论 → 上交成果 →
学生自测与自评 → 小组各组员相互检查成果,组长对组员进行考核 → 教师考核

一、相 关 知 识

桥位施工测量的主要任务是精确测定墩台中心位置、桥轴线测量以及对构造物各细部构造的定位和放样。对大型桥梁来说,首先必须建立平面控制网、高程系统及测量桥位中线(桥

轴线)的长度,以确保桥梁走向、跨距、高程等符合规范和设计要求。

中线测量包括:对桥梁两端头设置控制桩的复测,丈量桥轴线长度,补充水准点测量等。补充水准点要对控制桥梁结构的高程、有效地建立施工水准网提供方便。

为使测量工作顺利进行,测量人员必须重视测量工作,有熟练的操作技能、良好的协作精神及严格遵守测量规范的习惯。测量前必须做好必要的技术和组织准备工作,要熟悉设计文件、图纸和有关测设资料,要与监理单位办理好现场固定桩的交接工作,还应做好测量人员的分工、仪器的校验、施工步骤的制订等准备工作。

二、平面控制测量

1. 施工平面控制网的建立

桥位勘测阶段所建立的平面控制网,在精度方面能满足桥梁定线放样要求时,应予以复测利用,放样点位不足时,可予以补充。如原平面控制网精度不能满足施工定线放样要求,或原平面控制网基点桩已移动或丢失,必须建立施工平面控制网。施工平面控制网的布设,应根据总平面设计和施工地区的地形条件来确定,并应作为整个工程施工设计的一部分。布网时,必须考虑到施工的程序、方法以及施工场地的布置情况,可利用桥址地形图,拟订布网方案。

桥梁施工平面控制网,除了用以精密测定桥梁长度外,还要用它来放样各个桥墩的位置,保证上部结构与下部结构的正确连接,十分重要。为防止控制点的标桩被破坏,所布设的点位应画在施工设计的总平面图上,并教育工地上的所有人员注意保护。施工过程中,应对控制网(点)进行不定期的检测和定期复测,定期复测周期不应超过 6 个月,当发现控制点的稳定性有问题时,应立即进行局部或全部复测。

桥梁施工平面控制网的测量方法宜采用国家坐标系用全站仪或 GPS 测量,对于大桥、特大桥以及特殊结构桥梁的平面控制测量坐标系,其投影长度变形值不应大于 10mm/km,投影分带位置不得选在桥址处。当采用独立坐标系、抵偿坐标系时,应确认与国家坐标系的转换关系。

在布设平面控制点时,四等及以上平面控制网中相邻点之间的距离不得小于 500m;一级平面控制网中相邻点之间的距离在平原、微丘区不得小于 200m,重丘、山岭区不得小于 100m;最大距离不应大于平均边长的 2 倍。特大桥及特殊结构桥梁的每一端应至少埋设 2 个平面控制点,且其控制点不可设置在可能被河水淹没、存储材料区、地下水位升降易使之移位处、车辆来往频繁及地势过低须建高塔架方能通视处。

2. 控制网的技术要求

(1)桥梁平面控制测量等级应根据表 4-2-1 确定。

桥梁平面控制测量等级　　　　　表 4-2-1

多跨桥梁总长 L(m)	单跨桥梁跨径 L_K(m)	其他构造物	测量等级
$L \geqslant 3\,000$	$L_K \geqslant 500$	—	二等
$2\,000 \leqslant L < 3\,000$	$300 \leqslant L_K < 500$	—	三等
$1\,000 \leqslant L < 2\,000$	$150 \leqslant L_K < 300$	高架桥	四等
$L < 1\,000$	$L_K < 150$	—	一级

(2)桥梁工程施工各等级平面控制测量精度要求:其最弱点点位中误差为±50mm,最弱相邻点间相对点位中误差为±30mm,最弱相邻点边长中误差不得大于表4-2-2的规定。

平面控制测量精度要求　　　　　　　　　表4-2-2

测量等级	最弱相邻点边长相对中误差	三角测量等级	最弱相邻点边长相对中误差
二等	1/100 000	四等	1/35 000
三等	1/70 000	一级	1/20 000

(3)不管采用何种方式测量,桥梁轴线相对中误差应符合表4-2-3的规定。

桥梁轴线相对中误差　　　　　　　　　表4-2-3

测量等级	桥轴线相对中误差	测量等级	桥轴线相对中误差
二等	≤1/150 000	四等	≤1/60 000
三等	≤1/10 000	一级	≤1/40 000

三、高程控制测量

在桥梁施工阶段,除了建立平面控制外,尚需建立高程控制。桥梁高程控制网就是在桥址附近设立一系列基本水准点和施工水准点,作为施工阶段高程放样以及桥梁营运阶段沉降观测的依据。因此,在布设水准点时,点的密度及高程控制的精度,均应考虑这两方面的要求。布设水准点可由国家水准点引入,经复测后使用。桥梁高程控制网所采用的高程基准应与公路路线的高程基准相一致,一般应采用国家高程基准。

基本水准点是桥梁高程的基本控制点。为了获取可靠的高程起算数据,江河两岸的基本水准点应与桥址附近的国家高级水准点进行联测。通过跨河水准测量,将两岸高程联系起来,以此可检校两岸国家水准点有无变动,并从中选取稳固可靠、精度较高的国家水准点作为桥梁高程控制网的高程起算点。

基本水准点在桥梁施工期间用于墩、台的高程放样,在桥梁建成后作为检测桥梁墩、台沉陷变形的依据,因此需永久保留。基本水准点应选在地质条件好、地基稳定、使用方便、在施工中不易被破坏的地方。一般在正桥两岸桥头附近都应设置基本水准点,每岸至少应设置一个。如果引桥长于1km时,还应在引桥起、终点及其他合适位置设立。由于桥梁各墩、台在施工中一般是由两岸较为靠近的水准点引测高程,为了确保两岸水准点高程的相对精度,应进行精密跨河水准测量。

为了满足桥梁墩、台施工高程放样的要求,应在基点的基础上设立若干施工水准点。基本水准点是永久性的,它既要满足施工要求,又要满足变形观测时永久使用要求。施工水准点只用于施工阶段,要尽量靠近施工地点,测量等级可略低于基本水准点。

无论是基点还是施工水准点,均要选在地基稳固、使用方便,且不易被破坏的地方。根据地形条件、使用期限和精度要求,埋设不同类型的标识。如果地面覆盖层较浅,可埋设普通混凝土、钢管标识,或直接设置在岩石上标识;当地面覆盖层较厚且覆盖物较疏松时,则应埋设深层标识,如管柱标识、钻孔桩标识以及基岩标识等。无论采用何种类型的标识,均应在标识上嵌入不锈蚀的铜质或不锈钢凸形标志。标识埋设后不能立即用于水准测量,应有10~15d以上的稳定期,之后才能进行观测。

对于中小桥和涵洞工程,由于工期短,桥型简单,精度要求低于大桥,可以在桥位附近的建筑物上设立水准点,或者采用埋设大木桩作为施工辅助水准点,也可利用路线水准点,但必须加强复核,确保精度符合要求。

所有水准点,包括基本水准点和施工水准点,都应定期进行测量,检验其稳定性,以保证桥梁墩、台及其他施工高程放样测量的精度。在水准点标识埋设初期,检测的时间间隔宜短些,随着标识逐渐稳定,时间间隔可适当放长。

1. 高程控制测量的技术要求

(1)桥梁的高程控制网需要以较高的精度施测,因为它直接影响桥梁各部高程放样的相对精度。《公路桥涵施工技术规范》(JTG/T F50—2011)规定桥位水准点的高程测量应与路线控制高程联测;用于跨越水域或深谷的大桥、特大桥的高程控制网最弱点高程中误差为 ±10mm;高程控制网每千米观测高差中误差和附和(环线)水准路线长度应小于表 4-2-4 的规定。

高程控制测量的技术要求 表 4-2-4

测 量 等 级	每公里高差中数中误差(mm)		附合或环线水准路线长度(km)
	偶然中误差 M_Δ	全中误差 M_W	
二等	±1	±2	100
三等	±3	±6	10
四等	±5	±10	4

注:控制网节点间的长度不应大于表中长度的 0.7 倍。

桥梁工程的高程控制测量等级按表 4-2-5 的规定采用。

高程控制测量等级 表 4-2-5

多跨桥梁总长 L(m)	单跨桥梁 L_K(m)	其他构造物	测 量 等 级
$L \geqslant 3\,000$	$L_K \geqslant 500$	—	二等
$1\,000 \leqslant L < 3\,000$	$150 \leqslant L_K < 500$	—	三等
$L < 1\,000$	$L_K < 150$	高架桥	四等

施工水准网中的各水准点,对于大桥和特大桥应构成连续水准环。大桥和特大桥每端设置不少于 2 个水准点,作为水准网的控制点。

桥梁工程的施工测量除应符合《公路桥涵施工技术规范》(JTG/T F50—2011)规定外,尚应符合行业标准《公路勘测规范》(JTG C10—2007)的规定。

(2)水准测量的高差偶然中误差 M_Δ 按下式计算:

$$M_\Delta = \sqrt{\left(\frac{1}{4n}\right)\left(\frac{\Delta\Delta}{L}\right)} \tag{4-2-1}$$

式中:M_Δ——高差偶然中误差,mm;
Δ——水准路线测段往返高差不符值,mm;
L——水准路线长度,km;
n——往返测的水准路线测段数。

(3)水准测量的高差全中误差 M_W 按下式计算:

$$M_W = \sqrt{\left(\frac{1}{N}\right)\left(\frac{WW}{L}\right)} \tag{4-2-2}$$

式中：M_W——高差全中误差，mm；

W——闭合差，mm；

L——计算各闭合差时相应的路线长度，km；

N——附合路线或闭合路线环的个数。

当二、三等水准测量与国家水准点附合时，应进行正常水准面不平行修正。

2. 跨河水准测量

跨河水准测量在桥梁高程控制测量中极为重要，应采用精密的方法测定。对于特大桥，可采用 GPS 方法进行施测；当跨河视线短于 500m 时，则可采用光学测微法。跨河视线短于 300m 的三、四等水准测量，也可采用水准仪直读法。

跨河水准测量路线，应选在桥址附近且河面最窄处。为了避免折光影响，水准视线不宜跨过沙滩及施工区密集的地方。观测时间及气候条件，应选在物镜成像最稳定的时刻。此外，根据跨河视线长度的不同，可采用单线过河或双线过河。当跨河视线短于 300m 时采用单线过河，超过 300m 时必须双线过河，并在两岸用等精度联测，形成跨河水准闭合环。

1）选择跨河地点的原则

选择跨河地点一般应遵循如下原则：

(1) 应尽可能选在桥址附近河面狭窄的地方，河中有洲渚应予利用，并使跨河视线最短。

(2) 视线尽可能避开草丛、干丘、沙滩、芦苇的上方，以减弱大气折光的影响。

(3) 河两岸仪器的水平视线，距水面的高度应接近相等。当跨河视线长度在 300m 以下时，视线距水面的高度应不小于 2m；视线长度在 300m 以上时，视线距水面的高度应不小于 3m。若视线高度不能满足上述要求时，须埋设高木桩并建造牢固的观测台。

(4) 两岸仪器至水边的一段河岸，其距离应相等，地形、土质也应相似。同时，仪器位置应选在开阔、通风的地方，不能选在墙壁、石堆、山坡跟前。

(5) 置镜点如设在较松软的土质上时，应设立稳固的支架，防止下沉，一般可打三个大木桩以支承脚架，必要时可用长木桩并建站台以提高视线。置尺点应设置木桩，木桩顶面直径应大于 10cm，长度一般应不小于 50cm。打入地下后，要求桩顶高于地面约 10cm 以上，并钉上圆帽钉。

2）跨河水准测量的布设形式

由于跨河水准的前视、后视的视线长度不能相等且相差很大，同时跨河视线又很长（数百米至几公里），因此仪器 i 角误差及地球曲率和大气折光误差对高差的影响将很大。为消除或减弱上述误差的影响，跨河水准测量应将仪器与水准尺在两岸的安置点位布设成平行四边形、等腰梯形或 Z 字形，如图 4-2-1 所示。

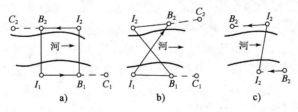

图 4-2-1 跨河水准测量布设形式

当用两台仪器同时观测时,可采用图 4-2-1a)或 b)所示的形式。图中,I_1、I_2 分别为两岸的测站点,安置仪器;B_1、B_2 分别为两岸的立尺点,竖立水准尺。跨河视线,I_1B_2 与 I_2B_1 的长度应力求相等;岸上视线,I_1B_1 与 I_2B_2 的长度不得短于 10m,且应彼此相等。

当用一台仪器观测时,宜采用图 4-2-1c)所示的形式。图中岸上视线,I_1B_1 与 I_2B_2 的长度应相等,并不得短于 10m。此时除 B_1、B_2 要立尺外,测站点 I_1、I_2 在观测中也要作为立尺点立尺。在 I_1、I_2 分别观测 B_1、I_2 两点高差,B_2、I_1 两点高差,在两岸以一般水准测量方法分别测出 B_2、I_2 两点高差,B_1、I_1 两点高差,即可求得两立尺点 B_1、B_2 间的高差。

立尺点应设置木桩,木桩顶面直径应大于 10cm,长度一般应不小于 50cm,打入地下后,桩顶应高出地面 10cm,并在其上钉圆帽钉。

为了传递高程和检核立尺点的高程是否发生变化,应在距跨河地点不远于 300m 的水准路线上埋设水准标识。

3)跨河水准测量注意事项

(1)跨河水准测量最好选在风力微弱、气温变化小的阴天进行。风力在四级以上或风由一岸吹向另一岸时,均不宜观测。

(2)如果是晴天,观测时间上午为日出后 1h 至上午 9:30 左右,下午为 15:00 至日落前 1h。可根据地区季节情况适当调整。阴天时,只要成像清晰稳定,即可观测。

(3)观测前应提前将仪器从箱中取出,以适应外界气温。观测时要用白色测伞遮阳。

(4)水准尺要用支架撑稳,观测过程中,圆水准气泡应严格居中,使尺处于铅垂位置。

(5)仪器在调换河岸时,不得碰动对光螺旋和目镜,以保证两次观测其对岸尺时望远镜视准轴不变。

(6)仪器调岸的同时,水准尺也应调岸,但当一对尺子的零点差之差不大时,则可只在全部测回进行一半时调换一次。

(7)跨河水准测量的全部测回,应平均安排在上午和下午进行。

(8)跨河水准测量前,立尺点应与水准路线上埋设的水准标识进行联测。在跨河水准测量进行过程中,应对其进行检测,以检查立尺点高程有无变动。

4)跨河水准测量的方法

跨河水准测量的方法有水准仪倾斜螺旋法、经纬仪倾角法、光学测微法、水准仪直读法、冰上水准测量法、静水面传递高程跨河水准测量法、激光水准仪法等几种。其中,水准仪倾斜螺旋法和经纬仪倾角法适用于任何跨河视线长度的跨河水准测量;光学测微法适用于跨河视线长度短于 500m 的跨河水准测量;水准仪直读法适用于三、四等水准路线跨越宽度在 300m 的跨河水准测量且能直接在水准尺上读数;冰上水准测量法适用于冰冻地区的河流在严寒季节进行的跨河水准测量。

(1)水准仪直读法。

水准仪直读法在进行跨河水准测量时,跨河地点一般布设成 Z 字形,如图 4-2-1c)所示。施测时,先以一般水准测量方法分别测出 B_1、I_1 两点高差,再将水准仪置于 I_1 点上,使水准管气泡居中,照准本岸 B_1 点近尺按中丝读取黑、红面读数各一次。然后照准对岸 I_2 点远尺,按中丝读取黑、红面读数各两次。以上为上半测回。上半测回结束后,应立即将仪器迁至对岸,在 I_2 点上安置,并将 B_1 点和 I_2 点的水准尺分别移至 B_2 点和 I_1 点上,按上半测回观测的相反次序,即先对岸远尺后本岸近尺进行操作,最后再以一般水准测量方法测出 I_2、B_2 两点高差,此为下半测回。

以上操作组成一个测回。一般需观测两测回。通过计算即可求得两立尺点 B_1、B_2 间的高差。在有两台仪器作业的情况下，可按图 4-2-1a)、b) 所示布设，两台仪器从两岸同时各观测一个测回。两测回间高差不符值，三等水准测量应不超过 8mm，四等水准测量应不超过 16mm。

如果观测对岸远尺进行直接读数有困难，为提高读数精度，亦可在远尺上安装觇板，由操作水准仪者指挥将觇板沿尺上、下移动，使觇板指标线位于仪器水平视线上，然后按指标线在尺上读取读数。

(2) 水准仪倾斜螺旋法。

本法适用于各种过河视线长度测定。在观测前应检查所用水准仪的 i 角（水准轴与视准轴不平行所产生的夹角），若 i 大于 6″ 时，应校正至 6″ 以下，并应检查倾斜螺旋使用的正确性和测定格值。若采用两台仪器对向观测时，还应尽量使两台仪器 i 角同符号；如正负号不同时，则其绝对值之和应小于 6″。

若倾斜螺旋分划鼓各分划间隔相应的倾斜角相差较大，以致影响对岸远标尺读数达 1mm 以上者，则应求出各分划线的误差并改正之。

i 角的检验及分划鼓格值的测定见国家水准测量规范及实施细则之以有关规定。

采用本法时，若视线长度超过 500m 时，需用两台仪器从两岸同时对向观测，由两台仪器同时所测的各一测回组成一个双测观测，观测时水准尺上附有觇板，其观测步骤如下。

第一步：观测本岸之远、近标尺：先置标尺于远桩之 C_1，见图 4-2-1a)，后置标尺于近标尺点，即图 4-2-1 a) 之 B_1，按光学测微法接连照准基本分划两次并读数。

第二步：观测对岸标尺点 B_2，见图 4-2-1 a)，转动测微器，使平行玻璃板居于垂直位置，然后转动倾斜螺旋，自觇板上最低标志线起，从下至上用望远镜楔形平分丝依次照准标尺觇板上的 1、2、3、4 四条标志线（图 4-2-2），然后再从上至下反向照准。在照准标志线 1、2 和 3、4 之间应旋进倾斜螺旋使气泡准确符合两次，待气泡稳定后才进行分划鼓读数。每次读取倾斜螺旋分划鼓的读数共得 6 个数值，为往测；返测时则以楔形平分丝依次平分 4、3、2、1 四条标志线，也得 6 个读数。以上操作组成一组观测，以后各组观测按同法进行。

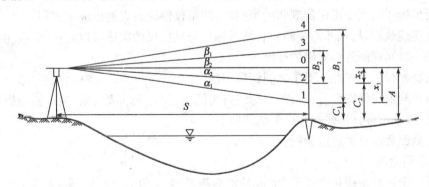

图 4-2-2　倾斜螺旋法观测示意

每组观测中照准同一标志线往返测的分划鼓或符合水准器读数之差应不大于 ±2″；往返测气泡四次重合时的分划鼓读数互差不大于 ±0.8″，超出上述限差时应立即重测全组。

以上两步操作组成一测回中的上半测回。

上半测回结束后，立即搬运仪器和标尺至对岸（注意不得碰动调焦螺钉和测微器）进行下半测回的观测。下半测回应先进行对岸远标尺的观测，然后进行本岸近标尺的观测。观测每一标尺的操作与上半测回相同。

跨河水准测量的全部测回数,应平均分配于上午与下午,一、二等水准测量最好在风力微弱及温度变化小的阴天进行,观测时须成像清晰稳定。晴天观测,一般应自日出后1h起至当地时间上午9:30,下午自当地时间15:00起至日落前1h止,但可根据地区及季节情况适当变通。先连续观测偶数测回,后一测回观测,应从前一测回结束的河岸上开始。

在跨河水准测量前或其他适当时间,应精密测定每岸远近桩($B_1 \sim C_1$及$B_2 \sim C_2$)间之高差ΔH,观测时应置仪器于两桩中间,并逐步变换仪器高度进行10次以上的测定。在跨河测量期间与结束后,仍应再测1~2次,以检验两木桩间之高差有无变动。

(3)经纬仪倾角法。

本法适用于各种跨河视线长度的水准测量。采用本法经纬仪视线在观测时应近于水平位置,一、二等水准测量时应采用两台J_1型经纬仪,三、四、五等水准测量可采用J_2型经纬仪。

观测前必须测定所使用的经纬仪垂直度盘光学测微器行差及指标差[测定方法见《国家三角测量规范》(GB/T 17942—2000)],并选择指标差较为稳定而无突变的经纬仪进行测量,其观测步骤如下。

第一步:观测本岸近标尺。于盘左位置(垂直度盘在望远镜之左,即正镜位置;盘右类推)用中丝依次照准水准标尺与水平视线最近分划线的下边缘、上边缘各2次,纵转望远镜于盘右位置照准上边缘、下边缘各2次,每次照准后使垂直度盘指示气泡精密符合,并用光学测微器进行垂直度盘读数,盘左或盘右同一边缘2次照准的读数差不应大于±3″。以上操作组成一组,观测近标尺只测一组。

第二步:观测对岸远标尺。取盘左位置用望远镜中丝依次照准觇板上、下标志线各4次,每次使垂直度盘指标气泡严格符合后用光学测微器进行垂直度盘读数,同一标志4次照准读数差应不大于±3″;纵转望远镜于盘右位置,按相反次序照准下、上标志线并如前读数。以上操作组成一组观测,根据盘左、盘右观测结果计算标志线与水平视线的夹角,各组所测夹角的互差应不大于±4″。

上述两步操作组成一岸仪器观测的半测回,两岸仪器同时观测组成一测回。

各测回连续观测时,相邻两个测回观测近标尺与远标尺的次序可以互换,但应注意须使两台仪器在同一时间观测各自对岸的标尺。

两台仪器和标尺可仅在上下午之间调岸一次。

每测回观测前应仔细察看觇板的指标线有否滑动,并在取动觇板前,精确测定指标线在标尺上的读数,以求出各标志线在标尺上的读数。

观测的测回数按有关规定进行。

(4)光学测微法。

本法适用于跨河视线长度短于500m的水准测量,对i角的要求同倾斜螺旋法,其观测步骤如下。

第一步:观测本岸近标尺。按光学测微法接连照准基本分划线两次并读数。

第二步:观测对岸远标尺。旋进倾斜螺旋,使气泡精密符合;转动测微器,使测微器的平行玻璃板居于垂直位置;按约定信号指挥对岸的觇板标志线移至望远镜楔形平分丝中央,并通知对岸将觇板指标线精确对准标尺上最邻近的基本分划线;记下觇板指标线在标尺上的读数,报告置镜的一岸。

旋转测微器按光学测微法连续照准觇板标志线并读取测微器读数 5 次,如此构成一组观测。第二组观测前,将觇板作较大的移动后,重新对准标尺分划线,然后按相同顺序及方法测定第二组,每组内各次远尺的水平丝读数互差不得超过 $0.01S$(mm)。S 为跨河视线长度,以米(m)为单位。

以上两步操作组成一测回的上半测回。

上半测回结束后,立即搬运仪器和标尺至对岸进行下半测回的观测。下半测回先观测对岸远标尺,而后观测本岸近标尺,观测每一标尺的操作与上半测回同。

(5)冰上水准测量法。

跨越位于冰冻地区的河流、沼泽、水草地等,可以利用严寒季节在冰上进行水准测量。进行冰上水准测量时,应在封冻前预先在两岸选定跨河地点和埋设水准标石,并与路线上的水准点进行联测。

冰上测量应在冰层有足够的厚度时进行,观测进行中须特别注意安全。

观测开始前,应选定安置仪器及标尺的地点,扫除冰上积雪,在安置标尺处的冰上凿一小坑,于其中插入一长约 30cm,直径约 10cm 的木桩(顶端钉一圆帽钉),然后浇水使其冻结。在安置仪器的每一支架脚下,同样冻入木桩以支撑仪器脚架。

冰上水准测量的观测方法和各项限差均与相应的各等水准测量的规定相同。

四、桥梁中线测量

桥位中线(桥轴线)及其长度是用来作为设计与测设墩台位置的依据,所以测量桥位中线的目的,是控制中线的长度和方向,从而确保墩台位置的正确。因此保证桥轴线测量的必要精度是十分重要的。

桥涵中线一般用 4 个(中小桥梁可只用 2 个,涵洞可用转角点桩代替)分设于两岸埋设牢固的桩标固定起来,如图 4-2-3 所示。选择其中位于地势较高河岸的一个桩标作为全部施工期内架设经纬仪核对墩台位置的依据。如果地势较低不能在整个施工期内从此桩标上用仪器看到施工中墩台的顶面时,可以在此桩标上搭设坚固的塔架,并将标点位置引上塔架。

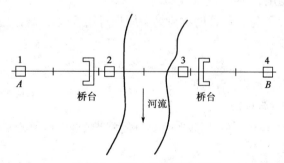

图 4-2-3 桥梁中线桩平面布置图

小桥和涵洞中线位置的桩间距离及墩间距离可用钢尺直接丈量。

大中桥中线位置桩间距离的检查校核,以及墩台位置的放样,当有良好的丈量条件(例如:桥梁位于旱地、桥侧建有便桥、桥梁的浅滩部分或冬季河流封冻等)时,均应直接丈量。

当沿桥梁中线直接丈量有困难(例如:河面宽阔、常年有水、冬季不封冻等)或不能保证必要的精度时,各位置桩间与各墩台间的距离可用光电测距法(目前使用电子全站仪测量更为方便)、三角网法等测量。

对于直线桥梁可以直接采用此三种方法中的任一种方法进行测量;对于曲线桥梁,应结合曲线桥梁的轴线在曲线上的位置而定。

1. 直接丈量法

沿桥轴线方向,地势平坦,旱桥或河水较浅,能够用钢尺直接丈量、可以通视时,可采取直接丈量法测量桥轴线长度。这种方法所用设备简单,精度也可靠,是一般中小桥施工测量中常用的方法。

为了保证施工期间的长度丈量精度和量距精度的一致性,在量距之前应对所用钢尺进行严格的检定,取得尺长改正数 Δ_l。

用钢尺量距的方法如下:

(1)清理中线范围内场地。

(2)如沿中线两侧的地面平坦时,可在桩标上安置经纬仪,沿桥轴线 AB 方向用经纬仪定线,钉出一系列木桩,如图 4-2-4 所示,桩的标志中心偏离直线尺寸最大不得超过 ±1cm,桩顶打至与地面齐平。为了便于丈量,桩间距应比钢尺的全长略为短一些(约2cm)。

(3)用水准仪测出相邻桩顶间的高差,为了校核应测两次,读数精确至毫米(mm),两次高差之差应不超过 2mm。

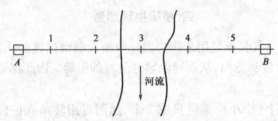

图 4-2-4 桥梁中线方向定线示意图

(4)丈量时应对钢尺施以标准拉力,每一尺段可连续测量 3 次,每次读数时均应变换钢尺的前后位置,以防差错。读数精确至 0.1mm,3 次测量结果的较差不得超过 2mm。在测量距离的同时,应记下当时的温度,以便进行温度改正。

(5)计算桥轴线长度。每一尺段的丈量结果应进行尺长改正 Δ_l,温度改正 Δ_t 以及倾斜改正 Δ_h 即:

$$l_i = l'_i + \Delta_l + \Delta_t + \Delta_h \tag{4-2-3}$$

式中:l_i——各尺段经过各项改正后的长度;

l'_i——各尺段未经过各项改正的长度;

Δ_l——尺长改正数,$\Delta_l = L_0 - L$,L_0 为检定时的标准长度,L 为名义长度,当为零尺段时,

$$\Delta_l = \frac{L_0 - L}{L} \cdot l';$$

Δ_t——温度改正数,$\Delta_t = l'_i a(t - 20℃)$,$a$ 为钢尺线膨胀系数,t 为测量时的温度;

Δ_h——倾斜改正值,$\Delta_h = -\frac{h^2}{2l'_i}$,$h$ 为相邻桩顶高差。

桥轴线一次测量的总长为:

$$L_i = l_1 + l_2 + \cdots + l_n \tag{4-2-4}$$

取各次丈量结果的平均值,即为桥轴线的长度。

(6)评定丈量的精度。

桥轴线的中误差为：
$$M = \pm\sqrt{\frac{[VV]}{n(n-1)}} \tag{4-2-5}$$

桥轴线的相对中误差为：
$$\frac{M}{L} = \frac{1}{K} \tag{4-2-6}$$

式中：L——桥轴线的平均长度；

V——桥轴线的平均长度与每次观测值之差；

n——丈量的次数。

丈量结果的相对中误差应满足估算精度的要求。

2. 光电测距法

近年来，光电测距仪和全站仪已得到广泛应用，因其精度高、速度快、计算简便，成为测定桥轴线比较好的一类仪器。

光电测距时应在气象比较稳定，大气透明度好，附近没有光电信号干扰的情况下进行，且应在不同的时间进行往返观测。观测时间的选择，应注意不要使反光镜镜面正对太阳的方向。

当照准方向时，待显示读数稳定后，测3或4次，取平均值，此平均值即为斜距。为了得到平距，还应读取垂直角，经倾斜改正后，即为单方向的水平距离观测值(如果用的是电子全站仪，可直接得到平距)。如果往返观测值之差在容许范围之内，则取往返观测值的平均值作为该边的距离观测值。

3. 三角网法

采用直接丈量法有困难，或不能保证必要的精度时，可采用间接丈量法测定桥轴线，如图4-2-5所示，即把桥轴线作为三角网的一个边长，测量基线长度AC、AD，用三角测量的原理测量并解算，即可得出桥轴线的长度AB。

布设桥梁三角网的目的是为了求出桥轴线长度及交会出墩台的位置，因此，布网时应注意以下几点：

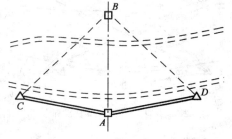

图4-2-5 桥梁中线方向定线示意图

(1)三角点之间视野应开阔，通视要良好。

(2)三角点不应位于可能被淹没及土壤松软地区。

(3)三角网图形要简单，三角点基础应具有足够的强度。

(4)桥轴线应为三角网的一条边，并与基线的一端相连，以确保桥轴线的精度。

(5)桥梁三角网的边长与跨越障碍物的宽度有关，如跨河桥梁则与河宽有关，一般在0.5～1.5倍障碍物宽度范围内变动；由于桥梁三角网边长一般较短，故三边网的精度不及三角网和边角网的精度；测角网能控制横向误差，测边网能控制纵向误差，故把两者的优点结合起来，布设成带有基线的边角网为最好。

(6)三角网基线应选在地势平坦处，纵向坡度应不大于5%，困难地区可放宽至10%。

(7)为了校核起见，应至少布设两条基线。桥长超过500m时，两岸均应设置基线。基线长度应为桥轴线长度的0.7～0.8倍。基线与桥轴线接近垂直或略小于90°，求距角不小于30°。

桥梁三角网的基本图形为大地四边形和三角形，并以控制跨越河流的正桥部分为主，应用较多的网形为双三角形、大地四边形、双大地四边形及大地四边形与三角形相结合的图形,如图 4-2-6 所示。图 4-2-6a)、b)两种网形适用于桥长较短,需要交会的水中墩、台数量不多的情况;图 4-2-6c)、d)两种网形的控制点数多,图形强度大,精度高,便于交会墩、台位置,适用于特大桥。

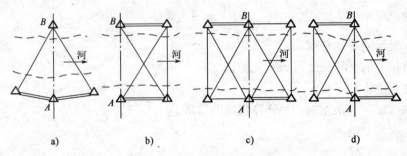

图 4-2-6　桥梁三角控制网各种图形
a)双三角形;b)单四边形;c)双四边形;d)四边形与三角形结合

4. 极坐标及直角坐标法

在使用经纬仪加测距仪(或使用全站仪),并在被测设点位上可以安置棱镜的条件下,若用坐标法放出桥墩中心位置,则更为精确和方便。

对于极坐标法,原则上可以将仪器置于任何控制点上,按计算的放样数据——角度和距离测设点位。

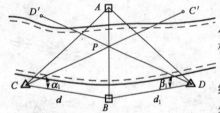

图 4-2-7　方向交会法的固定瞄准标志

对于全站仪,则还可以根据测站点、后视点及待放点的直角坐标,自动计算出待放点相对于测站点的极坐标数据,再以此测设点位。

但若是测设桥墩中心位置,最好将仪器安置于桥轴线点 A 或 B 上,见图 4-2-7,瞄准另一轴线点作为定向,然后指挥棱镜安置在该方向上测设 AP 或 BP 的距离,即可定出桥墩中心位置 P 点。

5. 曲线桥梁墩台定位

在山岭地区,路线设弯道较多,桥位要随路线而定,需要架设曲线桥。在现代化的高速公路上,为了使路线顺畅,也需要修建曲线桥,在设计时往往根据具体条件采用不同的处理方法。一是预制安装的简支梁(板)桥梁,线形虽然是曲线,但各孔的梁或板仍采用直线,将各孔的梁或板连接起来实际是折线,各墩的中心即是折线的交点;二是为了美观、协调和线形的顺畅,根据路线的需要设计成弯拱、弯板或弯梁桥,就地浇筑的弯梁(板)以及预制安装的弯梁(板)等,立交桥中的匝道多采用此种形式。

由于跨径、曲线半径、缓和曲线的不同和设置超高、加宽等因素的变化,曲线桥的布置也不尽相同。因此,在测量之前,必须详细了解设计文件及有关图表资料,并复核设计图中有关数据,然后进行现场的测量工作。

曲线桥梁墩台中心放样的方法主要有偏角法、支距法、坐标法、交会法和综合法等;对位于干旱河沟的曲线桥,一般采用偏角法、支距法和坐标法;对部分或全部位于水中不能直接丈量的曲线桥墩台,则可采用交会法和综合法进行定位。

曲线桥墩台中线的测量方法如下。

1)偏角法

位于干旱河沟的桥梁,可根据设计平面图按精密导线测设方法,用钢尺量距,经纬仪测角以偏角法来测定墩台中心位置,并根据各墩的横向中心线与梁的中心线的偏角定出墩台横向中心线并设立护桩,即对设计图纸中给定的有关参数和墩台中心距 L、外偏距 E 进行复核无误后,自桥梁一端的台后开始,按顺序逐墩台测角、量距进行定位,最后应闭合至另一台后的已知控制点上。量距的要求同前面所述。

2)坐标法

如果采用测距仪或全站仪进行定位,可以使用坐标法。首先沿桥中线附近布设一组导线,然后根据各墩台中心的理论坐标与邻近的导线点坐标差(应为同一坐标系)求出导线点与墩台中心连线的方位和距离。置镜该导线点拨角测距即可定出墩台中心,并可用偏角法进行复核。

3)交会法

凡属曲线大桥和有水不能直接丈量的桥墩、台,均应布设控制三角网,用前方交会法控制墩位。对三角网的要求、测设和计算如前所述。

4)综合法

(1)一部分为直线,一部分为曲线,曲线在岸上或浅滩上,如图 4-2-8a)所示。

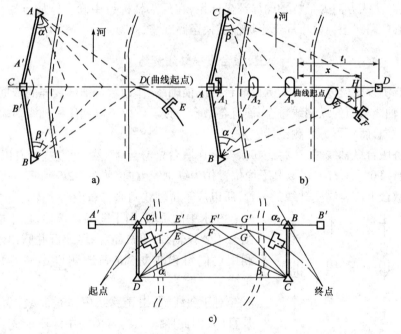

图 4-2-8 曲线桥墩台放样图

测量时由基线 A、B、C 三角点上交会河中两墩,施测的详细方法见前部分内容。对岸曲线上的桥台可自曲线起点(也即三角点 D)用精密导线直接丈量法测定,本岸桥台用直接丈量法或由辅助点 A'、B' 交会亦可。

(2)一部分为直线,一部分为曲线,曲线起点(或终点)在河中,如图 4-2-8 b)所示。

在直线延长线上设 D 点,由三角网 $BACD$ 测算 AD 长度,AD 减去 A 至曲线起点的距离得 t_1,再计算 F 台在切线上的投影 x 及支距 y,由 D 点在直线上丈量 t_1-x 得点 H,量支距 y 得 F 台。同样用支距法定出 E 墩,或置镜于 F 点用偏角法定出 E 墩。

(3)桥梁全部在曲线上,如图 4-2-8c)所示。

这时应先在室内按比例绘制全桥在曲线上的平面位置图,拟订 AB 辅助切线。AB 最好切于某一墩中心,以减少部分计算。选择 A、B(或 A'、B')点,要能通视各墩,便于交会。然后算出:曲线起点至 A 点的距离,曲线终点至 B 点的距离,偏角 α_1、α_2,AB 长度,AB 至各墩之垂足 E'、F'、G'⋯之间的距离,$E'E$、$F'F$、$G'G$⋯各墩的切线支距。然后进行现场实测,由起点和终点引出 A、B 两点;设置基线 AD、BC,从三角网 ABCD 中测算 AB 长,量出 α_1、α_2 角值。这时,如测算值与图上算得值不符时,应检查错误,改正后重测。只有当这些数值无误后,方能计算由 C、D 三角点至 E'、F'、G'⋯点之交会角 α_i β_i,以交会出各墩垂足,再从垂足用支距法引出墩中心。如支距过长,可算出墩中心坐标,由 C、D 点直接交会。桥台位于岸上,用偏角法或切线支距法测设均可。

一般路线设计中常用的有圆曲线和缓和曲线,它们的曲线要素有较为固定的计算公式。

在设计文件已给定墩、台定位有关数据时,只需重新复核无误即可按其进行放样定位。但给定数据通常并不能满足施工的需要,应按路线测设资料、曲线有关要素,求出各墩台中心为顶点的直线,再用偏角进行定位。

对于坐标值的计算,一般在直角坐标系中的应用较为普遍、简便。可以先建立以墩台中心为原点、切线及法线方向为坐标轴的局部坐标系,在局部坐标系中确立待放点局部坐标值,再利用墩台中心的路线坐标值将局部坐标值转换至路线坐标中。

五、墩台纵横轴线测量

墩台中心测设定位以后,尚需测设墩台的纵横轴线,作为墩台细部放样的依据。在直线桥上,墩台的横轴线与桥的纵轴线重合,而且各墩台一致。所以可以利用桥轴线两端控制桩来标志横轴线的方向,而不再另行测设标志桩。

在测设桥墩台纵轴线时,应将经纬仪安置在墩台中心点上,然后盘左、盘右以桥轴线方向作为后视,旋转 90°(或 270°),取其平均位置作为纵轴线方向,如图 4-2-9 所示。因为施工过程中经常要在墩台上恢复纵横轴线的位置,所以应于桥轴线两侧各布设两个固定的护桩。

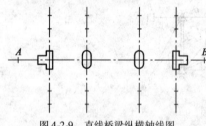

图 4-2-9 直线桥梁纵横轴线图

在水中的桥墩,因不能架设仪器,也不能钉设护桩,则暂不测设轴线,等筑岛、围堰或沉井露出水面以后,再利用它们钉设护桩,准确地测设出墩台中心及纵横轴线。

对于曲线桥,由于路线中线是曲线,而所用的梁板是直的,因此路线中线与梁的中线不能完全一致,如图 4-2-10 所示,梁在曲线上的布置是使各跨梁的中线连接起来,成为与路中线相符合的折线,这条折线成为桥梁的工作线。墩、台中心一般就位于这条折线转折角的顶点上。放样曲线桥的墩、台中心,就是测设这些顶点的位置。在桥梁设计中,梁中心线的两端并不位于路线中线上,而是向曲线外侧偏移一段距离 E,这段距离 E 称为偏距;相邻两跨梁中心线的交角 α 称为偏角;每段折线的长度 L 称为桥梁中心距。这些数据在桥梁设计图纸上已经标定出来,可直接查用。

曲线桥在设计时,根据施工工艺可设计成预制板装配曲线桥或者现浇曲线桥。对于前者,桥墩台中心与路线中心线不重合,桥墩台中心与路中线有一个偏距 E,如图 4-2-10 所示;对于后者,如图 4-2-11 所示,桥墩台中心与路线中线重合,在放样时要注意。

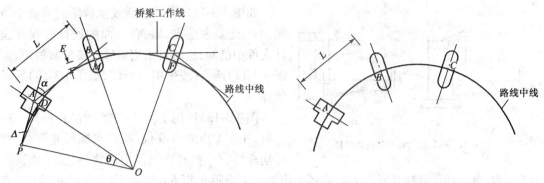

图 4-2-10 预制安装曲线桥梁桥墩纵横轴线图　　　　图 4-2-11 现浇曲线桥梁桥墩纵横轴线图

对于预制板装配曲线桥放样时,可根据墩台标准跨径计算墩台横轴线与路中线的交点坐标,放出交点后,再沿横轴线方向量取偏距 E 得墩台中心位置,或者直接计算墩台中心的坐标,直接放样墩台中心位置;对于现浇曲线桥,因为路中线与桥墩台中心重合,可以计算墩台中心的坐标,根据坐标放样墩台中心位置。

工作任务三　桥涵施工放样

📝 学习目标

1. 会进行桥梁墩台及基础高程放样;
2. 能够进行桥梁墩台各细部施工放样。

📝 任务描述

教师根据全班组数在校内准备模拟桥梁施工现场及桥梁施工图,学生分组(视班级总人数可分 5~6 人/组),每组推选一名组长负责任务的组织与实施,最终每组学生完成桥梁下部施工放样。各组在接到任务后,认真学习公路桥涵有关设计标准及规范的相关要求,结合教师讲课并视需要收集其他相关信息,每组各成员协作完成桥梁下部施工放样任务。

📝 学习引导

本工作任务沿着以下脉络进行学习:

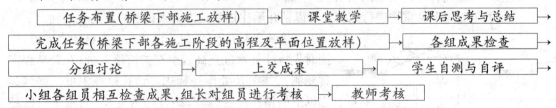

一、桥梁墩台及基础高程放样

1. 桥墩、桥台高程放样

对于砌石(或混凝土)桥墩、桥台,当施工到一定高度后,应及时放样墩、台顶面高程,以确定墩、台顶面距设计高程的差值。由于此时墩、台顶距地面已有相当高度,用常规的水准测量方法已无法施测,需用特殊方法,如图 4-3-1、图 4-3-2 所示。图 4-3-1 适用于桥墩、桥台侧面垂直于地面的情况,图 4-3-2 适用于桥墩、桥侧面是斜面的情况。

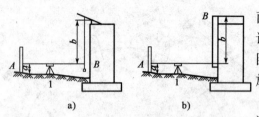

图 4-3-1　桥墩、桥台铅垂时高程放样

如图 4-3-1a)所示,桥墩或桥台侧面垂直于地面,A 为已知水准点,墩、台顶面的设计高程在设计文件中已知,这时可采用钢尺直接量取垂距,如图 4-3-1a)所示,或采用"倒尺",如图 4-3-1b)所示放样。

图 4-3-1a)适用于较高的墩、台高程放样。施测时,先在 1 点立水准仪,后视水准尺并读数,然后前视墩、台身,并在钢尺上读数,假设 A 点高程为 H_A,墩、台顶面待放样高程为 $H_待$,则可算出钢尺上垂距 b,即 $b = H_待 - H_A - a$,就可用钢尺直接在墩、台上量出待放样高程。

图 4-3-1b)适用于待放样高程位置不超过水准尺工作长度的墩、台高程放样。施测时,先在 1 点安置水准仪,后视水准尺并读数,按前面公式 $b = H_待 - H_A - a$ 计算出 B 处水准尺应有的前视读数 b 值,然后将水准尺倒立,上下移动水准尺,当水准仪的前视读数恰好为 b 时,水准尺零端处即为 B 处放样点高程位置。

如图 4-3-2 所示,桥墩或桥台的侧面为斜面,A 为已知水准点,墩、台顶面的设计高程在设计文件中已知,施测前,先在墩、台上立一支架并悬挂钢尺,钢尺下悬挂重物。施测时,先在 1 处安置水准仪,后视 A 处水准尺读数 a 并记录,然后前视钢尺读数并记录。把水准仪移至墩台顶 2 处,后视钢尺读数并记录,然后将水准尺放在检测点 B 上,水准仪瞄准水准尺并读数 b,则 B 处高程 $h_B = h_A + a + h_1 - b$,式中,h_1 为钢尺两次读数差的绝对值。根据墩台顶面的设计高程与 B 点高程 H_B 的大小即可判定墩台身顶面标高是否满足设计要求。

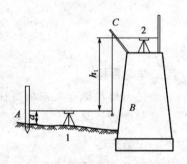

图 4-3-2　桥墩、桥台铅斜面时高程放样

2. 桥涵基础高程放样

桥涵基础高程放样分为水下和旱地两种,现分述如下。

1) 水下基础高程放样(如钻孔灌注桩基础)

一般采用测绳下悬重物进行施测。现以钻孔灌注桩基础为例来说明桩底高程的确定。

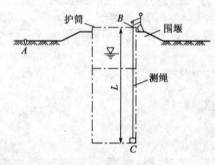

图 4-3-3　桥涵基础高程放样(水下)

如图 4-3-3 所示(钻机未画出),A 为已知水准点,施测时先将 A 处水准点高程引至护筒顶 B 处(B 处高程需常复测),并在 B 处作一标志。钻孔过程中可根据该标志以下的钻杆长度(每节钻杆均为定长)判定是否已经钻到设计高程。清孔结束及浇筑混凝土前均可用测绳检测孔底程高,方法是:在测绳零端悬挂一锥形铁块,B 处放下测绳,当感觉测绳变轻(注意不要让测绳太靠近钻杆或钢筋笼)后,读取测绳读数(由于测绳每米一刻划,故应量取尺尾零长度并加上尺头重物长),则桩底 C 处高程 = 护筒 B 处高程 − 测绳长度 L。

2) 旱地基础高程放样

旱地基础高程放样分为浅基础和深基础放样两种情况,如图4-3-4所示。

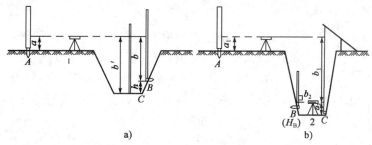

图4-3-4 桥梁基础标高放样(旱地)

(1)浅基础放样。

如图4-3-4a)所示,桥涵基础较浅,则直接在基底或基础侧壁立水准尺。A为一已知水准点。施测时,水准仪安置在1处,后视A处已知水准点上立的水准尺读数并记录,前视基础底部C处或基础侧壁B处所立水准尺读数并记录,则可得基础底部C处高程或基础侧壁高程。基底C处高程$H_B = H_a + a - b'$,基础侧壁高程$H_B = H_a + a - b$,其中图上h值可直接量得。

(2)深基础放样。

如图4-3-4b)所示,当基坑开挖较深时,基底设计高程与基坑边已知水准高程相差较大并超出了水准尺的工作长度,这时可采用水准仪配合悬挂钢尺的方法向下传递高程。图4-3-4b)中,A为已知水准点,其已知高程为H_A,B为放样点位置,其放样高程为H_B(H_B应根据放样时基坑实际开挖深度选择,H_B往往比基底设计高程高出一个定值,如1m整),在基坑边用支架悬挂钢尺,钢尺零端点朝下并悬挂10kg重锤,放样时最好用两台水准仪同时观测,具体方法如下。

在A点立水准尺,基坑边的水准仪后视A尺并读数a_1,前视钢尺读数b_1的同时,基坑底的水准仪后视钢尺读数a_2,然后计算B处水准尺应有的前视读数为:

$$b_2 = H_A + a_1 - b_1 + a_2 - H_B$$

这时上下移动B处的水准尺,直到水准仪前视读数恰好等于b_2时标定点位。为了控制基坑开挖深度,还需要在基坑四周壁上放样出一系列高程均为H_B的点位,如果H_B比基坑设计高程高出一个定值ΔH,施工人员就可借助一把定长为ΔH的小尺子方便地检查基底高程是否达到了设计值。

二、桥涵细部施工放样

桥梁细部施工放样内容很多,不同结构形式放样方法也各异。

1.明挖基础的施工放样

在地基较好、基础不深的情况下,常常采用明挖基础。在基础开挖前,应首先根据基底尺寸、开挖深度、放坡情况等计算出原地面的开挖边线,然后根据墩台中心及其纵横轴线即可放出基坑的边线。当基坑开挖到设计高程以后,应进行基底平整或基底处理,再在基底上放出墩台中心及其纵横轴线,作为安装模板、灌注混凝土基础及墩身的依据。

注意:基坑底部尺寸应根据实际情况较设计尺寸每边增加50~100cm的富余量,以便于支撑、排水与立模板。

基础模板中心偏离不得大于±1.5cm,高程允许偏差为±1.5cm;墩身模板中心偏离不得大于±1cm，墩台模板高程允许限差为±1cm。

2. 桩基础的施工放样

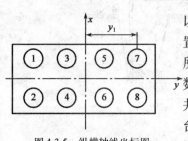

图4-3-5 纵横轴线坐标图

在墩基础的中心及纵横轴线已经测设完成的情况下，可以纵横轴线为坐标轴，根据设计提供的桩与墩中心的相对位置，用支距法放出各桩的中心位置，其限差为±2cm，如图4-3-5所示。放出的桩位经复核后方可进行施工。对于单排桩，桩数较少，也可根据已知资料，以极坐标法放样。水中桩位或沉井位置的放样，可参照水中墩位的施工放样方法，在水中平台、围囹或围堰等构造中定测桩或沉井的位置，经复测后方可进行基础施工。

3. 桥梁墩台的细部放样

墩身和台身的细部放样，也是主要以它的纵横轴线为依据，在立模板的外面需要预先画出它的中心线，然后在纵横轴线的护桩上架设经纬仪，照准该轴线方向上的另一护桩，根据这一方向校正模板的位置，直至模板中心线位于视线的方向上。

在施工过程中，经常要利用护桩恢复墩、台的纵横轴线，即在墩、台身一侧的护桩上架设经纬仪，照准另一侧的护桩。但墩身筑高以后，视线被阻，就无法进行，此时，可在墩身尚未阻挡视线以前，将轴线方向用油漆标记在已成的墩身上，以后恢复轴线时可在护桩上架设仪器，照准这个标志即可。

如果桥墩位于水中，无法标示出桥墩的纵横轴线时，可用光电测距仪或交会法恢复墩中心的位置。在用光电测距仪时，墩的横轴线方向是利用桥轴线的控制桩来确定的。在桥轴线一端的控制桩上安置仪器，照准另一端的控制桩，则视线方向即为桥轴线方向，也是墩的横轴线方向（直线桥）。在此视线方向上，于墩中心附近前后各找出一点 a_1 和 a_2 安置反光镜，测出它至控制桩的距离 d，于两点间用钢尺定出墩中心的位置，如图4-3-6所示。

利用交会法测设墩中心时，同前所述，应至少选三个以上的方向进行交会。误差三角形最大边在墩的下部不超过25mm，在墩的上部不超过15mm，取三角形的重心作为墩中心的位置。

在墩、台帽模板安装到位后应再一次进行复测，确保墩、台帽位置符合设计要求。模板位置中心的偏差不得大于1cm，并在模板上标出墩顶高程，以便控制灌注混凝土的高程。当混凝土灌注至墩帽顶部时，在墩的纵横轴线及墩的中心处，可埋设中心标志，在纵轴线两侧的上下游埋设两个水准点，并测定出中心标志的坐标和水准点的高程，作为大致安置支撑垫石的参考依据，如图4-3-7所示。对于支座垫石的位置及高程的确定，由于牵涉桥梁荷载的设计和传递，应慎重对待，必须重新对其进行测量、放样，以避免误差的积累。

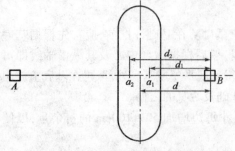

图4-3-6 利用光电测距仪定出墩中心位置

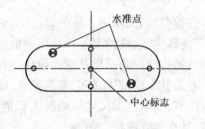

图4-3-7 在墩顶埋设中心及水准点标志

墩台各部分的高程，一般是通过设在墩、台身或围堰上的临时水准点来控制的，可直接由临时水准点用钢尺向上或向下量取距离来确定所需的高程，也可以采用水准仪，从已浇筑的临近墩台上设置的临时水准点测量来控制，但是在墩台顶的最后施工阶段，应该采用水准仪直接施测来控制高程。

学习效果自测题

每位学生根据本学习情境的学习目标、教师要求，选择完成下述自测题目，并根据学生自评表的要求，完成自我检验。

1. 桥梁下部施工测量工作的基本内容有哪些？
2. 桥梁施工平面控制网建立的形式及要求有哪些？
3. 基本水准点与施工水准点有什么区别？如何设置？
4. 测量桥位中线的目的是什么？如何测量？
5. 跨河水准测量的方法有几种？选择跨河地点的原则是什么？
6. 桥梁墩台定位的方法有几种？
7. 桥梁墩台与基础高程放样的方法有几种？如何放样？

学习情境五 桥梁基础施工

工作任务一 浅基础施工

学习目标

1. 知道浅基础的适用条件；
2. 掌握旱地上浅基础的施工方法；
3. 掌握水中浅基础的施工方法；
4. 会进行基坑的围护和排水。

任务描述

教师根据全班组数准备若干有关桥梁施工图(与学习情境一同一资料),学生分组(视班级总人数可分 5~6 人/组),每组推选一名组长负责任务的组织与实施,最终以组为单位上交浅基础施工方案。各组在接到任务后,认真学习公路桥涵有关设计标准及规范的相关内容,结合教师讲课并视需要收集其他相关信息,每组各成员单独准备分析材料,然后分组讨论,由一人做好记录并整理上交《××桥梁浅基础施工方案设计说明书》。

学习引导

本工作任务沿着以下脉络进行学习：

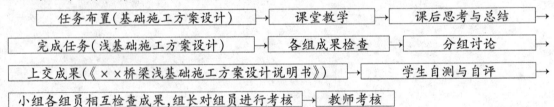

一、相 关 知 识

浅基础的施工可采用明挖的方法进行基坑开挖,开挖工作应尽量在枯水或少雨季节进行,且不宜间断。基坑挖至基底设计高程应立即对基底土质及坑底情况进行检验,验收合格后应尽快修筑基础,不得将基坑暴露过久。基坑可用机械或人工开挖,接近基底设计高程应留 30cm 高由人工开挖,以免破坏基底土的结构。基坑开挖过程中要注意排水,基坑尺寸要比基底尺寸每边大 0.5~1.0m,以方便设置排水沟及立模板和砌筑工作。基坑开挖时根据土质及开挖深度对坑壁予以围护或不围护,围护的方式有多种多样。水中开挖基坑还需先修筑防水围堰。

二、适用条件

1. 刚性基础

刚性基础的特点是稳定性好,施工简便,能承受较大的荷载,所以只要地基强度能满足要求,它是桥梁和涵洞等结构物首先考虑的基础形式。它的主要缺点是自重大,并且当持力层为软弱土时,由于扩大基础面积有一定限制,需要对地基进行处理或加固后才能采用;否则,会因所受的荷载压力超过地基强度而影响结构物的正常使用。所以对于荷载大或上部结构对沉降差较敏感的结构物,当持力层的土质较差又较厚时,刚性基础作为浅基础是不适宜的。

2. 柔性基础

基础在基底反力作用下,在图5-1-1b)中 a-a 断面产生的弯曲的拉应力和剪应力若超过了基础圬工的强度极限值,为了防止基础在 a-a 断面开裂甚至断裂,必须在基础中配置足够数量的钢筋[图5-1-1a)],这种基础称为柔性基础。

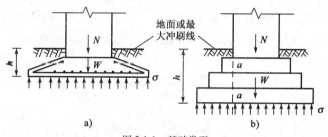

图5-1-1 基础类型
a)柔刚性基础;b)刚性基础

柔性基础主要是用钢筋混凝土灌筑,常见的形式有柱下扩展基础、筏板基础及箱形基础(图5-1-2),它整体性能较好,抗弯刚度较大。如筏板和箱形基础,在外力作用下只产生均匀沉降或整体倾斜,这样对上部结构产生的附加应力比较小,基本上消除了由于地基沉降不均匀引起结构物损坏的影响。所以在土质较差的地基上修建高层建筑时,采用这种基础形式是适宜的。但上述基础形式,特别是箱形基础,钢筋和水泥的用量较大,施工技术要求也较高,所以采用这种基础形式应与其他基础方案(如采用桩基础等)比较后再确定。

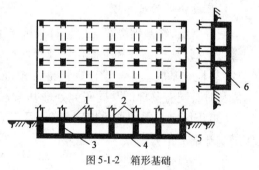

图5-1-2 箱形基础
1-顶板;2-柱;3-内横墙;4-底板;5-外墙;6-内纵墙

三、旱地上浅基础的施工

1. 基础的定位放样

基础定位放样,就是将设计图纸上的墩、台位置和尺寸标定到实际工地上去。这主要是测量问题。定位工作可分为垂直定位和水平定位两个方面。垂直定位是定出墩台基础各部分的高程,可借助施工现场的水准基点进行;水平定位是定出基础在平面上的位置。一般可首先定出桥梁的主轴线Ⅰ-Ⅰ,然后定出墩台轴线1-1、2-2、3-3、4-4(图5-1-3),最后详细定位,确定基础各部分尺寸。由于定位桩随着基坑的开挖,必将被挖去,所以还必须在基坑位置以外不受施工影响的地方,钉立定位桩的护桩,以备在施工中能随时检查基坑和基础位置是否正确。而基坑外围通常可用龙门板固定,或在地面上以石灰线标出。

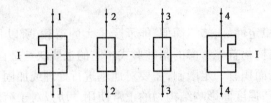

图 5-1-3　桥梁墩台基础定位

2. 基坑的开挖

为建造基础而开挖的基坑,其形状和开挖面的大小可视墩台基础及下部结构的形式,施工条件的要求,挖成方形、矩形或长条形的坑槽。基坑的深度视基础埋置深度而定。基坑开挖的断面是否设置坑壁围护结构,可视土的类别性质、基坑暴露时间长短、地下水位的高低以及施工场地大小等因素而定。开挖基坑时常采用机械与人工相结合的施工方法,它不需要复杂的机具,技术要求较简单,易操作,常用的机具多为位于坑顶由起吊机操纵的挖土斗和抓土斗,大方量的特大基坑,也可用铲式挖土机、铲运机和自卸车等。基坑采用机械挖土,挖至距设计高程约 0.3m 时,应采用人工开挖修整,以保证地基土结构不被扰动破坏。

3. 基坑排水

当基坑坑底位于地下水位以下时,基坑开挖时坑内便有积水,为了便于基础施工,并保证施工质量,必须在基坑内进行排水。排水的方法一般有表面排水法及人工降低地下水位法两种。

4. 基坑的检验与处理

挖好基坑,在基础浇筑前应进行验坑,检查是否符合设计要求,其内容包括:

(1)基坑底面高程和平面位置及平面尺寸是否与原设计相符。

(2)检查基底土质与设计资料是否相符,如有出入,应取样做土质分析试验,同时由施工单位及时会同有关部门共同研究处理办法。

(3)当坑底暴露的地质特别复杂,属于下列情况之一时,应变更基础设计方案(变更基础埋深或基础类型)。

①强烈风化的岩层。

②松砂($D_r \leq 0.33$)地基。

③软黏性土($I_L > 1.0$)。

④$e > 0.7$ 的亚砂土、$e > 1.0$ 的亚黏土及 $e > 1.1$ 的黏土。

⑤含有大量有机质的砂土、黏土。

⑥出现较发育的熔岩。

基底检验合格后,还应按不同地质情况,作如下处理:

①在黏性土层上的基础,修整承重面时,应按其天然状态铲平,不得用回填土夯实的办法处理。必要时可在基底夯入 10cm 以上的碎石层,碎石层顶面应低于基底高程。修整妥善后应在短时间内浇筑基础,不得暴露过久。

②对碎石土或砂土,其承重面经过修理平整后,在基础施工前应先铺一层 2cm 厚的水泥

砂浆。

③对未风化的岩层,应先将岩层面上的松散石块、淤泥、苔藓等清除干净。若岩层倾斜,应将岩面凿平。为防止基础滑动,可采取必要的锚固措施,以加强基础与岩层之间的连接。

④对软硬不均匀的地层,应将软质土层挖除,使基础全部支承在硬土上,以避免基础发生不均匀下沉或倾斜。

⑤坑底如发现有泉眼涌水,应立即堵塞(如用木棒塞住泉眼)或排水加以处理,不得任其浸泡基坑。

5. 基础的浇筑及基坑的回填

基础的浇筑,一般都在干燥无水的情况下进行,只有当渗水量很大、排水很困难时,才采用水下灌注混凝土的方法。排水浇筑时,应防止渗水浸泡圬工,以免降低混凝土强度。此外,还应注意,石砌基础在砌筑中应使石块大面朝下,外圈块石必须坐浆,要求丁顺相间,以加强石块之间的连接;混凝土基础的浇筑,应在终凝后才允许浸水,不浸水部分仍需养生。

基础浇筑完成后,应检验质量和各部位尺寸是否符合设计要求,如无问题,即可选用好土回填基坑,并应分层夯实,回填层厚不大于30cm。

四、水中浅基础的施工

桥梁墩台基础往往位于地表水位以下,有的河流水的流速还较大,而施工时常常希望在无水或静水条件下进行。为了解决这一矛盾,可变水中施工为旱地施工。其办法是,首先在基坑外围设置一道封闭的临时性挡水结构物即围堰。围堰修筑好后,即排水开挖基坑,或在静水条件下进行水下开挖基坑,并继续下步工序。这些施工内容与旱地上的浅基础施工基本相同。

围堰所用的材料和形式根据当地水文、地质条件,材料来源及基础形式而定。但不论哪种材料和形式的围堰,均需注意下列要求:

(1)堰顶高程至少应高出施工期间可能出现的最高水位0.5m以上。

(2)围堰平面形状应与基础平面形状相符,围堰的迎水面应做成流线型,以利于减小水流阻力。

(3)由于围堰的修筑,使河流过水断面缩小,流速增大,将引起较大集中冲刷,可能使围堰冲塌或严重漏水,并可能由于部分河面被堵塞影响通航。因此,为防止上述不利情况的出现,围堰的断面不应超过流水断面的30%。

(4)围堰内面积应考虑坑壁放坡和浇筑基础时的要求。

下面介绍几种常用的围堰构造、适用条件和施工要求。

1. 土围堰

土围堰(图5-1-4)适用于水深不超过1.5m,流速小于0.5m/s,河床土质为不透水或透水甚微的河道中。在修筑前应将河底杂物清理干净以防漏水。修筑时应从上游开始,至下游合龙。

堰顶宽一般为1~2m,视施工场面需要而定。堰外侧边坡视填土在水中的自然坡度而定,一般为1:2~1:3;堰内边坡一般为1:1.5~1:1,坡脚距基坑边缘根据河床土质及基坑深度而定,但不得小于1m。如果用砂土修筑围堰,为了减少渗水,需在外坡侧面用黏土覆盖或设置黏土心墙。当水的流速较大时,可在外坡面用草皮、柴排、草袋加以防护。

2. 草(麻)袋围堰

水深不超过3.5m,流速小于1.5m/s时,可采用草(麻)袋围堰(图5-1-5)。堰顶宽一般为1~2m,有黏土心墙时为2~2.5m;堰外坡视水深及流速而定,一般为1:1~1:0.5,堰内坡一般为1:0.5~1:0.2,内坡脚距基坑边缘不小于1m。袋装松散黏土,装土量为袋容量的1/2~2/3,袋口缝合。如用砂土装袋,堰身中间必须夯填黏土心墙,以防围堰渗漏。

以上两种围堰均利用自重维持其稳定,故又称重力式围堰,它主要是挡地面水。如河床土质为粉砂或细砂,则在排水开挖基坑时,可能会引起流砂现象,所以就不宜用这类围堰,而应考虑选用板桩围堰。

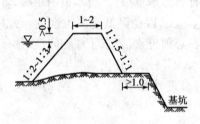

图5-1-4 土围堰(尺寸单位:m)

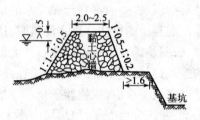

图5-1-5 草(麻)袋围堰(尺寸单位:m)

3. 木板桩围堰

适用于砂性土、黏性土和不含卵石的其他土质河床。

当水深在2~4m时,可采用单层木板桩围堰,必要时可在板桩外围加填土堰,但水的流速不宜超过0.5m/s。

当水深在4~6m时,可用中间填黏土的双层木板桩围堰。木板桩的构造与木板桩支撑相同。

木板桩的入土深度,视土质的密实程度而定,一般为基坑深度的40%~50%,但不应小于1m。双层木板桩间的宽度,应不小于施工水位水深的50%,也不小于基坑底至堰顶深度的0.4~0.6倍。如围堰高度较大时,为防止在水压力的作用下产生过大的变形,可在中间增设拉紧螺栓,以增强两层板桩之间的整体性。板桩间的黏土填筑应夯实,以防漏水。

4. 钢板桩围堰

钢板桩围堰适用于砂类土、碎卵石类土、硬黏性土和风化岩等地层,它具有材料强度高,防水性能好,穿透土层能力强,堵水面积最小,并可重复使用的优点。因此,当水深超过5m或土质较硬时,可选用这种围堰。

当钢板桩围堰较高且水深较大时,常用围囹(即以钢或钢木构成的框架)作为板桩定位和支撑。先在岸上或驳船上拼装好围囹,拖运至基础位置定位后,在围囹中插打定位桩使围囹挂在定位桩上,即可在围囹四周的导桩间插打钢板桩。在插打时应先从上游打起,以策安全。根据起吊能力,尽可能将两三块钢板桩预先拼焊在一起,逐组或逐块插打到稳定的深度(2~3m),待全部板桩插打完毕后,再依次打到设计高程。

在深水处修筑围堰,为确保围堰不渗水,或基坑范围大,不便设置支撑,可采用双层钢板桩围堰。

5.套箱围堰

这种围堰适用于无覆盖层或覆盖层较薄的水中基础。

套箱为无底的围套,内部设木或钢支撑,组成支架,木板套箱在支架外面钉装两层企口木板,用油灰捻缝以防漏水;钢套箱则设焊接或铆合而成的钢板外壁。

木套箱采用浮运就位,然后加重下沉;钢套箱利用船运起吊就位下沉。在下沉套箱之前,应清除河床覆盖层并整平岩层。套箱沉至河底后,宜在箱脚外侧填以黏土或用装土草(麻)袋护脚。

五、基坑的围护

1.不设围护的基坑

当坑壁不设围护时,可将坑壁挖成竖直或斜坡形。竖直坑壁只有在岩石地基或基坑不深又无地下水的黏性土地基中采用。在一般土质条件下开挖基坑时,应采用放坡开挖的方法。在基坑深度不超过5m、地基土质湿度正常、开挖暴露时间不超过15d的情况下,可参照规范选定基坑坡度。

基坑底面应满足基础施工的要求,对渗水的土质基坑,一般按基底的平面尺寸,每边增宽0.5~1.0m,以便在基底外设置排水沟、集水坑和基础模板。为了保证坑壁边坡稳定,当基坑深度较大时,应在边坡中段加设宽为0.5~1.0m的平台。必要时坑顶周围应挖排水沟,以免地面水流入坑内。当基坑顶缘有动载时,顶缘与动载之间至少应留1m宽的护道。

2.坑壁有围护的基坑

当坑壁土质松软,边坡不易稳定,或放坡开挖受到现场的限制,或放坡开挖造成土方量过大时,宜采用加设围护结构的竖直坑壁基坑,这样既保证了施工的安全,同时又可大量减少土方量。

基坑围护结构作为加固坑壁的临时性措施,有以下几种。

1)挡板支撑

挡板支撑(图5-1-6)适用于开挖面积不大,地下水位较低,挖基深度较浅的基坑。根据具体情况,挡板可垂直设置或水平横放。挡板支撑由立木、横枋、顶撑及衬板组成。衬板厚度为4~6cm,为便于挖基运土,顶撑应设在同一垂直面内。

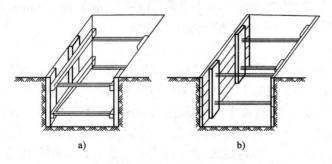

图5-1-6 挡板支撑

基坑开挖时,若坑壁土质密实,不会随挖随坍,可将基坑一次挖到设计高程,然后沿着坑壁竖向撑以衬板(密排或间隔排),再在衬板上压以横木,中间用顶撑撑住。

若坑壁土质较差,或所挖基坑较深,坑壁土有随挖随坍可能时,则可用水平衬板支撑,分层开挖,随挖随撑。

2)钢木结合支撑

当基坑深度在3m以上,或基坑过宽由于支撑过多而影响基坑出土时,可沿基坑周围每隔1.5m左右打入一根工字钢或钢轨至坑底面以下1m左右,并以钢拉杆把型钢上端锚固于锚桩上,随着基坑下挖设置水平衬板,并在型钢与衬板之间用木楔塞紧。

3)板桩支撑

基坑的平面尺寸较大,基坑又较深,或因土质、水文资料、场地的限制,及开挖对邻近建筑物有影响时,可采用板桩支撑。板桩设置方法与挡板支撑不同,其特点是先将板桩打入土中,桩尖深入到基坑底以下一定深度,然后再开挖基坑。当基坑较深时,可待基坑挖至一定深度后,再在板桩上部加设横向支撑或设置锚桩,以增强板桩的稳定性。

板桩常用的材料有木、钢、钢筋混凝土三种。

木板桩成本较低,容易加工制作,但强度较低,故不适用于含卵石和坚硬的土层。同时受木材长度的限制,基坑深度在3~5m内时才采用。为减少渗水,木板桩的接缝应密合。在断面形式上,板厚大于80mm时应采用凸凹形榫口的企口缝,小于80mm时,可采用人字形榫口。

木板桩的施工,其程序是先沿基坑边外侧打入导桩,然后在导桩上用螺栓装上两条水平导木,作为固定板桩位置之用,板桩插在导木之间,按一定顺序方向,逐根将板桩打入土中。导桩的入土深度视基坑深度而定,桩尖至少沉入基坑底面以下2m。插打板桩常从角上开始。应注意板桩榫舌和桩尖斜面朝前进方向,使相邻板桩在打桩过程中能互相挤紧,以防渗水。一般木板桩上端常用铁箍保护,以免在打桩时打坏桩头。当地基土中含有小石块等硬物时,桩尖应装上铁桩靴。

钢板桩的优点在于强度大,能穿过坚硬的松土层、碎卵石类土和风化岩层,具有锁口连接紧密,不易漏水,且能承受锁口拉力,并可焊接接长,能重复使用。其断面形式较多,可适应不同的基坑形状要求。

钢筋混凝土板桩的优点是耐久性好,缺点是制作复杂,重量大,运输和施工不便,所以除大桥的深基础外,一般中小桥梁工程不采用。

4)采用混凝土护壁

适用于深度较大的各种土质基坑。在基坑开挖前,应先界定基坑开挖面,除较浅的基坑外,考虑受力条件,应尽量采用圆形基坑。在基坑口先设置预制或就地浇制的混凝土护筒,护筒长1~2m,护筒厚度视基坑直径大小和土质情况而定,一般为10~40mm。护筒以下的坑壁,采用喷射或现浇混凝土,一般是随挖随喷(浇),直至坑底。

(1)喷射混凝土护壁。

采用掺有速凝剂的混凝土浆,用喷射器向坑壁喷射,使喷射的混凝土能早期与坑壁形成具有一定强度的支护层。喷射混凝土的厚度,主要取决于地质条件、渗水量、基坑面大小及开挖深度等因素。开挖基坑与喷射混凝土均分层进行,每层高0.5~1.5m。喷射混凝土所需的机具设备主要有:空压机、高压水泵、拌和机、喷射机、混凝土输送管道。混凝土拌和料的级配根据喷射机输料管直径而不同,集料最大粒径为16mm及25mm,配合比为水泥:砂石:水 = 1:4:(0.4~0.5)。速凝剂的掺加量为水泥用量的3%~4%,掺入后停放时间不应超过20min。

对极易坍塌的流沙、淤泥层,仅用喷护混凝土往往不足以稳定坑壁,遇此情况,可先在坑壁上打入小木桩或在打好成排的木桩上编制竹篱,在有大量流沙之处塞以草袋,然后喷射15~20cm厚的混凝土,即可防坍塌。

对于无水或少水的坑壁,每层高度范围内,喷射混凝土应由下部向上部循环进行,这样对少量渗水的土层,一经喷护即能完全止水;对涌水的坑壁,喷射混凝土则应由上而下循环进行,以保证新喷的混凝土不致被水冲坏。

(2)现浇混凝土护壁。

逐层开挖的深度,视坑壁土质稳定情况而定,一般不超过2m。施工程序是逐层下挖、立模、浇筑混凝土,模板上部留有浇筑窗口,混凝土先通过窗口向内往下浇筑,当混凝土浇至窗口下缘后,再用压灌混凝土的办法,灌满窗口以上的部分。混凝土中应掺入早强剂,浇筑厚度为10cm左右。

实践证明,采用喷射或浇筑混凝土这一护壁方法与明挖放坡法,无论在技术上和经济上均有一定的优点。在某一座桥基础的施工中,它比明挖放坡法可减少2/3土方量,目前已广泛用于松软地基的明挖基坑,并作为基坑坑壁围护方法之一。

六、基坑的排水

1. 表面排水法

它是施工中应用最普遍的排水方法。在基坑开挖时,坑底四周挖好边沟,并挖1~2个集水井,使坑内积水由边沟流至集水井,然后由集水井用抽水机向外排水。要求排水能力要大于基坑的渗水量,因此,施工前必须对基坑的渗水量进行估算,以便正确拟订排水措施,配足排水设备。

1)渗水量的估算

基坑渗水量的大小与土的透水性、基坑内外的水头差、基坑坑壁围护结构的种类及基坑渗水面积等因素有关。估算渗水量的方法有两种,一是通过抽水试验,另一种是利用经验公式估算。前者是在工地的试坑或钻孔中,进行直接的抽水试验,其所得的数据比较可靠,但试验费事,而且要在工地现场进行。后者方法简便,但估算结果准确性差。

经验公式可以反映出土的透水性、基坑的渗水面积、坑壁的围护形式等因素对渗水量的影响。对于放坡开挖的基坑,基坑渗水量可用下式估算:

$$Q = q_1 F_1 + q_2 F_2 \tag{5-1-1}$$

式中:q_1、q_2——基坑底面和侧面的单位渗水量,$m^3/(h \cdot m^2)$;

F_1、F_2——基坑底面和侧面的渗水面积,m^2。

对于有板桩围护的基坑,可用下式估算渗水量:

$$Q = KUHq \tag{5-1-2}$$

式中:K——土的透水系数,如基坑范围内为多层土,则取其平均值;

$$K_{平均} = \frac{\sum k_i h_i}{\sum h_i} (m/h) \tag{5-1-3}$$

U——基坑周长,m;

H——水头差,m;

q——单位渗水量。

2)水泵的选用

选用什么排水机具,应视基坑内渗水量的大小和当地具体情况而定。当渗水量很小时,可用人工排水或小型水泵抽水。当渗水量较大时,一般用电动或内燃发动机的离心式抽水机。

要求水泵总排水能力为$(1.5 \sim 2.0)Q$。考虑排水过程中,机械可能发生故障,应有备用的水泵。根据基坑深度、水深及吸程大小,抽水机应分别安装在坑顶、坑中护坡道或活动脚手架上。坑深大于吸程加扬程时,可用多台水泵串联或采用高压水泵。

表面排水法,除有严重流沙的基坑中不宜采用外,一般情况下均可采用。

如果估计到用表面排水法有可能发生严重流沙现象,除可以选用机械水中挖土方法外,也可考虑采用轻型井点法排水。

2. 轻型井点法

此法主要是利用"下降漏斗"降低地下水位,基坑开挖前在基坑四周打入若干根井管,井管下端1.5m左右为滤管,上面钻有若干直径约2mm的滤水孔,各个井管用集水管连接,并不断抽水。由于抽水使井管两侧一定范围内的水位逐渐下降,形成了向井管附近弯曲的下降曲线,即"下降漏斗"(图5-1-7)。地下水位逐渐降低到坑底设计高程以下,使施工能在干燥无水的情况下进行。

井点排水法适用于渗透性较大的砂性土(渗透系数$K = 0.1 \sim 80$m/s),对于淤泥或软黏土地基,其效果较差。用这种方法降低地下水位,使井管范围内的地下水不从基坑的四侧边坡和底面流出,而是以相反的方向流向井管,因此可避免发生流沙和边坡坍塌现象。

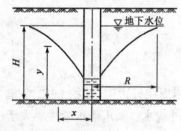

图5-1-7 从井中抽水时的下降漏斗

1)轻型井点系统的主要设备

(1)井点管。用直径为50mm的钢管,其下端头为长1~2m的滤管,滤管是在直径50mm的钢管上打直径10~15mm呈梅花形布置的孔,孔间距30~40mm。在管外用铅丝螺旋形缠绕起来。先包一层40目的细滤网,再包一层18目的粗滤网,滤网用铜网或尼龙网均可,滤网外再缠绕一层粗铁丝保护滤网,滤管下端装铸铁管靴。

(2)集水管。用内径为102~127mm的钢管分段连接,间隔1~2m设一个与井点管连接的短接头。

(3)连接管。用直径40~50mm的胶皮管或塑料管,连接管上宜装阀门,便于检查。

(4)抽水装备。主要由真空泵(常用的有V-5或V-6型)、离心水泵和集水箱组成,离心水泵与真空泵分开,用两个电动机带动。

2)井点的布置

井点的布置(图5-1-8)应根据基坑的大小、平面尺寸和降水深度的要求,以及土层的渗透性和地下水流向等因素确定。若要求降水深度在4~5m,可用单排井点;若降水深度要求大于6m,则可采用两级或多级井点;如基坑宽度小于5m,则可在地下水流的上游设置单排井点;当基坑面积较大可设置不封闭井点或封闭井点(如环形、U形),井点管距基坑壁不小于1~2m,井点管的间距为1.0~1.8m,不超过3m。

3)使用注意事项

降水系统接通后,试抽水。若无漏水、漏气和淤塞等现象,即可使用;应控制真空度。在系统中装真空表,一般真空度为55.3~66.7kPa,管路井点有漏气时,能造成真空度达不到要求。为保证连续抽水,应配置

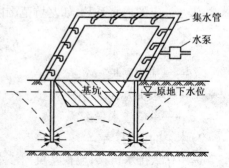

图5-1-8 井点的布置

双套电源;待基础浇筑回填后,才能拆除井点;冬季施工时,应对集水管作保温处理。

工作任务二　桩基础施工

学习目标

1. 知道桩基础的适用条件;
2. 掌握钻孔灌注桩的施工方法;
3. 掌握挖孔灌注桩的施工方法;
4. 知道预制沉桩的施工方法;
5. 明确水中桩基础的施工方法;
6. 能够对桩基础施工中常见事故进行分析及预案制订。

任务描述

教师根据全班组数准备若干有关桥梁施工图(与学习情境一同一资料),学生分组(视班级总人数可分5~6人/组),每组推选一名组长负责任务的组织与实施,最终以组为单位上交钻孔灌注桩基础施工方案。各组在接到任务后,认真学习公路桥涵有关设计标准及规范的相关内容,结合教师讲课并视需要收集其他相关信息,每组各成员单独准备分析材料,然后分组讨论,由一人做好记录并整理上交《××桥梁钻孔灌注桩基础施工方案设计说明书》。

学习引导

本工作任务沿着以下脉络进行学习:

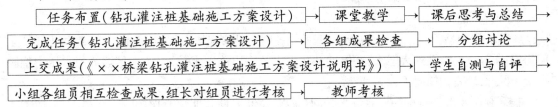

一、相关知识

桩基础是一种历史悠久而应用广泛的深基础形式。近代随着工业技术和工程建设的发展,桩的类型和成桩工艺、桩的设计理论和设计方法、桩的承载力与桩体结构的检测技术等诸方面均有迅速的发展,以使桩与桩基础的应用更为广泛,更具有生命力。它不仅可作为建筑物的基础形式,而且还可应用于软弱地基的加固和地下支挡结构物。

二、桩基础的适用条件

桩基础适宜在下列情况下采用:

(1)荷载较大,地基上部土层软弱,适宜的地基持力层位置较深,采用浅基础或人工地基在技术上、经济上不合理时。

(2)河床冲刷较大,河道不稳定或冲刷深度不易计算正确,如采用浅基础施工困难或不能保证基础安全时。

(3)当地基计算沉降过大或结构物对不均匀沉降敏感时,采用桩基础穿过松软(高压缩性)土层,将荷载传到较坚实(低压缩性)土层,减少结构物沉降并使沉降较均匀。

(4)当施工水位或地下水位较高时,采用桩基础可减小施工困难和避免水下施工。

(5)地震区,在可液化地基中,采用桩基础可增加结构物的抗震能力,桩基础穿越可液化土层并伸入下部密实稳定土层,可消除或减轻地震对结构物的危害。

以上情况也可以采用其他形式的深基础,但桩基础由于耗用材料少、施工快速简便,往往是优先考虑的深基础方案。

当上层软弱土层很厚,桩底不能达到坚实土层时,就需要用较多、较长的桩来传递荷载,且这时的桩基础沉降量较大,稳定性也稍差;当覆盖层很薄时,桩的稳定性也会有问题,就不一定是最佳的基础形式,应经过多方面的比较才能确定优选方案。

因此,在考虑桩基础适用时,必须根据上部结构特征与使用要求,认真分析研究建桥地点的工程地质与水文地质资料,考虑不同桩基类型特点和施工环境条件,经多方面比较,精心设计,慎重选择方案。

三、钻孔灌注桩的施工

1. 准备工作

1)准备场地

施工前应将场地平整好,以便安装钻架进行钻孔。当墩台位于无水岸滩时,钻架位置处应整平夯实,清除杂物,挖换软土;场地有浅水时,宜采用土或草袋围堰筑岛。当场地为深水或陡坡时,可用木桩或钢筋混凝土桩搭设支架,安装施工平台支承钻机(架)。深水中在水流较平稳时,也可将施工平台架设在浮船上,就位锚固稳定后在水上钻孔。水中支架的结构强度、刚度和般只的浮力、稳定都应事前进行验算。

2)埋置护筒

护筒的作用是:①固定钻孔位置;②开始钻孔时对钻头起导向作用;③保护孔口,防止孔口土层坍塌;④隔离孔内孔外表层水,并保持钻孔内水位高出施工水位,以产生足够的静水压力稳固孔壁。因此,埋置护筒要求稳固、准确。

护筒制作要求坚固、耐用、不易变形、不漏水、装卸方便和能重复使用。一般用木材、薄钢板或钢筋混凝土制成。护筒内径应比钻头直径稍大,旋转钻须增大 0.1~0.2m,冲击或冲抓钻增大 0.2~0.3m。

护筒埋设可采用下埋式[适于旱地埋置,见图 5-2-1a)]、上埋式[适于旱地或浅水筑岛埋置,见图 5-2-1b)、c)]和下沉埋设[适于深水埋置,见图 5-2-1d)]。

埋置护筒时应特别注意下列几点:

(1)护筒平面位置应埋设正确,偏差不宜大于 50mm。

(2)护筒顶高程应高出地面 0.3m 或地下水位和施工最高水位 1.5~2.0m,并应在施工期间采取稳定孔内水头的措施;当孔内有承压水时,护筒顶应高于稳定后的承压水位 2.0m 以上。

(3)护筒底应低于施工最低水位(一般低于 0.1~0.3m 即可)。深水下沉埋设的护筒应沿导向架借自重、射水、振动或锤击等方法将护筒下沉至稳定深度,入土深度黏性土应达到 0.5~1.0m,砂性土则为 3~4m。

(4)下埋式及上埋式护筒挖坑不宜太大(一般比护筒直径大 0.1~0.6m),护筒四周应夯填密实的黏土,护筒应埋置在稳固的黏土层中;否则,应换填黏土并压实,其厚度一般为 0.50m。

3)制备泥浆

泥浆在钻孔中的作用是:在孔内产生较大的静水压力,可防止坍孔;泥浆向孔外土层渗漏,在钻进过程中,由于钻头的活动,孔壁表面形成一层胶泥,具有护壁作用;同时将孔内外水流切断,能稳定孔内水位;泥浆比重大,具有挟带钻渣作用,利于钻渣的排出。因此在钻孔过程中,孔内应保持一定稠度的泥浆,一般比重以 1.1~1.3 为宜,在冲击钻进大卵石层时可用 1.4 以上,黏度为 20s,含砂率小于 3%。在较好的黏性土层中钻孔,也可灌入清水,使钻孔时孔内自造泥浆,达到固壁效果。调制泥浆的黏土塑性指数不宜小于 15,粒径大于 0.1mm 的砂粒不宜超过 6%。

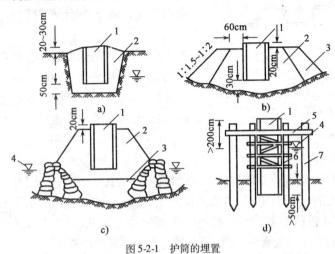

图 5-2-1 护筒的埋置
1—护筒;2—夯实黏土;3—砂土;4—施工水位;5—工作平台;6—导向架;7—脚手桩

4) 安装钻机或钻架

钻架是钻孔、吊放钢筋笼、灌注混凝土的支架。我国生产的定型旋转钻机和冲击钻机都附有定型钻架,其他还有木制的和钢制的四脚架、三脚架或人字扒杆。

在钻孔过程中,成孔中心必须对准桩位中心,钻机(架)必须保持平稳,不发生位移、倾斜和沉陷。钻机(架)安装就位时,应详细测量,底座应用枕木垫实塞紧,顶端应用缆风绳固定平稳,并在钻进过程中经常检查。

2. 钻孔

1) 钻孔方法和钻具

(1) 旋转钻进成孔。

利用钻具的旋转切削体钻进,并在钻进的同时采用循环泥浆的方法护壁排渣,继续钻进成孔。我国现用旋转钻机按泥浆循环的程序不同分为正循环与反循环两种。所谓正循环(图 5-2-2)是在钻进的同时,泥浆泵将泥浆压进泥浆笼头,通过钻杆中心从钻头喷入钻孔内,泥浆挟带钻渣沿钻孔上升,从护筒顶部排浆孔排出至沉淀池,钻渣在此沉淀而泥浆仍进入泥浆池循环使用。

反循环与上述正循环程序相反,将泥浆用泥浆泵送至钻孔内,然后从钻头的钻杆下口吸进,通过钻杆中心排出到沉淀池,泥浆沉淀后再循环使用。反循环钻机的钻进及排渣效率较高,但在接长钻杆时装卸较麻烦,如钻渣粒径超过钻杆内径(一般为 120mm)易堵塞管路,则不宜采用。我国定型生产的旋转钻机在转盘、钻架、动力设备等方面均配套定型,钻头的构造根据土质采用各种形式。

正循环旋转机有鱼尾锥、圆柱形钻头、刺猬钻头等,常用的反循环钻头为三翼空心钻。旋转钻孔过去采用简易的机具施工,只要配置必要的钻架、钻杆、卷扬机和钻头,用人工推钻或机动旋

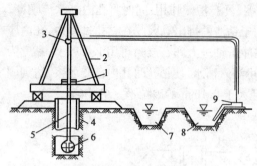

图 5-2-2 正循环旋转钻孔
1-钻机;2-钻架;3-泥浆笼头;4-护筒;5-钻杆;6-钻头;
7-沉淀池;8-泥浆池;9-泥浆泵

转钻机,钻头一般用大锅锥。钻孔时旋转锥钻削土入锅,然后提锥出渣,再放锥入孔继续钻进,效率较低,现很少采用。此外,现在也采用更轻便、高效的潜水电钻,钻孔时钻头旋转刀刃切土,并在端部喷出高速水流冲刷土体,以水力排渣,钻头的旋转电动机及变速装置均经密封后安装在钻头与钻杆之间。

由于旋转钻进成孔的施工方法受到机具和动力的限制,适用于较细、软的土层,如各种塑性状态的黏性土、砂土、夹少量粒径小于 100~200mm 的砂卵石土层,在软岩中也可使用。这种钻孔方法的深度可达 100m 以上。

(2)冲击钻进成孔。

利用钻锥(重为 10~35kN)不断地提锥、落锥反复冲击孔底土层,把土层中泥沙、石块挤向四壁或打成碎渣,钻渣悬浮于泥浆中,利用掏渣筒取出,重复上述过程冲击钻进成孔。采用的机具有定型的冲击式钻机(包括钻架、动力、起重装置等)、冲击钻头、转向装置和掏渣筒等,也可用 30~50kN 带离合器的卷扬机配合钢、木钻架及动力组成简易冲击机。

钻头一般是整体铸钢做成的实体钻锥,钻刃为十字形,采用高强度耐磨钢材做成,底刃最好不完全平直,以加大单位长度上的压重。冲击时钻头应有足够的重量,适当的冲程和冲击频率,以使它有足够的能量将岩块打碎。

冲锥每冲击一次旋转一个角度,才能得到圆形的钻孔,因此在钻头和提升钢丝绳连接处应有转向装置,常用的有合金套或转向环,以保证冲锥的转动,避免钢丝绳打结扭断。

掏渣筒是用以掏取孔内钻渣的工具,用厚 30mm 左右的钢板制作,下面碗形阀门应与渣筒密合以防止漏水漏浆。

冲击钻孔适用于含有漂卵石、大块石的土层及岩层,也能用于其他土层。成孔深度一般不宜大于 50m。

(3)冲抓钻进成孔。

用兼有冲击和抓土作用的抓土瓣,通过钻架,由带离合器的卷扬机操纵,靠冲锥自重(重为 10~20kN)冲下使抓土瓣锥尖张开插入土层,然后由卷扬机提升锥头收拢抓土瓣将土抓出,弃土后继续冲抓钻进而成孔。

钻锥常采用四瓣或六瓣冲抓锥,当收紧外套钢丝绳松内套钢丝绳时,内套在自重作用下相对外套下坠,便使锥瓣张开插入土中。

冲抓成孔适用于较松或紧密黏性土、砂性土及夹有碎卵石的砂砾土层,成孔深度一般小于 30m。

2)钻孔注意事项

在钻孔过程中应防止坍孔、孔形扭歪或孔斜、钻孔漏水、钻杆折断,甚至把钻头埋住或掉进孔内等事故,因此钻孔时应注意下列各点。

(1)在钻孔过程中,始终要保持孔内外既定的水位差和泥浆浓度,以起到护壁固壁作用,防止坍孔。若发现有漏水(漏浆)现象,应找原因及时处理。如为护筒本身漏水或因护筒埋置太浅而发生漏水,应堵塞漏洞或用黏土在护壁周围夯实加固,或重埋护筒;若因孔壁土质松散,泥浆加固孔壁作用较差,应在孔内重新回填黏土,待沉淀后再钻进,以加强泥浆护壁。

(2)在钻孔过程中,应根据土质等情况控制钻进速度,调整泥浆稠度,以防止坍孔及钻孔偏斜、卡钻和旋转钻机负荷超载等情况发生。

(3)钻孔宜一气呵成,不宜中途停钻以避免坍孔,若坍孔严重应回填重钻。

(4)钻孔过程中应加强对桩位、成孔情况的检查工作。终孔时应对桩位、孔径、形状、深度、倾斜度及孔底土质等情况进行检验,合格后立即清孔、吊放钢筋笼、灌注混凝土。

3. 清孔及吊装钢筋笼骨架

清孔的目的是除去孔底沉淀的钻渣和泥浆,以保证灌注的钢筋混凝土质量,保证桩的承载力。清孔的方法有以下几种。

1)抽浆清孔

用空气吸泥机吸出含钻渣的泥浆而达到清孔(图5-2-3)。由风管将压缩空气输进排泥管,使泥浆形成密度较小的泥浆空气混合物,在水柱压力下沿排泥管向外排出泥浆和孔底沉渣,同时用水泵向孔内注水,保持水位不变,直至喷出清水或沉渣厚度达到设计要求为止,适用于孔壁不易坍塌的各种钻孔方法的柱桩和摩擦桩。

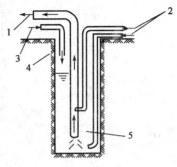

图5-2-3 抽浆清孔
1-泥浆砂石渣喷出;2-通入压缩空气;
3-注入清水;4-护筒;5-孔底沉积物

2)掏渣清孔

用掏渣筒或大锅锥掏清孔内粗粒钻渣,适用于冲抓、冲击、简便旋转成孔的摩擦桩。

3)换浆清孔

正、反循环旋转钻机可在钻孔完成后不停钻、不进尺,继续循环换浆清渣,直至达到清理泥浆的要求,适用于各类土层的摩擦桩。

钻孔桩的钢筋应按设计要求预先焊成钢筋骨架,整体或分段就位,吊入钻孔。钢筋骨架吊放前应检查孔底深度是否符合设计要求,孔壁有无妨碍骨架吊放和正确就位的情况。钢筋骨架吊装可利用钻架或另立扒杆进行。吊放时应避免骨架碰撞孔壁,并保证骨架外混凝土保护层厚度,应随时校正骨架位置。钢筋骨架达到设计高程后,即将骨架牢固定位于孔口,立即灌注混凝土。

4. 灌注水下混凝土

目前,我国多采用直升导管法灌注水下混凝土。

1)灌注方法及有关器具

导管法灌注水下混凝土的施工过程如图5-2-4所示。

将导管居中插入到离孔底0.30~0.40m(不能插入孔底沉积的泥浆中),导管上口接漏斗,在接口处设隔水栓,以隔绝混凝土与导管内水的接触。在漏斗中储备足够数量的混凝土后,放开隔水栓,储备的混凝土连同隔水栓向孔底猛落,这时孔内水位骤涨外溢,说明混凝土已灌入孔内。若落下有足够数量的混凝土则将导管内水全部压出,并使导管下口埋入孔内混凝土1~1.5m深,保证钻孔内的水不可能重新流入导管。随着混凝土不断通过漏斗、导管灌入钻孔,钻孔内初期灌注的混凝土及其上面的水或泥浆不断被顶托升高,相应地不断提升导管和拆除导管,这时应保持导管的埋入深度为2~4m,最大不宜大于4m,拆除导管时间不超过15min,直至钻孔灌注混凝土完毕。

导管是内径0.20~0.40m的钢管,壁厚3~4mm,每节长度为1~2m,最下面一节导管应较长,一般为 3~4m。导管两端用法兰盘及螺栓连接,并垫橡皮圈以保证接头不漏水,导管内壁应光滑,内径大小一致,连接牢固,在压力下不漏水。

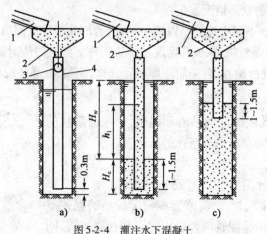

图 5-2-4 灌注水下混凝土
1-通混凝土储料槽;2-漏斗;3-隔水栓;4-导管

隔水栓过去常用直径较导管内径小 20~30mm 的木球、混凝土球、砂袋等,以粗铁丝悬挂在导管上口或近水面处,要求能在管内滑动自如不至卡管,现在也有在漏斗与导管接头处设置活门或铁抽钣等的。

为了首批灌注桩的混凝土数量能保证将导管内水全部压出并满足导管初次埋入深度的需要,应计算漏斗应有的最小容量从而确定漏斗的尺寸大小。漏斗和储料槽最小容量(m^3)为:

$$V = h_1 \times \frac{\pi d^2}{4} + H_c \times \frac{\pi D^2}{4} \tag{5-2-1}$$

$$h_1 = H_w \gamma_w / \gamma_c$$

式中:H_c——导管初次埋深加开始时导管底离孔底的间距,m;
h_1——孔内混凝土高度达 H_c 时,导管内混凝土柱为与导管外水压平衡所需要高度,m;
H_w——孔内水面到混凝土面的高度,m;
γ_w、γ_c——孔内水或泥浆、混凝土重度;
d、D——导管、桩孔直径,m。

漏斗顶端应比桩顶(桩顶在水面以下时应比水面)高出至少 3m,以保证灌注混凝土最后阶段时,管内混凝土重能满足顶托管外混凝土及其上水压或泥浆重量的需要。

2)对混凝土材料的要求

为了保证水下灌注混凝土的质量,混凝土的配合比按设计强度的混凝土强度等级提高 20% 进行设计;混凝土应有必要的流动性,以坍落度表示,宜在 180~220mm 范围内;混凝土用量不少于 350kg/m^3,水灰比宜用 0.5~0.6,并可适当提高含砂率(宜采用 40%~50%)使混凝土有较好的和易性;为防卡管,石料尽可能用卵石,适宜粒径为 5~30mm,最大粒径不应超过 40mm。

3)混凝土浇筑及成桩检测

在混凝土浇筑过程中,为了随时掌握钻孔内混凝土顶面的实际高度,可用测绳和测深锤直接测定。测深锤一般用锥形锤,锤底直径 15cm 左右,高 20cm,质量为 5kg,外壳可用钢板焊制,内装铁砂配重后密封。为保证灌注桩成桩后的质量,可用超声波法等进行无损检测。

4)灌注水下混凝土注意事项

灌注水下混凝土是钻孔灌注桩施工最后一道关键性的工序,其施工质量将严重影响桩的质量,施工中应注意以下几点:

(1)混凝土拌和必须均匀,尽可能缩短运输距离和减小颠簸,防止混凝土离析而发生卡管事故。

(2)灌注混凝土必须连续作业,一气呵成,避免任何原因的中断灌注,因此混凝土的搅拌和运输设备应满足连续作业的要求,孔内混凝土上升到接近钢筋笼架底处时应防止钢筋笼架被混凝土顶起。

(3)在灌注过程中,要随时测量和记录孔内混凝土灌注高程和导管入孔长度,以控制和保证导管埋入孔内混凝土有适当的深度,防止导管提升过猛管底提离混凝土面或埋入过浅,而使导管内进水造成断桩夹泥;也要防止导管埋入过深,而造成导管内混凝土压不出或导管被混凝土埋住而不能提升,导致中止浇灌而断桩。

(4)灌注的桩顶高程应比设计值预加一定的高度,此范围内的浮浆和混凝土应凿除,以确保桩顶混凝土的质量,预加高度一般为0.5m,深桩应酌情增加。

桩身混凝土达到设计强度要求后,按规定检查后方可灌注系梁、盖梁或承台。

四、挖孔灌注桩的施工

挖孔灌注桩适用于无水或少水的较密实的各类土层中,桩的直径(或边长)不宜小于1.4m,孔深一般不宜超过20m。

挖孔桩有如下优点:

(1)井壁和井底情况清楚可见,有利于验证原设计条件和地质情况。

(2)和钻孔桩相比,无泥浆护壁,基底亦无泥浆沉积,更利于保证桩身支承力。

(3)不存在断桩、塌孔以及掉钻头诸问题。

(4)基底可适当向外扩大,以提高桩基支承力。

挖孔桩施工,必须在保证安全的前提下不间断地快速进行。每一桩孔开挖、提升出土、排水、支撑、立模板、吊装钢筋骨架、灌注混凝土等作业都应事先准备好,紧密配合。

1. 开挖桩孔

一般采用人工开挖,开挖之前应清除现场四周及山坡上悬石、浮土等,排除一切不安全的因素,做好孔口四周临时围护和排水设备。孔口应采取措施防止土石掉入孔内,并安排好排土提升设备(卷扬机或木绞车等),布置好弃土通道,必要时孔口应搭雨棚。

挖孔过程中要随时检查桩孔尺寸和平面位置,防止误差。注意施工安全,下孔人员必须佩戴安全帽和安全绳,提取土渣的机具必须经常检查。孔深超过10m时,应经常检查孔内二氧化碳浓度,如超过0.3%应增加通风措施。孔内如用爆破施工,采用浅眼爆破法,且在炮眼附近要加强支护,以防止振坍孔壁。桩孔较深时,应采用电引爆,爆破后应通风排烟,经检查孔内无毒后施工人员方可下孔继续开挖。

2. 护壁和支撑

挖孔桩开挖过程中,开挖和护壁两个工序必须连续作业,以确保孔壁不坍。应根据地

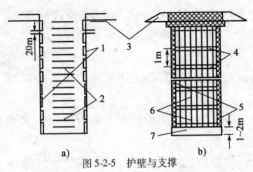

图 5-2-5 护壁与支撑
1—就地灌注混凝土护壁；2—固定在护壁上供人上下用的钢筋；3—孔口围护；4—木框架支撑；5—支撑木板(满铺或间隔铺)；6—木框架间支撑；7—不设支撑地段

质、水文条件、材料来源等情况因地制宜选择支撑及护壁(图 5-2-5)方法。桩孔较深、土质较差、出水量较大或遇流沙等情况时，宜采用就地灌注混凝土护壁，每下挖 1～2m 灌注一次，随挖随支。护壁厚度一般采用 0.15～0.20m，混凝土为 C15～C20，必要时可配置少量的钢筋，也可采用下沉预制钢筋混凝土圆管护壁。如土质较松散而渗水量不大时，可考虑用木料作框架式支撑或在木框架后面铺架木板作支撑。木框架或木框架与木板间应用扒钉钉牢，木板后面也应与土面塞紧。如土质情况尚好，若渗水不大时也可用荆条、竹笆作护壁，随挖随护壁，以保证挖土安全进行。

3. 排水

孔内如渗水量不大，可采用人工排水(手摇木绞车或小卷扬机配合提升)；渗水量较大，可用高扬程抽水机或将抽水机吊入孔内抽水。若同一墩台有几个桩孔同时施工，可以安排一孔超前开挖，使地下水集中在一孔排除。

4. 吊装钢筋骨架及灌注桩身混凝土

孔挖到设计深度后，应检查和处理孔底、孔壁。清除孔壁及孔底浮土，孔底必须平整，符合设计条件及尺寸，以保证桩身混凝土与孔壁及孔底密贴，受力均匀。吊装钢筋骨架及灌注水下混凝土的有关方法及注意事项与钻孔灌注桩基本相同。

挖孔桩在挖孔过深(超过 15～20m)，或孔壁土质易于坍塌，或渗水量较大的情况下，应慎重考虑，避免不安全事故发生。

五、预制沉桩的施工

1. 桩的预制

钢筋混凝土预制桩分实心桩和空心管桩两种。钢筋混凝土空心管桩制作工艺较复杂，一般采用离心成型法在预制厂制造。实心桩可在预制厂制造，但当工地附近没有预制厂时，从远处工厂将桩运往工地往往不经济，宜在工地选择合适的场地进行预制。这时要注意：

(1) 场地布置要紧凑，尽量靠近打桩地点，但地势要防止被洪水所淹。

(2) 地基要平整密实，并应铺设混凝土地坪或专设桩台。

(3) 制桩材料的进场路线与成桩运往打桩地点的路线，不应互受干扰。

预制桩的混凝土必须连续一次浇制完成，宜用机械搅拌和振捣，以确保桩的质量。桩上应标明编号、制作日期，并填写制桩记录。桩的混凝土强度必须大于设计强度的 70% 时，方可吊运；达到设计强度时方可使用。

2. 桩的吊运

预制的钢筋混凝土桩由预制场地吊运到桩架内，在起吊、运输、堆放时，都应该按照设计计算的吊点位置起吊(一般吊点应在桩内预埋直径 20～25mm 的钢筋吊环，或用油漆在桩身标明)；否则，桩身受力情况与计算不符，可能引起桩身混凝土开裂。

预制钢筋混凝土桩主筋是沿桩长按设计内力配置的,吊运时,吊点位置常根据吊点处由桩重产生的负弯矩与吊点间由桩重产生的正弯矩相等原则确定,这样较为经济。一般的桩在吊运时,采用两个吊点,如桩长为 L,吊点离每端距离为 $0.207L$,插桩时为单点起吊。为了使桩内正、负弯矩相等,可将吊点设在 $0.293L$ 处;如桩长不超过 10m,也可利用 $0.207L$ 吊点。吊运较长的桩时,为减少内力,节省钢筋,采用三点或四点起吊,吊点的布置根据相应的弯矩值,即可进行桩身配筋,或验算其吊运时的强度。

3. 预制桩的施工方法

1) 打入法

打入法是靠桩锤的冲击能量将桩打入土中,因此桩径不能太大(在一般土质中桩径不大于 0.6m),桩的入土深度也不宜太深(在一般土质中不超过 40m);否则,对打桩设备要求较高,而打桩效率则很差。打入桩所用的基桩主要为预制的钢筋混凝土桩或预应力混凝土桩。打入桩常用的设备是桩锤和桩架。此外,还有射水装置、桩帽和送桩等辅助设备。

(1) 桩锤。

常用的桩锤有坠锤、单动汽锤、双动汽锤、柴油锤及液压气垫锤等几种。

坠锤是最简单的桩锤,它是由铸铁或其他材料做成的锥形或柱形重块,重 2~20kN,用绳索或钢丝绳通过吊钩由人力或卷扬机沿桩架导杆提升 1~2m,然后使锤自由落下锤击桩顶。此法打桩效率低,每分钟仅能打数次,但设备较简单,适用于小型工程中打木桩或小直径的钢筋混凝土预制桩。

单动汽锤、双动汽锤是利用蒸汽或压缩空气将桩锤在桩架内顶起下落锤击基桩。单动汽锤重 10~100kN,每分钟冲击 20~40 次,冲程 1.5m 左右;双动汽锤重 3~10kN,每分钟冲击 100~300 次,冲程数百毫米,打桩效率高。单动汽锤适用于打钢桩和钢筋混凝土实心桩,双动汽锤冲击频率高,一次冲击动能较小,适用于打较轻的钢筋混凝土桩或钢板桩,它除了打桩还可以拔桩。

柴油锤实际上是一个柴油汽缸,工作原理同柴油机,利用柴油在汽缸内压缩发热点燃而爆炸将汽缸沿导向杆顶起,下落时锤击桩顶。柴油锤不需要汽锤那样笨重的桩架和动力设备,但冲击能量较低,国内常用的锤重为 6~35kN,每分钟冲击 50~60 次,冲程 1m 左右,常用来打较轻型的钢筋混凝土桩。国内少数工程采用重型柴油锤,锤重达 70kN,可打钢桩或钢筋混凝土桩。

另外,施工中还应考虑隔声罩,从能准确地获得桩的承载力来看,锤击法是一种较为优越的施工方法,但因噪声高故在市区内难以采用。为了防止噪声,用隔声罩将整个柴油锤包裹起来,以达到防止噪声扩散和油烟发散的目的。

打入桩施工时,应适当选择桩锤重量。桩锤过轻,桩难以打下,效率太低,还可能将桩头打坏。所以一般认为,应重锤轻打。但桩锤过重,则各机具、动力设备都需加大,不经济。

(2) 桩架。

桩架的作用是装吊桩锤、插桩、打桩、控制桩锤的上下方向,由导杆(又称龙门,控制锤和桩在打桩时的上下和打入方向)、起吊设备(滑轮、绞车、动力设备等)、撑架(支撑导杆)及底盘(承托以上设备)等组成。桩架在结构上必须有足够强度、刚度和稳定性,保证在打桩过程中的动力作用下桩架不会发生移动和变位。桩架的高度应保证桩吊立就位时的需要及锤击的必要行程。

常用的桩架有木桩架和钢桩架,只适用于坠锤或小型的单动汽锤。柴油锤本身带有钢制桩架,由型钢制成。桩移动时可在底盘托板下面垫上滚筒,或用轮子和钢轨等方式,利用动力装置牵引移动。

钢制万能打桩架的底盘带有转台和车轮(下面铺设钢轨),撑架可以调整导向杆的斜度,因此它能沿轨道移动,能在水平面作360°旋转,也能打斜桩,施工很方便,但桩架本身笨重,拆装运输较困难。

在水中的墩台桩基础,应先打好水中支架桩(小型的钢筋混凝土桩或木桩),上面搭设打桩工作平台,当水中墩台较多或河水较深时,也可采用船上打桩架施工。

(3)射水装置。

在锤击沉桩过程中,如下沉遇到困难,可用射水方法助沉。利用高压水流通过射水管冲刷桩尖或桩侧的土,可减小桩的下沉阻力,从而提高桩的下沉效率。高压水流由高压水泵提供。

(4)桩帽与送桩。

桩帽的作用是直接承受锤击,保护桩顶,并保证锤击力作用于桩的断面中心。因此,要求桩帽构造坚固,桩帽尺寸与锤底、桩顶及导向杆相吻合,顶面与底面均平整且与中轴线垂直,还应设耳环以便起吊。桩帽上部为由硬木制成的垫木,下部套在桩顶上,桩帽与桩顶间宜填麻袋或草垫等缓冲物。

送桩可用硬木、钢或钢筋混凝土制成。当桩顶位于水下或地面以下,或打桩机位置较高时,可用一定长度的送桩套连在桩顶上,就可使桩顶沉到设计高程。送桩长度应按实际需要确定,为施工方便,应多备几根不同长度的送桩。

(5)打桩过程应注意的事项。

①为了避免或减轻打桩时由于土的挤压,使后打桩打入困难或先打入的桩被推挤而发生移动,打桩的顺序应由基础的一端向另一端进行;当桩基础平面尺寸较大时,也可由中间向两端进行。

②在打桩前,应检查锤的上下活动中心线与桩的中心线是否一致,锤的重心与桩中心线是否一致,桩位是否正确,桩的垂直度或倾斜度是否符合设计要求,打桩架是否安置牢固平稳。桩顶应采用桩帽、桩垫保护,以免打裂。

③桩开始打入时,应轻击慢打,每次的锤击能不宜过大,随着桩的打入,逐渐增大锤击的冲击能量。

④在打桩过程中,随着桩入土深度的增加,每次锤击的贯入度将随之减小,它在一定程度上能反映出桩的承载能力,因此在打桩时,应记录桩的贯入度,作为桩是否达到设计要求的一个参考数据。对于特大桥梁和地质复杂的大、中桥,打桩工程开始前应进行试桩和静载试验,以确定基桩的入土深度及贯入度,保证基桩具有设计的承载能力。

⑤打桩过程中应随时注意观测打入情况,防止基桩的偏移,并填写打桩记录。打桩时往往会因桩锤重量配备不妥、锤提升高度不当或地质情况的变化而发生桩身突然倾斜、锤击时锤严重回弹、桩的贯入度突然变化,或桩头破损、桩身产生裂缝等情况。此时应暂停打桩,查明原因,采取措施(如用射水沉桩法配合锤击,改变打桩设备,加固桩身等)后方可继续施工。

打桩完毕按规定检查后,方可灌注承台。

2)振动法

振动法是用振动打桩机(振动桩锤)将桩打入土中的施工方法。其原理是由振动打桩机使桩产生上下方向的振动,在清除桩与周围土层间摩擦力的同时,使桩尖地基松动,从而使桩贯入或拔出。

桥梁基础采用管柱基础时,直径大,重量也大,特别适宜用振动法沉桩。振动法沉桩的主要设备是振动打桩机,它是苏联于 20 世纪 40 年代首创的。1954 年我国武汉长江大桥首次应用,在南京长江大桥修建时已经发展到激振力为 500t 的振动打桩机。现在日本是世界上制造振动打桩机最多的国家。

振动法施工不仅可有效地用于打桩,也可用于拔桩;虽然振动下沉,但噪声较小;在砂性土中最有效,而在硬地基中则难以打进,施工速度快;不会损坏桩头;不用导向架也能打进;移位操作方便;需要的电源功率大。

振动桩锤的重量(或振动力)与桩打进能力的关系为:桩的断面大和桩身长者,桩锤重量应大;随地基的硬度加大,桩锤的重量也应增大;振动力大,则桩的贯入速度快。

3) 射水法

射水法是利用小孔喷嘴以 300~500kPa 的压力喷射水,使桩尖和桩周围土松动的同时,桩受自重作用而下沉的方法。它极少单独使用,常与锤击和振动法联合使用。当射水沉桩到距设计高程尚差 1~1.5m 时,停止射水,用锤击或振动恢复其承载力。这种施工方法对黏性土、砂性土都适用,在细砂土层中特别有效。

射水沉桩的特点是:对较小尺寸的桩不会损坏,施工时噪声和振动极小。

4) 压入法

压入法是在软土地基中,用液压千斤顶或桩头加重物以施加顶进力将桩压入土层中的施工方法。其特点为:施工时产生的噪声和振动较小;桩头不易损坏;桩在贯入时相当于给桩做静载试验,故可准确知道桩的承载力;压入法不仅可用于竖直桩,而且也可用于斜桩和水平桩;但机械的拼装移动等均需要较长的时间。

六、水中桩基础施工

水中修筑桩基础比旱地上施工要复杂、困难得多,尤其是在深水急流的大河中修筑桩基础。为了适应水中施工的环境,就要增添浮运沉桩及有关的设备和采用水中施工的特殊方法。

常用的浮运沉桩设备是将桩架安设在驳船或浮箱组合的浮体上,或使用专用的打桩船。有时配合使用定位船、吊船等,在组合的船组中备有混凝土工厂、水泵、空气压缩机、动力设备、龙门吊或履带吊车及塔架等施工机具设备。所用设备可根据采用的施工方法和施工条件选择确定。

水中桩基础施工方法有多种,就常用的基本方法分浅水和深水施工简要介绍如下。

1. 浅水中桩基础施工

对于位于浅水或临近河岸的桩基,其施工方法类同于浅水浅基础常采用的围堰修筑法,即先筑围堰,后沉基桩的方法。对围堰所用材料和形式,以及各种围堰应注意的要求,与浅基础施工相同。围堰筑好后,便可抽水挖坑或水中吸泥挖坑再抽水,然后作基桩施工。临近河岸的基础若场地足够大时,桩基础施工如同在旱地施工一样;河中桩基础施工,一般可借围堰支撑或用万能杆件拼制或打临时桩搭设脚手架,将桩架或龙门架与导向架设置在堰顶和脚手架平台上进行基桩施工。

在浅水中建桥,常在桥位旁设置施工临时便桥。在这种情况下,可利用便桥和相应搭设的脚手架,把桩架或龙门架与导向架安置在便桥和脚手架上,利用便桥进行围堰和基桩施工,这样在整个桩基础施工中可不必动用浮运打桩设备,同时也可解决料具、人员运输问题。设置临时施工便桥应在整个建桥施工方案中考虑,根据施工场地的水文地质、工程地质、施工条件和经济效益来确定。一般在水深不大、流速不大、不通航、便桥临时桩施工不困难的河道上,可考虑采用建横跨全河的便桥,或靠两岸段的便桥方案。

2. 深水中桩基础施工

在宽大的江河深水中施工桩基础时,常采用笼架围堰和吊箱等施工方法。

1) 围堰法

在深水中的低桩承台桩基础或承台墩身有相当长度需在水下施工时,常采用围笼修筑钢板桩围堰进行桩基础施工。

钢板桩围堰桩基础施工的方法与步骤如下:

(1) 在导向船上拼制围笼,拖运至墩位,将围笼下沉、接高、沉至设计高程,用锚船(定位船)或抛锚定位(图5-2-6)。

(2) 在围笼内插打定位桩,并将围笼固定在定位桩上;退出导向船。

(3) 在围笼上搭设工作平台,安置钻机或打桩设备。

(4) 沿围笼插打钢板桩,组成防水围堰。

(5) 完成全部基桩的施工(钻孔灌注桩或打入桩)。

(6) 用吸泥机吸泥,开挖基坑。

(7) 基坑经检验后,灌注水下混凝土封底,这时要注意的问题是,封底混凝土不能漏水。

(8) 待封底混凝土达到规定强度后抽水,修筑承台和墩身直至出水面。

(9) 拆除围笼,拔除钢板桩。

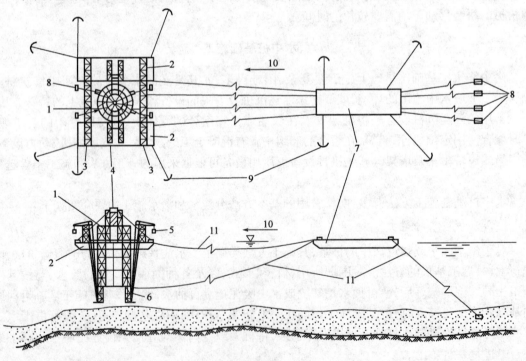

图5-2-6 围笼定位示意图

1-围笼;2-导向船;3-连接梁;4-起重塔架;5-平衡重;6-围笼将军柱;7-定位船;8-混凝土锚;9-铁锚;10-水流方向;11-钢丝绳

在施工中也有采用先完成全部基桩施工后,再进行钢板桩围堰的施工步骤。是先筑围堰还是先打基桩,应根据现场水文、地质条件、施工条件、航运情况和所选择的基桩类型等情况确定。

2) 吊箱法和套箱法

在深水中修筑高桩承台桩基时,由于承台位置较高不需座落到河底,一般采用吊箱方法修筑桩基础,或在已完成的基桩上安置套箱的方法修筑高桩承台。

(1) 吊箱法。

吊箱是悬吊在水中的箱形围堰,基桩施工时用作导向定位,基桩完成后封底抽水,灌注混凝土承台。

吊箱一般由围笼、底盘、侧面围堰板等几部分组成。

吊箱围笼平面尺寸与承台相应,分层拼装,最下一节将埋入封底混凝土内,以上部分可拆除周转使用。

顶部设有起吊的横梁和工作平台,并留有导向孔。

底盘用槽钢作纵、横梁,梁上铺以木板作封底混凝土的底板,并留有导向孔以控制桩位。侧面围堰板由钢板制成,整块吊装。

吊箱法的施工方法与步骤如下(图 5-2-7):

①在岸上或岸边驳船 1 上拼制吊箱围堰,浮运至墩位,吊箱 2 下沉至设计高程。
②插打围堰外定位桩 3,并固定吊箱围堰于定位桩上。
③基桩 5 施工。
④填塞底板缝隙,灌注水下混凝土。
⑤抽水,将桩顶钢筋伸入承台,铺设承台钢筋,灌注承台及墩身混凝土。
⑥拆除吊箱围堰连接螺栓外框,吊出围笼。

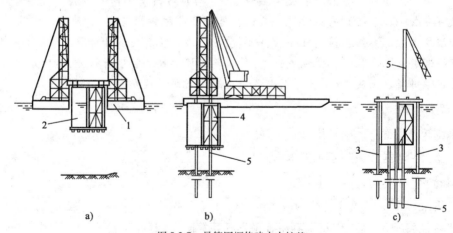

图 5-2-7 吊箱围堰修建水中桩基
1-驳船;2-吊箱;3-定位桩;4-围笼;5-基桩

(2) 套箱法。

这种方法是针对先用打桩船(或其他方法)完成全部基桩施工后,修建高桩承台基础的水中承台的一种方法。

套箱可预制成与承台尺寸相应的钢套箱或钢筋混凝土套箱,箱底板按基桩平面位置留有桩孔。基桩施工完成后,吊放套箱围堰,将基桩顶端套入套箱围堰内,并将套箱固定在定

173

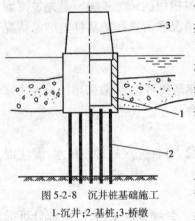

图 5-2-8 沉井桩基础施工
1-沉井;2-基桩;3-桥墩

位桩上,然后浇筑水下混凝土封底,待达到规定强度后即可抽水,继而施工承台和墩身结构。

施工中应注意:水中直接打桩及浮运箱形围堰吊装的正确定位,一般均采用交汇法控制,在大河中有时还需搭临时观测平台;在吊箱中插打基桩,由于桩的自由长度大,应细心把握吊沉方位;在浇灌水下混凝土前应将底桩缝隙堵塞好。

3) 沉井结合法

在深水中施工桩基础,当水底河床基岩裸露,或卵石、漂石土层钢板围堰无法插打,或在水深流急的河道上为使钻孔灌注桩在静水中施工时,还可以采用浮运钢筋混凝土沉井或薄壁沉井作桩基施工时的挡水挡土结构和沉井顶设工作平台(5-2-8)。

工作任务三 沉井施工

学习目标

1. 知道沉井基础的适用条件;
2. 掌握旱地上沉井的施工方法;
3. 掌握水中沉井的施工方法;
4. 明确泥浆润滑套和气幕法沉井的施工方法;
5. 能够对沉井下沉过程中遇到的问题进行处理并进行预案制订。

任务描述

教师根据全班组数准备若干有关桥梁施工图(与学习情境一同一资料),学生分组(视班级总人数可分 5~6 人/组),每组推选一名组长负责任务的组织与实施,最终以组为单位上交沉井基础施工方案。各组在接到任务后,认真学习公路桥涵有关设计标准及规范的相关内容,结合教师讲课并视需要收集其他相关信息,每组各成员单独准备分析材料,然后分组讨论并由一人做好记录并整理上交《××桥梁沉井基础施工方案设计说明书》。

学习引导

本工作任务沿着以下脉络进行学习:

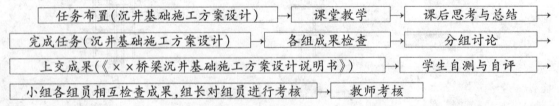

一、适 用 条 件

沉井基础的特点是埋置深度可以很大,整体性强、稳定性好,有较大的承载面积,能承受较大的垂直荷载和水平荷载;沉井既是基础,又是施工时的挡土和挡水围堰结构物,施工工艺并不复杂,因此在桥梁工程中得到较广泛的应用。同时,沉井施工时对邻近建筑物影响较小且内部空间可资利用,因而常用作工业建筑物尤其是软土中地下建筑物的基础,也常用作矿用竖井、地下油库等。沉井基础的缺点是:施工期较长;对粉细砂类土在井内抽水易发生流沙现象,造成沉井倾斜;沉井下沉过程中遇到的大孤石、树干或井底岩层表面倾斜过大,均会给施工带来一定困难。

根据经济合理、施工上可能的原则,一般在下列情况,可以采用沉井基础:

(1)上部荷载较大,而表层地基土的容许承载力不足,做扩大基础开挖工作量大,以及支撑困难,但在一定深度下有好的持力层,采用沉井基础与其他深基础相比较,经济上较为合理时。

(2)在山区河流中,虽然土质较好,但冲刷大,或河中有较大卵石不便桩基础施工时。

(3)岩层表面较平坦且覆盖层薄,但河水较深;采用扩大基础施工围堰有困难时。

二、旱地上沉井的施工

桥梁墩台位于旱地时,沉井可就地制造、挖土下沉、封底、充填井孔以及浇筑顶板。在这种情况下,一般较容易施工,工序如图5-3-1所示。

1. 整平场地

如天然地面土质较好,只需将地面杂物清掉整平地面,就可在其上制造沉井。如为了减小沉井的下沉深度,也可在基础位置处挖一浅坑,在坑底制造沉井下沉,坑底应高出地下水面0.5～1.0m。如土质松软,应整平夯实或换土夯实。在一般情况下,应在整平场地上铺上不小于0.5m厚的砂或砂砾层。

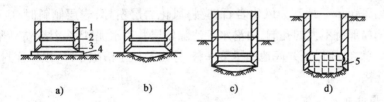

图5-3-1 沉井施工顺序图
a)制作第一节沉井;b)抽垫木、挖土下沉;c)沉井接高下沉;d)封底
1-井壁;2-凹槽;3-刃脚;4-承垫木;5-素混凝土封底

2. 制造第一节沉井

由于沉井自重较大,刃脚踏面尺寸较小,应力集中,场地土往往承受不了这样大的压力。所以在整平的场地上应在刃脚踏面位置处对称地铺满一层垫木(可用200mm×200mm的方木)以加大支承面积,使沉井重量在垫木下产生的压应力不大于100kPa。垫木的布置应考虑抽除垫木方便(有时可用素混凝土垫层代替垫木)。然后在刃脚处放上刃脚角钢,竖立内模,绑扎钢筋,立外模,最后浇灌第一节沉井混凝土。模板应有较大的刚度,以免发生挠曲变形。外模板应平滑以利下沉。钢模较木模刚度大,周转次数多,也易于安装。在场地土质较好处,也可采用土模。

3. 拆模及抽垫木

沉井混凝土达到设计强度的70%时可拆除模板,强度达设计强度后才能抽撤垫木。抽撤垫木应按一定的顺序进行,以免引起沉井开裂、移动或倾斜。其顺序是:撤除内隔墙下的垫木,再撤沉井短边下的垫木,最后撤长边下的垫木。拆长边下的垫木时,以定位垫木(最后抽撤的垫木)为中心,对称地由远到近拆除,最后拆除定位垫木。注意在抽垫木过程中,抽除一根垫木应立即用砂回填并捣实。

4. 挖土下沉

沉井下沉施工可分为排水下沉和不排水下沉。当沉井穿过的土层较稳定,不会因排水而产生大量流沙时,可采用排水下沉。土的挖除可采用人工挖土或机械除土,排水下沉常用人工挖土,它适用于土层渗水量不大且排水时不会产生涌土或流沙的情况;人工挖土可使沉井均匀下沉和清除井下障碍物,但应采取措施,确实保证施工安全。排水下沉时,有时也用机械除土。不排水下沉一般都采用机械除土,挖土工具可以是抓土斗或水力吸泥机,如土质较硬,水力吸泥机需配以水枪射水将土冲松。由于吸泥机是将水和土一起吸出井外,故需经常向井内加水维持井内水位高出井外水位1~2m,以免发生涌土或流沙现象。

5. 接高沉井

第一节沉井顶面下沉至距地面还剩1~2m时,应停止挖土,接筑第二节沉井。接筑前应使第一节沉井位置正直,凿毛顶面,然后立模浇筑混凝土。待混凝土强度达设计要求后再拆模继续挖土下沉。

6. 地基检验和处理

沉井沉至设计高程后,应进行基底检验。检验内容是地基土质是否和设计相符?是否平整?并对地基进行必要的处理。如果是排水下沉的沉井,可以直接进行检查,不排水下沉的沉井由潜水工进行检查或钻取土样鉴定。地基为砂土或黏性土时,可在其上铺一层砾石或碎石至刃脚底面以上200mm。地基为风化岩石,应将风化岩层凿掉,岩层倾斜时,应凿成阶梯形。若岩层与刃脚间局部有不大的孔洞,由潜水工清除软层并用水泥砂浆封堵,待砂浆有一定强度后再抽水清基。总之,要保证井底地基尽量平整,浮土及软土清除干净,以保证封底混凝土、沉井及地基紧密连接。

7. 封底、充填井孔及浇筑顶盖

地基经检验及处理合乎要求后,应立即进行封底。如封底是在不排水情况下进行,则可用导管法灌注水下混凝土(见钻孔灌注桩施工),若灌注面积大,可用多根导管,以先周围后中间,先低后高的次序进行灌注。待混凝土达设计强度后,再抽干井孔中的水,填筑井内圬工。如井孔中不填料或仅填以砾石,则井顶面应浇筑钢筋混凝土顶盖,以支承墩台,然后砌筑墩身,墩身出土(或水面)后可拆除临时性的井顶围堰。

三、水中沉井的施工

沉井的施工方法与墩台基础所在地点的地质和水文情况有关。在水中修筑沉井时,应对河流汛期、通航、河床冲刷进行调查研究,并制订施工计划。尽量利用枯水季节进行施工。如施工须经过汛期时,应采取相应的措施,以确保安全。

1. 筑岛法

水流速不大,水深在3~4m以内,可用水中筑岛的方法。筑岛材料为砂或砾石,周围用草袋围护,如水深较大,可作围堰防护。岛面应比沉井周围宽出2m以上,作为护道,并应高出施工最高水位0.5m以上。砂岛地基强度应符合要求,然后在岛上浇筑沉井。如筑岛压缩水面较大,可采用钢板桩围堰筑岛,但要考虑沉井重力对它产生的侧向压力,为避免沉井对它的影

响,可按下式决定围堰距井壁外缘的距离:

$$b \geq H\tan\left(45° - \frac{\varphi}{2}\right) \tag{5-3-1}$$

式中:H——筑岛高度;
φ——砂在水中的内摩擦角。

距离 b 可以作为护道,一般 b 不小于 2.0m。

其余施工方法与旱地施工相同。

2. 浮运沉井施工

水深较大,如超过 10m 时,筑岛法很不经济,且施工也困难,可改用浮运法施工。

沉井在岸边做成,利用在岸边铺成的滑道滑入水中,然后用绳索引到设计墩位。沉井井壁可做成空体形式或采用其他措施(如带木底或装上钢气筒)使沉井浮于水上,也可以在船坞内制成用浮船定位和吊放下沉或利用潮汐,水位上涨浮起,再浮运至设计位置。

沉井就位后,用水或混凝土灌入空体,徐徐下沉直至河底;或依靠在悬浮状态下接长沉井及填充混凝土使它逐步下沉,这时每个步骤均需保证沉井本身足够的稳定性。沉井刃脚切入河床一定深度后,可按前述下沉方法施工。

四、沉井下沉过程中遇到的问题及处理方法

沉井在利用自身重力下沉过程中,常遇到的主要问题有如下几种。

1. 沉井发生倾斜和偏移

在下沉过程中应随时观测沉井的位置和方向,发现与设计位置偏差过大时,应及时纠正。纠正前应分析偏斜的原因。偏斜原因主要有:土岛表面松软,使沉井下沉不均,河底土质软硬不匀;挖土不对称;井内发生流沙,沉井突然下沉,而刃脚遇到障碍物顶住而未及时发现;井内挖除的土堆压在沉井外一侧,沉井受压偏移或水流将沉井一侧土冲空等。沉井偏斜大多数发生在沉井下沉不深的时候,下沉较深时,只要控制得好,发生倾斜较少。

沉井如发生倾斜可采用下述方法纠正:在沉井高的一侧集中挖土;在低的一侧回填砂石;在沉井高的一侧加重物或用高压射水冲松土层;必要时可在沉井顶面施加水平力扶正。

纠正沉井中心位置发生偏移的方法是先使沉井倾斜,然后均匀除土,使沉井底中心线下沉至设计中心线后,再进行纠偏。

在刃脚遇到障碍物的情况,必须予以清除后再下沉。清除方法可以是人工排除,如遇树根或钢材可锯断或烧断,遇大孤石宜用少量炸药炸碎,以免损坏刃脚。在不能排水的情况下,由潜水工进行水下切割或水下爆破。

2. 沉井下沉困难

这主要是由于沉井自身重力克服不了井壁摩阻力,或刃脚下遇到大的障碍物所致。解决因摩阻力过大而使下沉困难的方法是从增加沉井自重和减小井壁摩阻力两个方面来考虑的。

(1)增加沉井自重。可提前浇筑上一节沉井,以增加沉井自重,或在沉井顶上压重物(如钢轨、铁块或砂袋等)迫使沉井下沉。对不排水下沉的沉井,可以抽出井内的水以增加沉井自重,用这种方法要保证土不会产生流沙现象。

(2)减小沉井外壁的摩阻力。减小沉井外壁摩阻力的方法是:可以将沉井设计成阶梯形、钟形,或在施工中尽量使外壁光滑;亦可在井壁内埋设高压射水管组,利用高压水流冲松井壁

附近的土,且水流沿井壁上升而润滑井壁,使沉井摩阻力减小;以上几项措施在设计时就应考虑。在刃脚下挖空的情况,可采用炸药,利用炮振使沉井下沉,这种方法对沉井快沉至设计高程时效果较好,但要避免振坏沉井,放药量要少,次数不宜太多。

近年来,对下沉较深的沉井,为了减少井壁摩阻力,常采用泥浆润滑套或壁后压气沉井的方法。

五、泥浆润滑套和气幕法沉井的施工

1. 泥浆润滑套

泥浆润滑套是把配置的泥浆灌注在沉井井壁周围,使井壁与泥浆接触。选用的泥浆配合比应使泥浆性能具有良好的固壁性、触变性和胶体稳定性。一般采用的泥浆配合比(重量比)为黏土35%～45%,水55%～65%,另加分散剂碳酸钠0.4%～0.6%。其中,黏土或粉质黏土要求塑性指数不小于15,含砂率小于6%(泥浆的性能指标以及检测方法可参见有关施工技术手册)。这种泥浆对沉井壁起润滑作用,它与井壁间摩阻力仅3～5kPa,大大降低了井壁摩阻力(一般黏性土对井壁摩阻力为25～50kPa,砂性土为12～25kPa),因而有提高沉井下沉的施工效率、减少井壁的圬土数量、加大沉井的下沉深度、施工中沉井稳定性好等优点。

泥浆润滑套的构造主要包括:射口挡板、地表围圈及压浆管。

射口挡板可用角钢或钢板弯制,置于每个泥浆射出口处固定在井壁台阶上,它的作用是防止泥浆管射出的泥浆直冲土壁而起缓冲作用,防止土壁局部坍落堵塞射浆口。

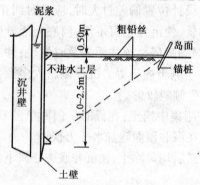

图 5-3-2　泥浆润滑套地表围圈

地表围圈是埋设在沉井周围保护泥浆的围壁(图5-3-2)。它的作用是沉井下沉时防止土壁坍落;保持一定数量的泥浆储存量以保证在沉井下沉过程中泥浆补充到新造成的空隙内;通过泥浆在围圈内的流动,调整各压浆管出浆的不均衡。地表围圈的宽度即沉井台阶的宽度,其高度一般为1.5～2.0m,顶面高出地面或岛面约0.5m,圈顶面宜加盖。其可用木板或钢板制作。

压浆管根据井壁的厚度有井内布置式和井外布置式两种(图5-3-3)。厚壁沉井多采用内管法,薄壁沉井宜采用外管法。

沉井下沉过程中要勤补浆,勤观测,发现倾斜、漏浆等问题要及时纠正。当沉井沉到设计高程时,若基底为一般土质,因井壁摩阻力较小,会形成边清基边下沉的现象,为此,应压入水泥砂浆换置泥浆,以增大井壁的摩阻力。另外,在卵石、砾石层中采用泥浆润滑套效果一般较差。

2. 气幕法

气幕法也是减少沉井下沉时井壁摩阻力的有效方法。它是通过对沿井壁内周围预埋的气管中喷射高压气流,气流沿喷气孔射出,再沿沉井外壁上升,形成一圈压气层使沉井顺利下沉。

施工时压气管分层分布设置,竖管可用塑料管或钢管,水平环管则采用直径为25mm的硬

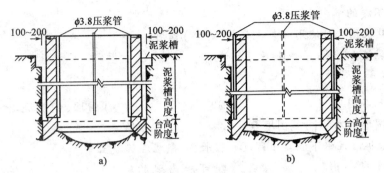

图 5-3-3　井内外压浆管布置图(尺寸单位:mm)
a)井内布置式；b)井外布置式

质聚氯乙烯管,沿井壁外缘埋设。每层水平环管可按四角分为四个区,以便分别压气调整沉井倾斜。压气沉井所需的气压可取静水压力的2.5倍。

与泥浆润滑套相比,壁后压气沉井法在停气后即可恢复土对井壁的摩阻力,下沉量易于控制,且所需施工设备简单,可以水下施工,经济效果好。现认为在一般条件下较泥浆润滑套更为方便,它适用于细、粉砂类土和黏性土,但设计方法和施工措施尚待积累更多的资料。

学习效果自测题

每位学生根据本学习情境的学习目标、教师要求,选择完成下述自测题目,并根据学生自评表的要求,完成自我检验。

一、选择题

1. 为了节约水泥,可在混凝土中加入石块,但加入的数量不宜超过混凝土结构体积的25%,这种混凝土称为(　　)。
   A. 碎石混凝土　　　B. 片石混凝土　　　C. 块石混凝土　　　D. 素混凝土

2. 钻孔灌注桩灌注水下混凝土时,首批灌注混凝土的数量应满足导管初次埋置深度不小于(　　)m。
   A. 1　　　　　　　B. 2　　　　　　　C. 3　　　　　　　D. 4

3. 钻孔灌注桩施工的清孔常用方法不包括(　　)。
   A. 换浆　　　　　　B. 抽浆　　　　　　C. 掏渣　　　　　　D. 填砾石

4. 土石围堰适用于(　　)。
   A. 砂类、黏性土、碎石土及风化岩石等河床的深水基础
   B. 水深1.5m以内,流速0.5m/s以内,河床土质渗水性较小时
   C. 水深3m以内,流速在1.5m/s以内,河床土质渗水性较小时
   D. 埋置不深的水中基础

5. 正循环钻机钻孔时使用泥浆主要起(　　)作用。
   A. 悬浮钻渣和护壁　B. 悬浮钻渣　　　　C. 护壁　　　　　　D. 润滑

6. 钢板桩围堰适用于(　　)。
   A. 砂类、黏性土、碎石土及风化岩石等河床的深水基础
   B. 水深1.5m以内,流速0.5m/s以内,河床土质渗水性较小时
   C. 水深3m以内,流速在1.5m/s以内,河床土质渗水性较小时

D. 埋置不深的水中基础

7. 反循环钻机钻孔时使用泥浆主要起( )作用。
A. 悬浮钻渣和护壁　　B. 悬浮钻渣　　　　C. 护壁　　　　　　D. 润滑

二、填空题

1. 围堰有土石围堰、( )围堰、( )围堰、钢筋混凝土板桩围堰、( )围堰和木(竹)笼围堰等。
2. 钻孔灌注桩灌注水下混凝土因耗时较长,一般应在混凝土中加入( )剂。
3. 围堰高度应高出( )期可能出现的( )水位(包括浪高)50~70cm。
4. 扩大基础主要采用( )法施工,桩基础的成孔有( )和( )两种方法。
5. 基坑大小应满足施工的要求,一般基底应比设计平面尺寸各边增宽( )~( )cm。
6. 钻孔施工方法主要包括( )钻进、( )钻进和正、反( )钻进成孔。
7. 桥梁基础中( )基础、( )基础和( )式基础应用最为广泛。
8. 桩基础按承受荷载的工作原理分为( )桩、( )桩和嵌岩桩。
9. 桩基水下混凝土灌注,首批灌注的数量应能满足导管初次埋置( )和填充导管( )间隙的要求。
10. 桩基础包括( )桩、( )桩及大直径埋置空心桩。
11. 桩基础按施工方法分为( )桩、( )桩和打入桩。
12. ( )既是基础,又是施工时的挡土和挡水围堰结构物。
13. ( )是把配置的泥浆灌注在沉井井壁周围,形成井壁与泥浆接触。
14. 泥浆润滑套的构造主要包括:( )、( )及( )。

三、判断题

1. 钻孔桩清孔时,孔内水位应保持在地下水位或河流水位以上1.5~2.0m,以防止钻孔的塌陷。( )
2. 挖孔桩控孔时,如孔内的二氧化碳含量超过0.3%或孔深超过10m时,应采用机械通风。( )
3. 由于施工过错废弃的桩,应由一根或多根另增加的桩代替。( )
4. 在无水流冲刷和无冻胀的情况下,基础的埋置深度应在地面以下0.5m。( )
5. 摩擦钻孔桩和柱桩均需清孔。( )
6. 钻孔灌注桩施工在浇筑水下混凝土时,桩顶高程达到设计高程即可。( )
7. 钻孔灌注桩灌注水下混凝土时,首批灌注混凝土的数量应满足导管初次埋置深度不小于0.5m。( )
8. 钻孔灌注桩用反循环回转钻机成孔时,泥浆相对密度越大越好。( )

四、简答题

1. 桥梁基础的形式有哪些?其中哪些应用最广泛?

2. 桥梁基础施工的主要方法有哪些？

3. 基底应比设计尺寸增宽多少？

4. 基坑深度大于 5m 时坑壁应如何处理？

5. 围堰有哪几种形式？分别适用于什么场合？

6. 围堰高度有什么要求？

7. 基坑排水方法有哪几种？

8. 扩大基础的种类有哪些？

9. 混凝土中填放片石时应符合哪些规定？

10. 桩基础按施工方法不同分为哪几种？

11. 泥浆的作用是什么？

12. 钻孔施工方法主要有哪几种？

13. 钻孔灌注桩采用正循环和反循环钻进施工过程中，泥浆分别是怎样循环利用的？它们各自的优缺点是什么？

14. 清孔方法有哪几种？

15. 简述钻孔灌注桩施工中灌注水下混凝土的施工工艺与质量要求。

16. 导管在混凝土中的埋深应控制在什么范围？为什么必须严格控制导管提升时间？

17. 挖孔灌注桩施工适用于什么场合？

18. 挖孔桩施工在终孔和清孔后应进行哪些检查？

19. 根据经济合理、施工上可能的原则，一般在哪些情况，可以采用沉井基础？

20. 沉井下沉困难如何处理？

学习情境六　桥梁墩台施工

工作任务一　桥梁墩台施工机械设备

学习目标
1. 知道墩台施工常用机械设备的类型及使用场合;
2. 能够根据墩台结构类型合理选用施工机械设备。

任务描述
教师根据全班组数准备若干有关桥梁施工图(与学习情境一同一资料),学生分组(视班级总人数可分5~6人/组),每组推选一名组长负责任务的组织与实施,最终以组为单位选择桥梁墩台施工机械设备。各组在接到任务后,认真学习公路桥涵有关设计标准及规范的相关内容,结合教师讲课并视需要收集其他相关信息,每组各成员单独准备分析材料,然后分组讨论并由一人做好记录并整理上交《××桥梁墩台施工机械设备一览表》。

学习引导
本工作任务沿着以下脉络进行学习:

任务布置(选择桥梁墩台施工机械设备)	→	课堂教学	→	课后思考与总结	→
完成任务(选择桥梁墩台施工机械设备)	→	各组成果检查	→	分组讨论	→
上交成果(××桥梁墩台施工机械设备一览表)	→	学生自测与自评	→
小组各组员相互检查成果,组长对组员进行考核	→	教师考核

一、项目引导

桥梁墩台施工是桥梁工程施工中的一个重要部分,其施工质量的优劣,不仅关系到桥梁上部结构的制作与安装质量,而且对桥梁的使用功能也关系重大。桥梁墩台施工方法通常分为两大类:一类是现场就地浇筑与砌筑;一类是拼装预制的混凝土砌块、钢筋混凝土或预应力混凝土构件。多数工程采用前者,其优点是工序简便,机具较少,技术操作难度较小;但是施工期限较长,需耗费较多的人力与物力。近年来,交通建设迅速发展,施工机械(起重机械、混凝土泵送机械及运输机械)也随之有了很大进步,采用预制装配构件建造桥梁墩台的施工方法有新的进展,其特点是既可确保施工质量、减轻工人劳动强度,又可加快工程进度、提高工程效益,对施工场地狭窄,尤其对缺少砂石地区或干旱缺水地区等建造墩台更有着重要意义。

二、相关知识

在进行桥梁墩台施工前,应熟知桥梁墩台施工主要机械设备的种类及用途,确定施工关键设备。施工机械的选型和配套是桥梁墩台施工的重要工作。从工程成本上讲,所使用的设备技术越先进、数量越多,机械费占整个工程费用较大的比例越大,因此,要根据工程的具体质量要求和施工的进度要求合理选型优化配置,既要保证施工质量和进度,又要经济合理,尽可能降低工程成本。

根据桥梁墩台的结构形式、施工方法和施工环境的不同,除必要的施工测量仪器外,主要的施工机械设备有模板、支架、混凝土设备(包括搅拌机、运输设备、振捣器等)及钢筋焊接、切断设备等。

三、模 板

钢筋混凝土墩台施工主要是指现场就地浇筑混凝土一类的墩台构件,在墩台施工时,往往应根据桥址处的场地条件、墩台的结构形状以及模板周转使用的经济性来选择墩台施工的模板组合方式。墩台模板的类型主要可分为拼装式模板和滑升模板两大类,此处着重介绍拼装式模板以及滑升模板的构造及使用方法。

模板的设计、制作、安装和拆卸应符合《公路桥涵施工技术规范》(JTG/T F50—2011)的有关规定。

(1)具有必须的强度、刚度和稳定性,能可靠地承受施工过程中可能产生的各项荷载,保证结构物各部分形状、尺寸的准确。

(2)尽可能采用组合钢模板或大模板,以节约木材并提高模板的适应性和周转率。

(3)模板表面平整,接缝严密不漏浆。

(4)拆装容易,施工时操作方便,保证安全。

各种模板安装时的允许偏差见表6-1-1。

模板安装时的允许偏差表　　　　　　　　　　　　　　表 6-1-1

项　目		允许偏差(mm)
模板高程	基础	±5.0
	柱、墙和梁	±10
	墩台	±10
模板内部尺寸	基础	±30
	墩台	±20
轴线偏位	基础	15
	柱或墙	8
	墩台	10
装配式构件支承面的高程		+2,-5
模板相邻两板表面高低差		2
模板表面平整		5
预埋件中心线位置		3
预留孔洞中心线位置		10
预留孔洞截面内部尺寸		+10,0
支架	纵轴的平面位置	跨度的1/1 000或1/30
	曲线形的高程(包括建筑拱度在内)	+20,-10

1. 拼装模板

拼装模块是根据墩台所需要的形状,由各种尺寸的标准模板利用销钉连接并与拉杆和加劲构件等组成。标准模板一般采用钢、木、胶合板等材料制造,边框多用角钢制作,面板宜采用薄钢板、胶合板等材料。加劲构件一般采用型钢(如槽钢)和方木,如图6-1-1所示。

将墩台表面划分为若干小块,见图6-1-1a),要尽量使每部分板扇尺寸相同,见图6-1-1b),以便于周转使用。板扇高度通常与墩台分节灌注高度相同,一般可为3~6m,宽度为1~2m,具体视墩台尺寸和起吊条件而定。由于模板在厂内加工制造,因此板面平整,尺寸准确,体积小,质量小,拆装容易,运输方便。它适用于高大桥墩或在同类墩、台较多时,待混凝土达到拆模强度后,可以整块拆下,直接或略加修整即可周转使用,拆装模板可用钢材或木材加工制作。钢模用2.5~4mm厚的薄钢板并以型钢为骨架,可重复使用,装拆容易、快速,节约材料,运输方便,成本较低,故应用广泛。

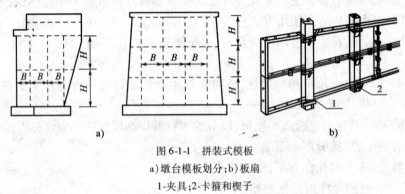

图6-1-1 拼装式模板
a)墩台模板划分;b)板扇
1—夹具;2—卡箍和楔子

2. 整体吊装模板

整体吊装模板属拼装式模板,是将墩台模板水平分成若干段,每段模板组成一个整体,在地面拼装后吊装就位,如图6-1-2所示。分段高度可视起吊能力而定,一般可为2~4m。整体式模板安装时间短,无需设施T接缝,加快了施工进度,提高了施工质量;将拼装模板的高空作业改为平地操作,有利于施工安全;模板刚性较强,可少设拉筋或不设拉筋,节约钢材;可利用模板外框架作简易脚手架,不需另搭施工脚手架;结构简单,装拆方便,可重复使用,对建造较高的桥墩较为经济。主要缺点是需要一套吊装设备。整体吊装模板通常采用钢板和型钢加工而成。

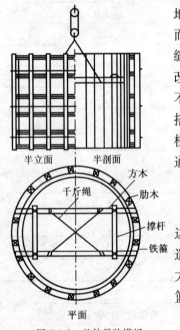

图6-1-2 整体吊装模板

3. 滑升模板

滑升模板是将模板悬挂在工作平台上,沿着墩台结构断面边界拼装模板,并在千斤顶的作用下向上滑升。滑升模板的构造虽因桥墩截面形式不同而稍有差异,但其主要部件和功能却大致相同,一般主要由工作平台、内外模板、混凝土平台、工作吊篮和提升设备等组成,如图6-1-3所示。

(1)工作平台由内钢环、外钢环、辐射梁、栏杆、步板组成,工作平台除提供施工操作场地外,还是整个滑模结构的骨架,因此,其应具有足够的强度和刚度。

(2)内模板、外模板采用薄钢板制作,并通过内立柱、外立柱固定在工作平台的辐射梁上。对于上下壁厚相同的斜坡空心墩,内外模板固定在立柱上,但立柱架(或顶梁)是通过滚轴悬挂在辐射梁上的,并利用收坡丝杆沿辐射梁方向移动。对于上下壁厚不相同的斜坡空心墩,则内外立柱固定在辐射梁上,在模板与立柱间安装收坡丝杆,以便分别移动内外模板位置。

(3)混凝土平台由辐射梁、步板、栏杆等组成,其利用立柱支承在工作平台的辐射梁上,供堆放及浇筑混凝土施工用。

(4)工作吊篮悬挂在工作平台的辐射梁和内外模板立柱上,主要为施工人员操作提供工作平台。

(5)提升设备由千斤顶、顶杆、顶杆导管等组成,通过它顶升工作平台的辐射梁使整个滑模结构提升。

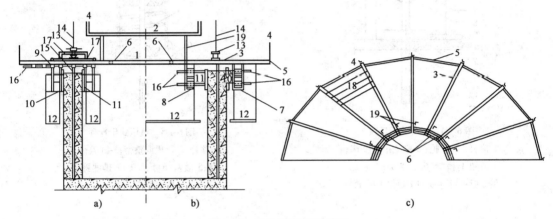

图 6-1-3 滑升模板构造示意图

a)等壁厚收坡滑模半剖面(螺杆千斤顶);b)不等壁厚收坡滑模半剖面(液压千斤顶);c)工作平台半平面

1-工作平台;2-混凝土平台;3-辐射梁;4-栏杆;5-外钢环;6-内钢环;7-外立柱;8-内立柱;9-滚轴;10-外模板;11-内模板;12-吊篮;13-千斤顶;14-顶杆;15-导管;16-收坡丝杆;17-顶架横梁;18-步板;19-混凝土平台立柱

提升所使用的千斤顶主要有螺旋式千斤顶和液压千斤顶两种,其工作步骤如下。

①螺旋式千斤顶工作步骤(图6-1-4)。

转动手轮使螺杆旋转,并由千斤顶座及顶架上横梁带动整个滑模徐徐上升。此时,上卡头、卡瓦、卡扳卡住顶杆,而下卡头、卡瓦、卡板则沿顶杆向上滑行,当滑至与上下卡瓦接触或螺杆不能再旋转时,即完成一个行程的提升。

向相反方向转动手轮,此时,下卡头、卡瓦、卡板卡住顶杆,整个滑模结构处于静止状态,仅上卡头、卡瓦、卡板连同螺杆向上滑行,至上卡头与顶架上横梁接触或螺杆不能再旋转时为止。这样就完成一个行程的复原。

②液压千斤顶工作步骤(图6-1-5)。

进油提升:利用油泵将油压入缸盖与活塞之间,在油压作用下,上卡头立即卡紧顶杆,使活塞固定于顶杆上。随着缸盖和活塞间进油量的增加,缸盖连同缸盖、底座及整个滑模结构一起上升,直至上下卡头顶紧时,提升结束。此时,缸筒排油弹簧完全处于压缩状态。

排油归位:开通回油管路,解除油压,利用排油弹簧推动下卡头使其与顶杆卡紧,同时,推动上卡头将油排出缸筒,在千斤顶及整个滑模位置不变的情况下,使活塞回到进油前位置。到此完成了一个提升循环。

提升时,滑模与平台上的临时荷载全由顶杆承受。顶杆一端埋置于墩台结构的混凝土中,一端穿过千斤顶芯孔,每节长 2~4 m,用工具或焊接连接。为节省钢材,使支承套顶杆能重复利用,可在顶杆外安装套管,等施工完毕后,可拔出支承顶杆。

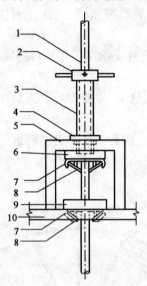

图 6-1-4 螺旋式千斤顶
1-顶杆;2-手抢;3-螺杆;4-顶座;
5-顶架上横梁;6-上卡头;7-卡瓦;
8-卡板;9-下卡头;10-顶架下横梁

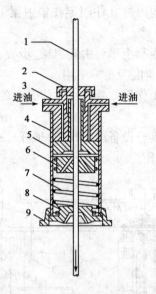

图 6-1-5 液压式千斤顶
1-顶杆;2-行程调整帽;3-缸盖;4-缸筒;5-活塞;6-上卡头;7-排油弹簧;
8-下卡头;9-底座

四、支 架

在混凝土及钢筋混凝土墩台施工中常常需要搭设支架,以支撑和固定模板,也可作为墩台砌筑施工时的脚手架。其包含万能杆件、扣件式钢管脚手架、碗扣式钢管脚手架、贝雷梁等。

1. 万能杆件

万能杆件是用角钢制成的可拼成节间距为 2m×2m 的桁架杆件。因其通用性强,弦杆、腹杆及连接板等均为标准件,具有装拆方便、运输方便、利用率高等特点,可以拼装成桁架、墩架、塔架、龙门架等形式,还可以作为墩台、索塔施工脚手架等。

万能杆件的构件一般分为杆件、连接板、缀板三大类。

杆件:杆件在拼装时组成桁架的弦杆、腹杆、斜撑。

连接板:各种规格的连接板可将弦杆、腹杆、斜撑等连接成需要的各种形状。

缀板:缀板可将断面由四肢或两肢角钢组成的各种弦杆、腹杆等在其节间中点做一个加强连接点,使组合断面的整体性更好。

万能杆件的类型有铁道部门生产的甲型(M 型)和乙型(N 型),公路部门生产的乙型(或西乙型)三种,其中,西乙型万能杆件共有大小 24 种构件。用万能杆件组拼桁架时,按高度 2m、4m、6m 的模数组拼。其腹杆形式:当高度为 2m 时,为三角形;当高度为 4m 时,为菱形;当高度超过 6m 时,则可做成多斜杆的形式,如图 6-1-6 所示。

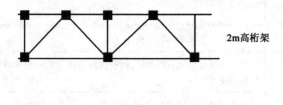
2m高桁架

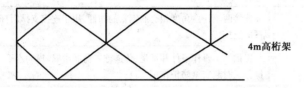
4m高桁架

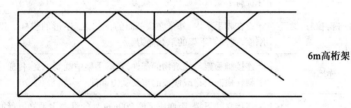
6m高桁架

图 6-1-6 万能杆件组拼桁架示意图

2. 扣件式钢管脚手架

由钢管及扣件组成,具有承载力大、装拆方便和较为经济的优点。一般情况下,脚手架单管立柱的承载力可达 15~35kN。

单排扣件式钢管脚手架仅适用于高度小于 24m 的墩、台。单管立柱的扣件式脚手架搭设高度不宜超过 50m,50m 以上的高架,有以下两种做法:

(1)脚手架的下部采用双管立柱,上部采用单管立柱,单管立柱部分高度应在 35m 以下。

(2)将脚手架的下部柱距减半,较大柱距的上部高度在 35m 以下。

扣件式钢管脚手架的组成如图 6-1-7 所示。

组成脚手架的主要构件及其作用详见表 6-1-2。

扣件式钢管脚手架的主要组成构件及作用 表 6-1-2

序号	名 称	作 用
1	立柱(立杆、站杆、冲天)	平行于建筑物并垂直于地面的杆件,是传递脚手架结构自重力、施工荷载与风荷载的主要受力杆件
2	纵向水平杆(大横杆、大横担、牵扛、顺水杆)	平行于建筑物,在纵向连接各立柱的通长水平杆,是承受并传递施工荷载给立柱的主要受力杆件
3	横向水平杆(小横杆、六尺杆、横楞、搁栅)	垂直于建筑物,在横向连接脚手架内、外排立柱的水平杆件(单排脚手架时,一端连接立柱,另一端搭在建筑物的外墙上),是承受并传递施工荷载给立柱的主要受力杆件

续上表

序号	名称	作用
4	扣件	是组成脚手架结构的连接件
	直角扣件(图6-1-8)	连接两根直交钢管的扣件,依靠扣件与钢管表面间的摩阻力传施工荷载、风荷载的受力配件
	对接扣件(图6-1-8)	钢管对接接长用的扣件,也是传递荷载的受力配件
	旋转扣件(图6-1-8)	连接两根任意角度相交的钢管的扣件,用于连接支撑斜杆与立柱或横向水平杆的连接
5	脚手板	提供施工操作条件并承受、传递施工荷载给纵、横向水平杆的板件;当设于非操作层时起安全防护作用
6	剪力撑(十字撑、十字盖)	设在脚手架外侧面与墙面平行的十字交叉斜杆,可增强脚手架的纵向刚度,保证脚手架具有必要的承载力
7	横向支撑(横向斜拉杆、之字撑)	设在脚手架内、外排立柱平面的,呈"之"字形的斜杆,可增强脚手架的横向刚度,提高脚手架的承载能力
8	连墙杆(连墙点、连墙件)	连接脚手架与建筑物的部件,是脚手架中既要承受、传递风荷载,又要防止脚手架在横向失稳或倾覆的重要受力部件
9	纵向扫地杆	连接立柱下端,距底座下缘200mm处的纵向水平杆,可约束立柱底端在纵向发生位移
10	横向扫地杆	连接立柱下端,位于纵向扫地杆上方的横向水平杆,可约束立柱底端横向发生位移
11	底座	设在立柱下端,承受并传递立柱荷载给地基的配件

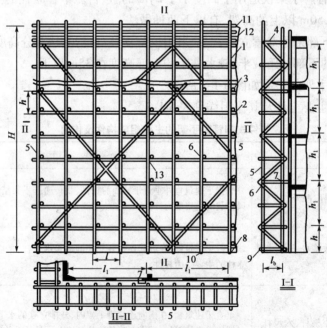

图 6-1-7 扣件式钢管脚手架的组成

1-立柱;2-纵向水平杆;3-横向水平杆;4-脚手板;5-剪刀撑;6-横向支撑;7-连墙杆;8-纵向扫地杆;9-横向扫地杆;10-底座;11-栏杆扶手;12-挡脚杆;13-中心节点;H-脚手架高度;h-步距;l-柱距;l_b-排距;h_1-连墙件垂直间距;l_1-连墙件水平间距

扣件式钢管脚手架的底座有可锻铸铁制造的标准底座与焊接底座两种,可根据具体情况选用。前者材质要求与可锻铸造扣件相同,后者系用 Q235A 钢和 FA3 电焊条制作。两种底座如图 6-1-9 所示。

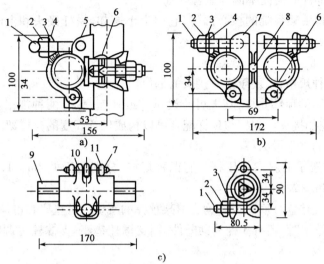

图 6-1-8 可锻铸造扣件(尺寸单位:mm)
1-螺栓;2-螺母;3-垫圈;4-盖板;5-直角座;6-铆钉;7-旋转座;8-中心铆钉;9-杆芯;10-对接座;11-对接盖

脚手架组成应满足以下基本要求:

(1)脚手架是由立柱、纵向与横向水平杆共同组成的空间框架结构,在脚手架的中心节点处(图 6-1-10),必须同时设置立柱、纵向与横向水平杆。

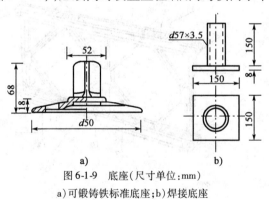
图 6-1-9 底座(尺寸单位:mm)
a)可锻铸铁标准底座;b)焊接底座

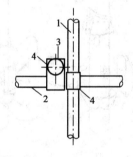
图 6-1-10 扣件式脚手架的中心节点
1-立柱;2-纵向水平杆;3-横向水平杆;4-直角扣件

(2)扣件螺栓拧紧力矩应为 40~60N·m,以保证空间框架结构的节点具有足够的刚性和传递荷载的能力。

(3)在脚手架和建筑物之间,必须设置足够数量、分布均匀的连墙杆,以便在脚手架的侧向(垂直建筑物墙面方向)提供约束,防止脚手架横向失稳或倾覆,并可靠地传递风荷载。

(4)脚手架立柱的地基与基础必须坚实,应具有足够的承载能力,并防止不均匀或过大的沉降。

(5)应设置纵向支撑(剪刀撑)和横向支撑,以使脚手架具有足够的纵向和横向整体刚度。

3. 碗扣式钢管脚手架

此种脚手架具有接头构造合理、力学性能好、工作安全可靠、功能多、构件轻、装拆方便、作业强度较低以及零部件的损耗率低等显著优点。

碗扣接头是该脚手架系统的核心部件，它由上下碗扣、横杆接头和上碗扣的限位销等组成，如图6-1-11所示。

主要构、配件如下。

(1)立杆：有两种规格，以便于错开接头的部位。

(2)顶杆：支撑架的顶部立杆，其上可装设承座或托座，也有两种规格。在立杆和顶杆上每隔60cm设一付碗扣接头。立杆与顶杆配合可以构成任意高度的支撑架。

(3)横杆：架子的水平承力杆。

(4)斜杆：用作架子的斜向拉压杆。有四种规格，分别用于1.2m×1.2m，1.2m×1.8m，1.8m×1.8m和1.8m×2.4m的网格。

(5)支座：用以支垫立杆底座或作为支撑架顶撑的支垫。有垫座和可调座两种形式。

当用于模板支撑架时，还有5种辅助配件，即支撑柱垫座、支撑柱可调座、支撑柱转角座、托撑和横托撑。

4. 贝雷梁

贝雷梁是一种由桁架拼装而成的钢桁架结构，主要构件由桁架、加强弦杆、横梁、桁架销、螺栓、支撑构件等组成，其单元结构见图6-1-12。

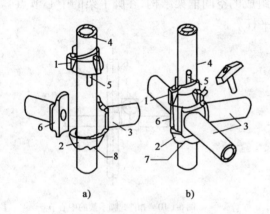 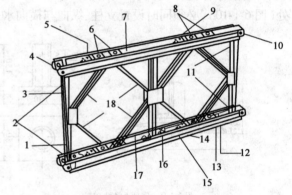

图6-1-11 碗扣接头
a)连接前；b)连接后
1-上碗扣；2-下碗扣；3-横杆；4-立杆；5-限位销；6-横杆接头；7-流水槽；8-焊缝

图6-1-12 贝雷桁架单元结构
1-横梁夹具孔；2、6、8、11-支撑架孔；3-工字钢；4-阴头；5、9、14-弦杆螺栓孔；7-上弦杆；10-阳头；12、13-风构孔；15-槽钢；16-横梁垫板；17-下弦杆；18-斜撑

为了加强单片贝雷桁架的强度，主桁架可由数排并列或双层叠置。桥梁工程中习惯于先"排"后"层"称呼。

五、混凝土运输设备

混凝土拌和站或搅拌机拌和好的混凝土要使用运输设备通过平面运输运到墩台处，再通过垂直运输将混凝土浇筑于模板内。为了保证墩台混凝土的浇筑速度和浇筑质量，应合理选择运输工具。各种运输工具的使用条件见表6-1-3。

混凝土运输方式适用条件　　　　　表6-1-3

水平运输	垂直运输	适用条件	附　注
人力混凝土手推车、内燃翻斗车、轻便轨人力推运翻斗车，或混凝土吊车	手推车	中、小桥梁，水平运输距较近 $H<10\mathrm{m}$	搭设脚手平台，铺设坡道，用卷扬机拖拉手推车上平台
	轨道爬坡翻斗车	$H<10\mathrm{m}$	搭设脚手平台，铺设坡道，用卷扬机拖拉手推车上平台
	皮带输送机	$H<10\mathrm{m}$	倾角不宜超过15°，速度不超过1.2m/s；高度不足时，可用两台串联使用
	履带（或轮胎）起重机起吊高度约为20m	$10\mathrm{m}<H<20\mathrm{m}$	用吊斗输送混凝土
	木制或钢制扒杆	$10\mathrm{m}<H<20\mathrm{m}$	用吊斗输送混凝土
	墩外井架提升	$H>20\mathrm{m}$	在井架上安装扒杆提升吊斗
	墩内井架提升	$H>20\mathrm{m}$	适用于空心桥墩
	无井架提升	$H>20\mathrm{m}$	适用于滑动模板
轨道牵引车输送混凝土翻斗车或混凝土吊斗汽车倾卸车、汽车运送混凝土吊斗、内燃翻斗车	履带（或轮胎）起重机起吊高度约为30m	大、中桥，水平运距较远 $20\mathrm{m}<H<30\mathrm{m}$	用吊斗输送混凝土
	塔式吊机	$30\mathrm{m}<H<50\mathrm{m}$	用吊斗输送混凝土
	墩外井架提升	$H<50\mathrm{m}$	井架可用万能杆件组装
	墩内井架提升	$H>50\mathrm{m}$	适用于空心桥墩
	无井架提升	$H>50\mathrm{m}$	适用于滑动模板
	索道吊机	$H>50\mathrm{m}$	
	混凝土输送泵	$H<50\mathrm{m}$	可用于大体积实心墩台

注：H为墩高。

工作任务二　石砌墩台施工

学习目标

1. 叙述石砌墩台的施工工艺流程；
2. 知道石砌墩台的主要工序施工要点及要求。

任务描述

教师根据全班组数准备若干有关桥梁石砌墩台施工图，学生分组（视班级总人数可分5~6人/组），每组推选一名组长负责任务的组织与实施，最终以组为单位拟订详细施工方案。各组在接到任务后，认真学习公路桥涵有关设计标准及规范的相关内容，结合教师讲课并视需要收集其他相关信息，每组各成员单独准备分析材料，然后分组讨论并由一人做好记录并整理上交《××桥梁石砌墩台施工方案设计说明书》。

学习引导

本工作任务沿着以下脉络进行学习：

```
┌─────────────────────────────────────────┐     ┌──────────────┐     ┌──────────────────┐
│ 任务布置(拟订桥梁石砌墩台施工方案)        │ →   │ 课堂教学      │ →   │ 课后思考与总结    │ →
└─────────────────────────────────────────┘     └──────────────┘     └──────────────────┘
┌─────────────────────────────────────────┐     ┌──────────────┐     ┌──────────────────┐
│ 完成任务(桥梁石砌墩台施工方案设计)        │ →   │ 各组成果检查  │ →   │ 分组讨论          │ →
└─────────────────────────────────────────┘     └──────────────┘     └──────────────────┘
┌─────────────────────────────────────────┐     ┌──────────────────────────────────────┐
│ 上交成果(《桥梁石砌墩台施工方案设计说明书》)│ →  │ 学生自测与自评                         │ →
└─────────────────────────────────────────┘     └──────────────────────────────────────┘
┌─────────────────────────────────────────┐     ┌──────────────┐
│ 小组各组员相互检查成果,组长对组员进行考核  │ →  │ 教师考核      │
└─────────────────────────────────────────┘     └──────────────┘
```

一、石砌墩台的使用场合与相关要求

石砌墩台具有就地取材和经久耐用等优点,在石料丰富地区建造墩台时,在施工期限许可的条件下,为节约水泥,应优先考虑石砌墩台方案。

石砌墩台是用片石、块石及粗料石以水泥砂浆砌筑的,石料与砂浆的规格要符合有关规定。浆砌片石一般适用于高度小于6m的墩台身、基础、镶面以及各式墩台身填腹;浆砌粗料石则用于磨耗及冲击严重的分水体及破冰体的镶面工程以及有整齐美观要求的桥墩、台身等。

将石料吊运并安砌到正确位置是砌石工程中比较困难的工序。当质量小或距地面不高时,可用简单的马凳跳板直接运送;当质量较大或距地面较高时,可采用固定式动臂吊机、桅杆式吊机或井式吊机,将材料运到墩台上,然后再分运到安砌地点。用于砌石的脚手架应环绕墩台搭设,用以堆放材料,并支持施工人员砌筑镶面定位行列及勾缝。脚手架一般常用固定式轻型脚手架(适用于6m以下的墩台)、简易活动脚手架(能用在25m以下的墩台)以及悬吊式脚手架(用于较高的墩台)。

石砌墩台砌筑质量应符合以下规定:
(1)砌体所用各项材料类别、规格及质量符合要求。
(2)砌缝砂浆或小石子混凝土铺填饱满、强度符合要求。
(3)砌缝宽度、错缝距离符合规定,勾缝坚固、整齐,深度和形式符合要求。
(4)砌筑方法正确。
(5)砌体位置、尺寸不超过允许偏差。

二、石砌墩台施工要点

石砌墩台的施工主要按如下流程进行:基础顶面整理→测量定位→放样→墩台身砌筑→浇筑墩台帽混凝土。

1. 基础顶面整理与测量定位

在墩台身砌筑前,应将基础顶面冲洗干净,用经纬仪或全站仪在基础顶面放出墩台中线和墩台内外轮廓线的准确位置,并在砌筑墩台身前用水将基础顶面充分润湿。

2. 放样

1)挂线放样(图6-2-1)

块石浆砌墩台时,可采取挂线放样法,当有斜度时以垂线和样板检校;如为垂直墩,台身则放线距离外移10~20mm,按垂线向后缩进10mm或20mm为准,由放线时确定即可。

2)架立样架(图6-2-2)

根据设计横截面尺寸,用竹、木扎成样架作砌筑时的尺寸依据,样架可按墩、宽度(即横桥向之长)设置2~3只,样架之间可随时(固定)拉线以利控制检校。

3. 墩台身砌筑

根据墩台身所采用石料的规格(种类),砌筑方法概括起来分为分层法、断层法、乱层法三种。砌筑时,在符合有关要求的前提下,要因"材"而用。对砌体的基本要求是:位要"准"、体要"稳"、缝要"错"、浆要"饱"、形要"好"。但砌体的砌筑能否成功,其关键工序就是挂线放样。

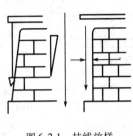
图 6-2-1 挂线放样

图 6-2-2 架立样架

1) 砌筑方法

(1) 分层砌筑(图 6-2-3)。

石料砌筑应有一定工作层次,对形状规则的块石砌体,其层次分明,一般可将一批石块砌成一个工作层,要有平整的水平缝和竖向交错的垂直缝。平缝宽应不大于 30mm,竖缝宽应不大于 40mm。

(2) 断层砌筑。

片石亦应分层砌筑,宜以 2~3 层砌块组成一工作层,每一工作层大致找平,各工作层竖缝要大致错开,不得贯通,但在一个工作层加有断层,如图 6-2-4 所示。

(3) 乱层砌筑。

对于大小不等,形状很不规则的石块,除去尖凸棱角形成乱层,浆砌时应注意避免通缝,而应充分利用石块状组成如图 6-2-5 所示的相互交错的接缝。

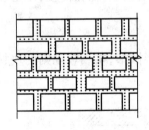
图 6-2-3 分层砌筑

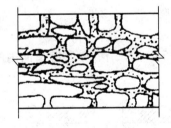
图 6-2-4 断层砌筑

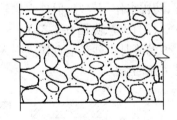
图 6-2-5 乱层砌筑

2) 砌筑顺序

(1) 圆端形桥墩。

墩台砌石时一般先从墩台的上下游圆头石①或分水尖开始,然后砌镶面石,最后再砌腹石,如图 6-2-6a) 所示。

圆端桥墩的圆端顶点不应有垂直灰缝,砌石应从顶端开始先砌石块如图 6-2-6b)①所示,然后以丁顺相间排列,接砌四周镶面石。圆端底层顺石宜稍长,以利于逐层减短收坡,使丁石位置保持不变。

(2)尖端形桥墩。

尖端及转角不得有垂直接缝(图6-2-7),同样应先砌顶端石块①,再砌转角石②。然后丁顺相间排列,再砌四周镶面石。砌石时应将大面平面朝下,安放稳定,砂浆饱满,并不得在石块间垫塞小石块。

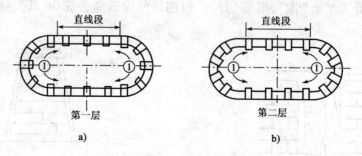

图6-2-6 圆端形桥墩墩身砌筑顺序

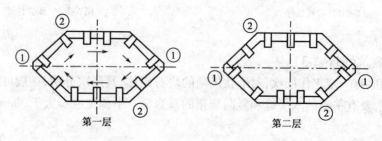

图6-2-7 尖端形桥墩砌筑顺序

3)砌体勾缝

墩台身砌体工程砌筑完成后,必须根据设计规定要求勾缝,勾缝既美观,又可防水和减少砌体遭受侵蚀。因此,无论为浆砌或干砌时,都须进行勾缝工作。

(1)平缝,见图6-2-8a)。

一般采用与墙面齐平或比墙面缩进3~5mm,多用于砌体外溶的砌缝,操作简便,不易剥落,防雨水作用较好,但外观比较单调。

(2)凹缝,见图6-2-8b)。

勾缝时将砂浆全宽作成嵌入约5mm的凹槽,砂浆缝呈向内的半圆形,浆砌较规则的块材可采用凹缝。

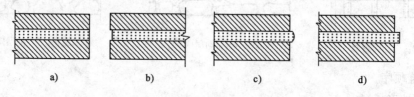

图6-2-8 砌体勾缝形式
a)平缝;b)凹缝;c)圆形凸缝;d)矩形凸缝

(3)凸缝,见图6-2-8c)、d)。

在砌缝上作成一个矩形或半圆形的凸缝,凸出墙面约5mm左右,凸缝墙面线条明显清晰,亦较美观,如浆砌或干砌片石勾缝即常用凸缝。

勾缝形式的选择,除设计有规定者外,一般可采用凸缝或平缝。浆砌较规则的块材时,可采用凹缝。

勾缝用砂浆等级不应低于砌体砂浆强度,一般主体工程不低于M10,附属工程不低于M7.5;流冰和严重冲刷部位应采用高强度水泥砂浆。

勾缝砂浆应嵌入砌缝内约20mm深。缝槽深度不足时,应凿够深度后再行勾缝。

对于勾缝的有关规定见表6-2-1。

浆砌镶面石灰缝规定　　　　　　　　　　表6-2-1

种　类	灰缝宽度(cm)	错缝(层间或行列间)(cm)	三块石料相接处空隙(cm)	砌筑行列高度(cm)
粗料石	1.5~2	≥10	1.5~2	每层石料厚度一致
半细料石	1~1.5	≥10	1~1.5	每层石料厚度一致
细料石	0.8~1	≥10	0.8~1	每层石料厚度一致

勾缝时须注意以下几点:

①墩台身砌体勾缝时,应将砌缝扫净,松浮砂浆去除,并保持湿润,以利砂浆与砌缝黏结。

②勾缝时应砂浆嵌缝密实,可用铁片等压密,并勾嵌整齐。

③浆砌砌体,应在砂浆初凝后,洒水覆盖养生7~14d。养护期间应避免碰撞、振动或承重。

墩台身砌筑完成后应对墩台身基本尺寸及墩顶高程等进行检测,以确保工程质量。墩、台砌体施工质量应符合表6-2-2的规定。

墩、台砌体施工质量标准　　　　　　　　　　表6-2-2

项　目		规定值或允许偏差
砂浆强度(MPa)		在合格标准内
轴线偏位(mm)		20
墩台长、宽(mm)	片石	+40,-10
	块石	+30,-10
	粗料石	+20,-10
大面积平整度(mm)	片石	30
	块石	20
	粗料石	10
竖直度或坡度(%)	片石	0.5
	块石、粗料石	0.3
墩台顶面高程(mm)		±10

4. 墩台帽施工

墩台帽是用来支承桥跨结构的,其位置、高程及垫石表面平整度等,均应符合设计要求,以避免桥跨结构安装困难,或使墩台帽、垫石等出现破裂或裂缝,影响墩台的正常使用功能和耐久性。

1)墩台帽放样

墩台混凝土(或砌石)灌注至离墩、台帽底下约30~50cm高度时,即而测出墩台纵横中心线,并开始竖立墩台帽模板,安装锚栓孔或安装顶埋支座垫板,绑扎钢筋等。台帽放样时,应注意不要以基础中心线作为台帽背墙线,浇筑前应反复核实,以确保墩台帽中心、支座垫石等位置方向与水平高程等不出差错。

2) 墩台帽模板

墩台帽系支撑上部结构的重要部分,其尺寸位置和水平高程的准确度要求较严,在墩台帽高程以下 25~30cm 处即停止填腹石的砌筑,开始安装墩台帽模板。先用两根大约 15cm×15cm 的方木用长螺栓拉夹于墩帽下,如图 6-2-9 所示。然后再在方木上安装墩帽模板。台帽模板亦可用木料支承在台体上。

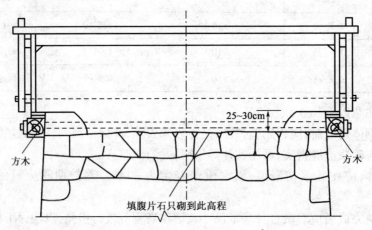

图 6-2-9 石砌桥墩墩帽模板

对于悬臂墩帽,当桥墩不高时,可利用桥墩基础襟边竖支架,在悬出的支架上立模,如图 6-2-10a)所示。如桥墩较高时,可预先在墩身上部预埋螺栓 2~3 排,以锚定牛腿支架、承托模板,如图 6-2-10b)所示。模板的安装程序为:在支架上安装好底模板;墩上绑扎或整体吊放墩帽钢筋;竖立侧面模板;装横档螺栓、横向支撑、拉杆和斜撑。

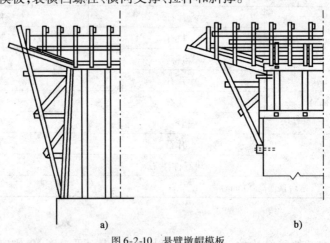

图 6-2-10 悬臂墩帽模板

悬臂墩帽混凝土应由墩中部向悬臂端顺序浇筑。帽高在 50cm 以上时,应分层浇筑,使模板受力较均匀,并便于混凝土振捣密实。

3) 钢筋网、预埋件、预留孔等的安装

梁桥墩台帽支座处一般均布设 1~3 层钢筋网。当墩台帽为素混凝土或虽为配筋混凝土但对钢筋网未设置架立钢筋时,施工时应根据各层钢筋网的高程安排墩台帽混凝土的浇筑程序。为了保证各层钢筋网位置正确,应在两侧模板上画线,并加设固定钢筋网的架立钢筋和定位钢筋,以免振捣混凝土时钢筋网发生位移。

墩台的预埋件一般有盆式橡胶支座的固定锚栓、防震锚栓、防震挡块的预埋钢筋、供观测用的标尺、供运营阶段使用的扶手、检查平台和护栏等。

预埋件施工应注意下述各点:

(1)为保证预埋件位置准确,应对预埋件采取固定措施,以免振捣混凝土时发生移动。

(2)预埋件下面及附近的混凝土应注意振捣密实,对具有角钢锚筋的预埋件尤应注意加强捣实。

(3)预埋件在墩台帽上的外露部分要有明显标识,浇至顶层混凝土时,要注意外露部分尺寸准确。

(4)在已埋入墩台帽内的预埋件上施焊时,应尽量采用细焊条、小电流、分层施焊,以免烧伤混凝土。

墩台帽上的预留锚拴孔须在安装墩台模板时,安装好锚栓预留孔模板,在绑扎钢筋时注意将预留孔位置留出。

工作任务三 混凝土及钢筋混凝土墩台施工

学习目标

1. 知道混凝土及钢筋混凝土墩台施工工艺流程;
2. 能够根据墩台施工图及有关要求合理选用施工方法,编制施工工序要点。

任务描述

教师根据全班组数准备若干有关桥梁钢筋混凝土墩台施工图,学生分组(视班级总人数可分5~6人/组),每组推选一名组长负责任务的组织与实施,最终以组为单位拟订钢筋混凝土墩台详细施工方案。各组在接到任务后,认真学习公路桥涵有关设计标准及规范的相关内容,结合教师讲课并视需要收集其他相关信息,每组各成员单独准备分析材料,然后分组讨论并由一人做好记录并整理上交《××桥梁钢筋混凝土墩台施工方案设计说明书》。

学习引导

本工作任务沿着以下脉络进行学习:

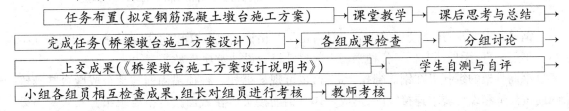

一、项 目 引 导

除石料丰富地区的重力式墩台及小桥的轻型墩台采用石砌墩台外,绝大部分桥梁采用混凝土及钢筋混凝土结构墩台,根据墩台身的截面形式及墩台的高度,可采用就地浇筑施工和预制安装施工两种。本工作任务中只介绍就地浇筑墩台施工方法。

为了保证墩台的施工质量及工程进度,在施工前应对墩台的施工过程编制施工流程图,以指导施工。对于就地浇筑钢筋混凝土墩台的施工可分为墩台身施工和盖梁施工两部分。

二、钢筋混凝土墩台身施工

1. 墩台身施工工艺流程

就地浇筑钢筋混凝土墩台身多为柱状墩台或肋板台,其施工工艺流程如图6-3-1所示。

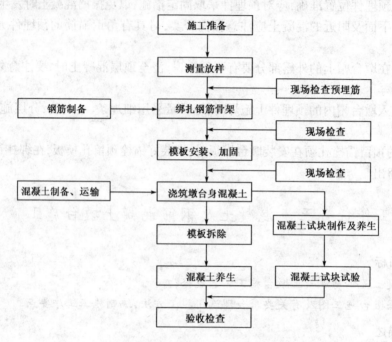

图6-3-1 钢筋混凝土墩台身施工工艺流程

2. 混凝土及钢筋混凝土墩台身施工要点

1)施工准备及测量放样

在基础混凝土强度达到设计要求后,对承台、系梁顶面和墩台身相接处凿毛,人工凿除混凝土表面的浮浆,并用水或高压风将表面冲刷干净。整修连接钢筋,敲除钢筋表面的混凝土浆和铁锈。

校核基础顶面高程,在基础顶面放出墩台中线和墩台内、外轮廓线的准确位置。

2)绑扎钢筋骨架

钢筋基本要求:运到现场的钢筋应具有出厂合格证,表面洁净。使用前将表面杂物清除干净。钢筋平直,无局部弯折。各种钢筋下料尺寸符合设计及规范要求。

钢筋骨架的绑扎可在钢筋绑扎台进行,也可现场绑扎。桩顶锚固筋与承台或墩台基础锚固筋按规范和设计要求连接牢固,形成一体。钢筋接头所在截面按规范要求错开布置。当采用绑扎接头时,同一截面钢筋接头不得超过该截面钢筋总数的50%。钢筋加工时应采用闪光对焊或电弧连接,并以闪光对焊为主。

钢筋骨架绑扎适量的垫块,以保持钢筋在模板中的准确位置和保护层厚度。为保证在混凝土表面看不到垫块痕迹,可采用在钢筋骨架外侧绑扎特殊造型的同级混凝土垫块,以增加混凝土表面的美观性。

3）支立模板

墩台模板选择应考虑周转使用，宜采用标准规格的组合式模板或适合大量同类型桥墩的拼装式模板。平面模板的尺寸应尽可能选择大面积的，以使墩台表面减少接缝。墩台身模板的选择还要考虑墩台身的截面形式和高度，以及施工单位已有的机械设备等情况。

墩台模板应具有较好的强度、刚度和稳定性，必须保证浇筑混凝土前后模饭表面的平整度，不出现跑模、漏浆等弊病。如果墩台模板较高，必须设置撑木或抗风拉索等稳定设施。

在浇筑混凝土前，应在模板内侧涂刷脱模剂，不得使用会使混凝土表面变色或变质的脱模剂。

墩台预埋件或孔洞必须预先考虑，并准确牢固地和模板相固定，以防振捣混凝土或其他外力使之变位。

侧模上的拉杆一般均埋于墩台混凝土中。如需在浇筑完混凝土后取出拉杆，必须在拉杆外设套管。拆模后，墩台表面留下的无用孔洞，必须及时用砂浆或细石混凝土抹平。

模板安装完毕后，需在检查其平面位置、顶面高程、节点连接及其他稳定性问题后，方可浇筑混凝土。

墩台模板宜在上部结构施工前拆除。拆除模板时，不允许粗暴地敲打和甩掷模板，更要注意拆除的顺序，以防出现事故。

模板、支架的拆除期限应根据结构物特点、模板部位和混凝土所达到的强度来决定。

4）浇筑混凝土

浇筑前对支架、模板、钢筋和预埋件进行检查，并将模板内的杂物、积水和钢筋上的污垢清理干净；模板的缝隙填塞严密，内面涂刷脱模剂。浇筑混凝土时，应经常检查模板、钢筋、沉降观测点及预埋部件的位置和保护层的尺寸，确保其位置正确，不发生变形。混凝土施工中，应切实保证混凝土的配合比、水灰比和坍落度等技术性能指标满足设计和有关规范的要求，并按要求同时制作混凝土试块，以测定墩台混凝土强度。

（1）混凝土的运送。

墩台混凝土的运送为水平与垂直运输相互配合方式。如混凝土数量大、浇筑捣固速度快时，可采用混凝土皮带运输机或混凝土输送泵。混凝土的运送方式及机械设备可参照表6-1-3选用。

混凝土的浇筑速度：为保证灌注质量，混凝土的配制、输送及浇筑的速度不得小于混凝土配料、输送及灌注的容许最小速度。混凝土的配制、输送及灌筑速度应符合下式要求：

$$v \geqslant \frac{Ah}{t} \tag{6-3-1}$$

式中：v——混凝土配制、输送及浇筑的容许最小速度，m^3/h；

A——浇筑的面积，m^2；

h——浇筑层的厚度，m；

t——所用水泥的初凝时间，h。

如混凝土的配制、输送及浇筑需要时间较长，则应符合：

$$v \geqslant \frac{Ah}{t - t_0} \tag{6-3-2}$$

式中：t_0——混凝土配制、输送及浇筑所消耗的时间,h。

(2)混凝土的浇筑与振捣。

混凝土浇筑层厚度 h，应根据使用的振捣方法按《公路桥涵施工技术规范》(JTG/T F50—2011)的有关规定采用。混凝土分层浇筑厚度不超过30cm。

混凝土的捣固是保证质量的关键工序，必须严密组织，规范操作，既要防止振捣不足，也要防止振捣过度，以混凝土不再下沉、表面开始泛浆、不出现气泡为度。当采用插入式振动器振捣时，振动器移动间距不超过其作用半径的1.5倍，与模板保持5～10cm的间距，插入下层5cm左右，防止碰撞模板钢筋及预埋件。

若墩台截面积不大时，混凝土应连续一次浇筑完成，以保证其整体性。如墩台截面积过大时，应分段分块浇筑。

混凝土的浇筑应连续进行，如因故必须间断时，其间断时间应小于前层混凝土的初凝时间或能重塑的时间，并经试验确定；若超过允许间断时间，须采取保证质量措施或按工作缝处理。

在混凝土浇筑过程中，随时观察所设置的预埋螺栓、预留孔、预埋支座的位置是否移动，若发现移位时及时校正。注意模板、支架等支撑情况，设专人检查，如有变形、移位或沉陷，立即校正并加固。

滑模浇筑应选用低流动度的或半干硬性的混凝土拌和料，分层、分段对称浇筑，并应同时浇完一层。各段的浇筑应到距模板上缘10～15cm处为止。采用插入式振捣器时，应插入下层混凝土5～10cm。要防止千斤顶和油管在混凝土和钢筋上漏油。浇筑混凝土要连续操作，如因故中途停止，应按施工缝处理。脱模后若表面不平整或有其他缺陷要予以修补。

高大的桥台，若台身后仰，本身自重力偏心较大，为平衡台身偏心，施工时应随同填筑台身四周路堤土方同步砌筑或浇筑台身，防止桥台后倾或向前滑移。未经填土的台身施工高度一般不宜超过4m，以免偏心引起基底不均匀沉陷。

混凝土浇筑完成后，及时用塑料薄膜包裹并定时洒水养护。

5)混凝土养生

混凝土浇筑完成后，及时养生。在模板拆除后，可用塑料薄膜包裹并定时洒水养护。

3. V形、Y形和X形桥墩的施工方法简介

V形、Y形和X形桥墩的施工方法与桥梁结构体系有密切关系。通常对这类桥梁可分为V形墩结构、锚跨结构和挂孔部分三个施工阶段。其中，V形墩是全桥施工重点，它由两个斜腿和其顶部主梁组成倒三角形结构。现以某大桥V形墩施工为例加以说明，如图6-3-2。

(1)将斜腿内的高强钢丝束、锚具与高频焊管联成一体并和第1节劲性骨架一起安装在墩座及斜腿位置处，浇筑墩座混凝土，见图6-3-2a)。

(2)安装平衡架、角钢拉杆及第2节劲性骨架，见图6-3-2b)。

(3)分两段对称浇筑斜腿混凝土，见图6-3-2c)。

(4)张拉临时斜腿预应力拉杆，并拆除角钢拉杆及部分平衡架构件，见图6-3-2d)。

(5)安装V形腿间墩旁膺架，浇筑主梁0号节段混凝土，张拉斜腿及主梁钢丝束或粗钢筋。

最后拆除临时预应力拉杆及墩旁膺架，使其形成V形结构，见图6-3-2e)。

斜腿内采用劲性骨架和在斜腿顶部采用临时预应力拉杆的作用:一是吊挂斜腿模板及其他施工荷载;二是在结构中替代部分主筋及箍筋;三是可减少施工时的斜腿截面内力。为保证施工中结构自身的稳定性和刚度,将两侧劲性骨架用钢拉杆连接在平衡架上。两斜腿间主梁的施工,是在膺架上分三段浇筑,其大部分重力由膺架承受并传至基础上,只有在V形墩顶主梁合龙时,合龙段有1/3重力由斜腿承受。

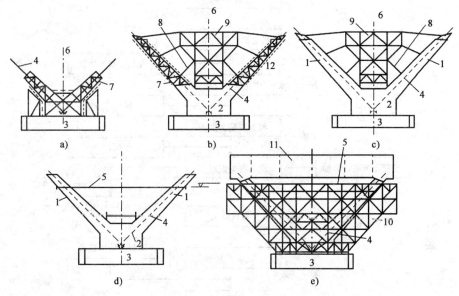

图 6-3-2 V形墩施工步骤

1-斜腿;2-墩座;3-承台;4-高频焊管、钢丝束;5-预应力拉杆;6-墩中心线;7-劲性钢架;8-角钢拉杆;9-平衡架;10-膺架;11-梁体;12-劲性钢架

三、混凝土及钢筋混凝土墩台盖梁施工

1. 混凝土及钢筋混凝土墩台盖梁施工工艺流程

桥梁中有不少桥梁的下部结构采用简单的刚架结构,即桥梁的下部基础为两根或多根桩基础,墩(台)身为柱墩(台)或肋板台等,桩间系梁连接(或不设系梁),墩(台)顶以盖梁连接。

盖梁施工工艺流程如图 6-3-3 所示。

2. 混凝土及钢筋混凝土墩台盖梁施工要点

1) 盖梁放样

盖梁是控制跨径和桥面高程的重要项目,因此,盖梁测设时一定要保持精度。准确测量盖梁中心线位置,在墩柱或桥台肋板的醒目位置标出盖梁底高程位置。待模板就位后具体测设时可根据桥墩控制点坐标计算盖梁边框上4个点的设计坐标,然后从控制点直接测设盖梁顶4个角点位置。再用钢尺检查4个点的相对距离,并丈量跨径,以确保梁的位置。

2) 安装支架

在桥梁的盖梁施工中,支架通常采用横穿型钢法、预埋钢板法、满堂支架法、抱箍托架法等施工方法。

(1) 横穿型钢法。

在墩柱内预先埋设预留孔,在孔中穿入型钢并锁定,由型钢支撑支架、模板及整个盖梁的重量。

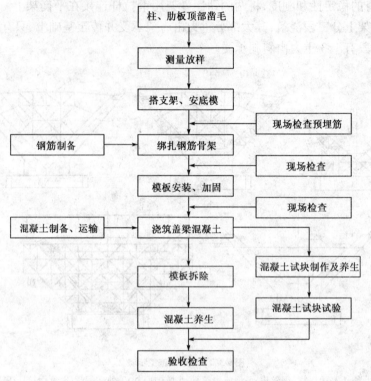

图 6-3-3 钢筋混凝土墩台盖梁施工工艺流程

这种支架体系的优点是,支架、模板及整个盖梁的重量通过型钢传至墩柱,由墩柱承受,传力途径简单明确,不存在支架下沉的问题。但这种体系的缺点也是明显的,在墩柱内埋设预留孔,影响墩柱的外观质量,其处理不但费工费时,而且还很难令人满意;再次,这种支架体系一般不易取得监理、设计部门及业主的认同。因此,这种体系现已较少采用。

(2)预埋钢板法。

在墩柱中预埋钢板,拆模后在预埋钢板上焊接钢支撑,由它来承受支架、模板及整个盖梁的重量。

这种支架体系的优点与前一种体系一样,支架、模板及整个盖梁的重量通过钢支撑及预埋钢板传至墩柱,由墩柱承受,传力途径简单明确,不存在支架下沉的问题,而且也不用破坏钢模。这种支架体系的缺点是,第一,预埋钢板要消耗大量钢材,很不经济;第二,钢支撑的焊接工作是相当大,对焊接质量的要求也比较高,而且盖梁施工完后要对墩柱外观进行处理,不但费工费时,而且还较难保证质量。故这种支架体系只在迫不得已的情况下采用。

(3)满堂支架法。

采用满堂支架法施工,这是目前用得较多的一种方法。支架可用万能杆件,也可采用钢管支架搭设。盖梁施工的所有临时设施重量及盖梁重量均由支架承受,直接传到地面。

这种方法的优点是,第一,支架的形式及高低可根据墩周围的地形和墩柱的高度等随机变化,方法灵活。第二,不用在墩柱上设置预埋件,不会对墩柱外观造成影响。

但这种方法也有不少缺点,第一,支架法施工对地基的承载力要求比较高,一般均要求对地基进行压实,对软土地基还需要浇筑混凝土地坪。因此,对地基的处理要花费较多人力物力。如果对地基的处理稍有不慎,即可造成支架整体下沉,严重影响盖梁的施工质量。第二,墩柱较高时,必须对支架进行预压,以消除非弹性变形,这需要消耗大量人力物力。第三,由于墩柱高度的变化而调整底模高度,对于钢管支架,从经济上讲都是不合算的,而且还要大量不必要的人力。第四,墩柱较高时,支架庞大,需要巨额投入,而且安装支架费时耗力。第五,水中施工无系梁桥墩时,满堂支架法很难用得上。由此可知,满堂支架法施工虽然方便灵活,但该法有其自身固有的缺点,在施工时尤需注意支架的稳定性、非弹性变形及地基沉降等方面的问题。

(4)抱箍托架法。

其力学原理是利用在墩柱上的适当部位安装抱箍并使之与墩柱夹紧产生的最大静摩擦力,来克服临时设施及盖梁的重量。

抱箍托架法的优点,第一,抱箍托架法是将临时荷载及盖梁重量直接传给墩柱,对地基无任何要求;第二,抱箍的安装高度可随墩柱高度变化,不需要额外的调节底模高度的垫木或分配梁;第三,抱箍托架法适应性强,不论水中岸上、有无系梁,只要是圆形墩柱就可采用;第四,抱箍托架法节省人力物力是显而易见的,因此,从经济上讲是最合算的;第五,抱箍托架法不会破坏墩柱外观,而且抱箍托架法施工时支架不存在非弹变形,不用进行预压。

抱箍托架法具有施工简单,适应性强,节省投资,施工周期短等优点。由于其他支撑体系的优点抱箍法都有,而其他支撑体系的缺点抱箍法几乎都没有,因此,抱箍法是值得大力推广的盖梁施工支撑体系。

抱箍托架法的关键是要确保抱箍与墩柱间有足够的摩擦力,以安全地传递荷载。

①抱箍的结构形式。

抱箍的结构形式涉及箍身的结构形式和连接板上螺栓的排列。

抱箍安装在墩柱上时,必须与墩柱密贴。由于墩柱截面不可能绝对圆,各墩柱的不圆度是不同的,即使同一墩柱的不同截面其不圆度也千差万别。因此,为适应各种不圆度的墩身,抱箍的箍身宜采用不设环向加劲的柔性箍身,即用不设加劲板的钢板作箍身。这样,在施加预拉力时,由于箍身是柔性的,容易与墩柱密贴。

抱箍上的连接螺栓,其预拉力必须能够保证抱箍与墩柱间的摩擦力能可靠地传递荷载。因此,要有足够数量的螺栓来保证预拉力。抱箍采用如图 6-3-4 所示的结构形式。

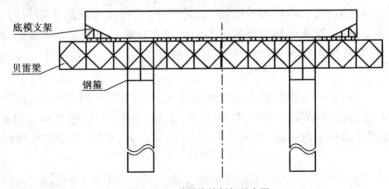

图 6-3-4 盖梁抱箍托架示意图

②连接螺栓数量的计算。

抱箍与墩柱间的最大静摩擦力等于正压力与摩擦系数的乘积,即:

$$F = fN$$

式中：F——抱箍与墩柱间的最大静摩擦力；

N——抱箍与墩柱间的正压力；

f——抱箍与墩柱间的静摩擦系数。

而正压力 N 与螺栓的预紧力是一对平衡力，根据抱箍的结构形式，假定每排螺栓个数为 n，则螺栓总数为 $4n$，若每个螺栓预紧力为 F_1，则抱箍与墩柱间的总正压力为 $N=4\times n\times F_1$。

③抱箍法施工的注意事项。

a. 箍身应有适当强度和刚度，以传递拉力、摩擦力，并支承上部结构重量，可采用厚度为 10～20mm 的钢板。

b. 由于抱箍连接板是直接承受螺栓拉力的构件，要有足够的强度和刚度，根据理论计算及实践经验，以采用厚度为 24～30mm 的钢板为宜。

c. 由于抱箍连接板上螺栓按双排布置，外排螺栓施压时对箍身产生较大的偏心力矩，对箍身传力有不利影响，因此，螺栓布置应尽可能紧凑，以刚好能满足施工及传力要求为宜。

d. 为加强抱箍连接板的刚度并可靠地传递螺栓拉力，在竖直方向上，每隔 2～3 排螺栓应给连接板设置一加劲板。

e. 抱箍与墩柱间的正压力是由连接螺栓施加的，螺栓应首先进行预紧，然后再用经校验过的带响扳手进行终拧。预紧及终拧顺序均为先内排后外排，以使各螺栓均匀受力并确保螺栓的拉力值。

f. 浇筑盖梁混凝土时，由于抱箍受力后产生变形，螺栓的拉力值会发生变化。因此，在浇筑盖梁的全过程中应反复对螺栓进行复拧，即每浇筑一层混凝土均应对螺栓复拧一次。

3）铺设底模

盖梁底模及侧模均采用定型钢模板拼装。

底模安装应在跨中预留 5～8mm 的上拱度，按抛物线布置，以消除由于承重托架受荷载作用而引起下挠曲，盖梁底模高程安装施工误差不大于 5mm，轴线偏位不大于 10mm，模板接缝间垫厚约 3mm 的橡胶条或黏胶带，防止接缝漏浆造成混凝土麻面，模板安装后均匀涂刷脱模剂。

4）绑扎钢筋骨架、支立侧模与拆模

底模铺完后，定出各骨架位置，采用吊车单片多点或用扁担梁吊装钢筋骨架就位，绑扎其他箍筋等。钢筋绑扎完成后，清理模内杂物，支侧模，侧模底部与顶部分别与对面模板用拉杆连接。模板全部支好后，重新放样检查各边角位置是否正确。盖梁钢筋事先按照图纸要求，焊接成钢筋骨架片，在底模上绑扎成型及焊接，同时要注意防震锚栓及挡块、垫石预埋件的焊接与绑扎。

盖梁钢筋定位后，支立盖梁侧模。盖梁侧模采用大块定型钢模，前后穿拉杆定位，模板外纵横设槽钢楞。安装前，应均匀涂刷脱模剂，侧模与端模、侧模与底模之间要保证接缝严密，以保证不漏浆，模板各部位支撑牢固，模板上口横向设置拉杆，可用 $\phi 25$ 钢筋制作，间距不大于 1.0m。

混凝土强度达到 2.5MPa 后，在不损坏混凝土角边情况下，即可拆侧模，拆除后，用土工布或塑料布覆盖，洒水养生。

盖梁底模应在混凝土强度达到设计强度的 80% 以上时（或按设计文件要求）方可拆除。

5）混凝土浇筑与养护

混凝土自搅拌站由混凝土搅拌运输车运至浇筑地点，由吊车或输送泵垂直运输，插入式振捣棒振捣。盖梁顶面支座垫块的高程控制要求准确,支座垫块顶面必须保持水平。浇筑盖梁混凝土时注意预留同条件养护试块。

浇筑混凝土前,应对支架、模板、钢筋和预埋件进行检查,模板内的杂物、积水和钢筋上的污垢应清理干净。混凝土浇筑前检查混凝土的均匀性和坍落度,并按设计要求控制坍落度。

混凝土应按一定的厚度、顺序和方向分层浇筑。应在下层混凝土初凝或能重塑前浇筑完上层混凝土,分层应水平,分层厚度不大于30cm。在每层混凝土浇筑过程中,随混凝土的灌入及时采用插入式振动棒振捣。振动棒移动间距不超过振动棒作用半径的1.5倍;振捣过程中,振动棒与模板间距保持5~10cm,并避免碰撞钢筋,不得直接或间接地通过钢筋施加振动。对每一振动部位,必须振动到该部位混凝土密实为止。密实的标志是混凝土停止下沉、不再冒出气泡、表面呈现平坦、泛浆。

浇筑混凝土过程中,设专人检查支架、模板、钢筋和预埋件,当发现有松动、变形、移位时,应及时处理。

浇筑至垫石部分时,不得造成模板及栓孔木塞位置偏移,垫石顶面应平整,高程准确。盖梁浇筑完成后及时复测垫石及预留孔的位置和高程,并压光垫石平面,加强养护。

四、装配式桥墩施工要点

1. 柱式墩施工要点

装配式柱式墩系将桥墩分解成若干轻型部件,在工厂或工地集中预制,再运送到现场装配桥梁。其形式有双柱式、排架式、板凳式和刚架式等。

施工工序为预制构件、安装连接与混凝土养护等。其中,拼装接头是关键工序,既要牢固、安全,又要结构简单便于施工。常用的拼装接头有以下几种形式。

(1)承插式接头:将预制构件插入相应的预留孔内,插入长度一般为1.2~1.5倍的构件宽度,底部铺设2cm厚砂浆,四周以半干硬性混凝土填充。此法常用于立柱与基础的接头连接。

(2)钢筋锚固接头:构件上预留钢筋或型钢,插入另一构件的预留槽内,或将钢筋互相焊接,再灌注半干硬性混凝土。此法多用于立柱与顶帽处的连接。

(3)焊接接头:将预埋在构件中的铁件与另一构件的预埋铁件用电焊连接,外部再用混凝土封闭。这种接头易于调整误差,多用于水平连接杆与立柱的连接。

(4)扣环式接头:相互连接的构件按预定位置预埋环式钢筋,安装时柱脚先坐落在承台的柱芯上,上下环式钢筋互相错接,扣环间插入U形短钢筋焊牢,四周再绑扎一圈钢筋,立模浇筑外围接头混凝土。要求上下扣环预埋位置正确,施工较为复杂。

(5)法兰盘接头:在相互连接的构件两端安装法兰盘,连接时将法兰盘对接,要求法兰盘预埋位置必须与构件垂直。接头处可不用混凝土封闭。

装配式柱式墩台应注意以下几个问题:

(1)墩台柱构件与基础顶面预留环形基座应编号,并检查各个墩、台高度是否符合设计要求;基杯口四周与柱边的空隙不得小于2cm。

(2)墩台柱吊入基坑内就位时,应在纵横方向测量,使柱身垂直度或倾斜度以及平面位置均符合设计要求;对重大、细长的墩柱,用风缆或撑木固定后,方可摘除吊钩。

(3)在墩台柱顶安装盖梁前,应先检查盖梁口预留槽眼位置是否符合设计要求,否则应先修凿。

(4)柱身与盖梁(顶帽)安装完毕并检查符合要求后,可在基坑空隙与盖梁槽眼处灌注稀砂浆,待其硬化后,撤除楔子、支撑或风缆,再在楔子孔中灌填砂浆。

在基础或承台上安装预制混凝土管节、环圈作墩台的外模时,为使混凝土基础与墩台连接牢固,应由基础或承台中伸出钢筋插入管节、环圈中间的现浇混凝土内,插入钢筋的数量和锚固长度应按设计规定或通过计算决定。管节或环圈的安装、管节或环圈内的钢筋绑扎和混凝土浇筑,应按《公路桥涵施工技术规范》(JTG/T F50—2011)有关章节的规定执行。

2. 后张法预应力混凝土装配墩施工

装配式预应力钢筋混凝土墩分为基础、实体墩身和装配墩身三大部分。装配墩身由基本构件、隔板、顶板及顶帽四种不同形状的构件组成,将高强钢丝穿入预留的上下贯通的孔道内,张拉锚固而成。实体墩身是装配墩身与基础的连接段,其作用是锚固预应力钢筋,调节装配墩身高度及抵御洪水时漂流物的冲击等。

施工工艺流程为:施工准备→构件预制→墩身装配。全过程贯穿着质量检查工作。实体墩身灌注时要按装配构件孔道的相对位置,预留张拉孔道及工作孔。

构件装配的水平拼装缝采用 M5 水泥砂浆,砂浆厚度为 15 mm,便于调整构件水平高程,不使误差积累。安装构件要求确保"平、稳、准、实、通"五个关键,即起吊平、构件顶面平、内外壁砂浆接缝要"抹平";起吊、降落、松钩要"稳";构件尺寸"准"、孔道位置"准"、中线"准"及预埋配件位置"准";接缝砂浆要"密实";构件孔道要"畅通"。张拉预应力的钢丝束分两种,一种是直径为5mm的高强度钢丝,用18ϕ5 锥形锚;另一种用7ϕ4mm 钢绞线,用 JM12-6 型锚具,采用一次张拉工艺。张拉位置可以在顶帽上张拉,亦可在实体墩下张拉,两者的利弊见表6-3-1,一般多在顶帽上张拉。孔道压浆前先用高压水冲洗。采用纯水泥浆,为了减少水泥浆的收缩及泌水性能,可掺入为水泥质量(0.8~1.0)/10 000 的铝粉。压浆最好由下而上压注。压浆分初压与复压,初压后,约停1h,待砂浆初凝即进行复压,复压压力可为0.8~1.0Pa,初压压力可小一点。压浆时,若构件上的砂浆接缝全部湿润,说明接缝砂浆空隙中压入了水泥浆,起到了密实接缝的作用。实体墩身的封锚采用与墩身同强度等级的混凝土,同时要采用防水措施。顶帽上的封锚采用钢筋网罩焊在垫板上,单个或多个连在一起,然后用混凝土封锚。

顶帽上和墩下张拉比较 表6-3-1

顶帽上张拉	实体墩下张拉
1. 高空作业,张拉设备需起吊,人员需在顶帽操作,张拉便于指挥与操作	1. 地面作业,机具设备搬运方便。但彼此看不见指挥,不如顶帽操作方便
2. 在直线段张拉,不计算曲线管道摩阻损失	2. 必须计算曲线管道摩阻损失
3. 向下垂直安放千斤顶,对中容易	3. 向上斜向安装千斤顶,对中较困难
4. 实体墩开孔小,削弱面积小,无需判断钢筋	4. 实体墩开孔大,增大削弱面积,必须割断钢筋,增加封锚工作量

工作任务四 墩台施工质量检测评定

学习目标

1. 知道墩台施工质量检测评定内容;
2. 熟知墩台施工质量检测评定方法;

3. 能够对墩台施工质量检测评定数据进行整理和分析。

✎ 任务描述

教师根据全班组数准备若干有关桥梁墩台或桩基的钢筋骨架、桩基(有条件的可准备墩台的半成品)及相关图纸等,学生分组(视班级总人数可分 5~6 人/组),每组推选一名组长负责任务的组织与实施,最终以组为单位检测钢筋骨架及桩基质量。各组在接到任务后,认真学习公路桥涵有关设计标准及规范的相关内容,结合教师讲课并视需要收集其他相关信息,每组各成员单独准备分析材料,然后分组对有关桥梁下部铸成构件进行质量检测,填写并整理上交质量检测记录表。

✎ 学习引导

本工作任务沿着以下脉络进行学习:

任务布置(墩台施工质量检测评定) → 课堂教学 → 课后思考与总结 →
完成任务(钢筋骨架及桩基质量检测) → 各组成果检查 → 分组讨论 →
上交成果(《××质量检测记录表》) → 学生自测与自评
小组各组员相互检查成果,组长对组员进行考核 → 教师考核

当基础墩、台身和盖梁施工过程中或每一个工序完成后,客观、准确、规范、及时的试验检测数据,是指导、控制和评定工程质量的科学依据,也是监理工程师批准工程程序必不可少的一个工作环节。

1. 检测项目及要求

墩、台身和盖梁施工阶段的检测项目除了对建桥所需材料按试验检测频率及要求进行检测外,还需对表 6-4-1~表 6-4-3 中的项目进行检测,并填写检测记录表。

墩、台身和盖梁施工阶段的检测项目 表 6-4-1

序号	检 测 项 目	采用规程(标准)
1	钢筋加工及安装质量检测	《公路工程质量检验评定标准》(JTG F80/1—2004)、《金属材料室温拉伸试验方法》(GB 228—2002)、《金属材料弯曲试验方法》(GB/T 232—1999)、《钢筋焊接及验收规程》(JGJ 18—2003)、《公路桥涵施工技术规范》(JTJ 041—2000)
2	模板、支架、制作及安装检测	《公路桥涵施工技术规范》(JTJ 041—2000)
3	混凝土浇筑质量检测	《公路桥涵施工技术规范》(JTJ 041—2000)、《公路工程水泥及水泥混凝土试验规程》(JTG E30—2005)

墩、台身实测项目 表 6-4-2

项次	检 查 项 目	规定值或允许偏差	检查方法和频率
1	断面尺寸(mm)	±20	尺量:检查 3 个断面
2	竖直度或斜度(mm)	0.3%H,且不大于 20	吊垂线或经纬仪:测量 2 点
3	顶面高程(mm)	±10	水准仪:测量 3 处
4	轴线偏位(mm)	10	全站仪或经纬仪:纵、横各测量 2 点
5	节段间错台(mm)	5	尺量:每节检查 4 处
6	大面积平整度(mm)	5	2m 直尺:检查竖直、水平两个方向,每 20m² 测 1 处
7	预埋件位置(mm)	10 或设计要求	尺量:每件

柱或双壁墩身实测项目　　　　　　　　表6-4-3

项次	检查项目	规定值或允许偏差	检查方法和频率
1	相邻间距(mm)	±20	尺或全站仪测量:检查顶、中、底3处
2	竖直度(mm)	0.3%H,且不大于20	吊垂线或经纬仪:测量2点
3	柱、墩顶高程(mm)	±10	水准仪:测量3处
4	轴线偏位(mm)	10	全站仪或经纬仪:纵、横各测量2点
5	断面尺寸(mm)	±15	尺量:检查3个断面
6	节段间错台(mm)	3	尺量:每节检查2~4处

2. 外观鉴定

除上述检测项目外,还需对墩、台身及盖梁等的外观进行鉴定。

(1)混凝土表面平整,施工缝平顺,棱角线平直,外露面色泽一致。

(2)蜂窝麻面面积不得超过该面面积的0.5%,深度超过1cm的必须处理。

(3)混凝土表面是否出现非受力裂缝,裂缝宽度超过设计规定或设计未规定时超过0.15mm必须处理。

(4)施工临时预埋件或其他临时设施是否清除处理。

表6-4-4~表6-4-8为桥梁墩、台身盖梁等检验评定表。

承台质量检验评定表　　　　　　　　表6-4-4

项目名称:		工程合同段:		(子)分项工程名称:		工程部位:		
施工单位:				监理单位:		使用者类别:		
基本要求	所用材料的质量和规格必须符合有关技术规范的要求,按规定的配合比施工;必须采取措施控制水化热引起的混凝土内最高温度及内外温差在允许范围内,防止出现温度裂缝;不得出现露筋和空洞现象							
项次	检查项目	规定值或允许偏差	检查方法和频率	权值	检查实测值	平均值代表值	合格率(%)	得分
1△	混凝土强度(MPa)	在合格标准内	按附录D检查	3				
2	尺寸(mm)	±30	尺量:长、宽、高检查各2点	1				
3	顶面高程(mm)	±20	水准仪:检查5~8处	2				
4	轴线偏位(mm)	15	全站仪或经纬仪:纵、横各测量2点	2				
5	(子)分项工程得分							
6	外观鉴定	混凝土表面平整,棱角平直,无明显施工接缝;不符合要求时,每处减1~3分		检查结果				
		混凝土蜂窝、麻面面积不超过该面总面积的0.5%;深度超过1cm必须处理;不符合要求时,每超过0.5%减3分						
		混凝土表面无非受力裂缝;混凝土表面出现非受力裂缝减1~3分,裂缝宽度超过设计规定或设计未规定时超过0.15mm必须处理						
7	质量保证资料	资料、图表残缺,缺乏最基本数据,有伪造涂改者,不予检验和评定;资料不全者,视情况每款减1~3分						
8	(子)分项工程评分值							
9	质量等级							

监理工程师:　　　日期:　　　检测人:　　　日期:　　　承包人:　　　日期:

墩、台身砌体质量检验评定表

表 6-4-5

项目名称：　　　　　　工程合同段：　　　　（子）分项工程名称：　　　　工程部位：
施工单位：　　　　　　　　　　　　监理单位：　　　　　　　　使用者类别：

| 基本要求 | 石料或混凝土预制块的质量和规格必须符合有关规范的要求；砂浆所用的水泥、砂和水的质量必须符合有关规范的要求，按规定的配合比施工；砌块应错缝、坐浆挤紧，嵌缝料和砂浆饱满，无空洞、宽缝、大堆砂浆填隙和假缝 | | | | | | | |

项次	检查项目		规定值或允许偏差	检查方法和频率	权值	检查实测值	平均值代表值	合格率(%)	得分
1△	砂浆强度(MPa)		在合格标准内	按附录F检查	3				
2	轴线偏位(mm)		20	全站仪或经纬仪：纵、横各测量2点	1				
3	墩台长、宽(mm)	料石	+20，-10	尺量：检查3个断面	1				
		块石	+30，-10						
		片石	+40，-10						
4	竖直度或坡度(%)	料、块石	0.3	垂线或经纬仪：纵、横各测量2处	1				
		片石	0.5						
5△	墩、台顶面高程(mm)		±10	水准仪：测量3点	2				
6	大面积平整度(mm)	料石	10	2m直尺：检查竖直、水平两个方向，每20m²测1处	1				
		块石	20						
		片石	30						
7	（子）分项工程得分								
8	外观鉴定		砌体直顺，表面平整；不符合要求时，减1~3分	检查结果					
			勾缝平顺，无开裂、脱落现象；不符合要求时，减1~3分						
			砌缝不应有裂隙，裂隙宽度超过0.5mm时必须处理；不符合要求时，减1~3分						
9	质量保证资料		资料、图表残缺，缺乏最基本数据，有伪造涂改者，不予检验和评定；资料不全者，视情况每款减1~3分						
10	（子）分项工程评分值								
11	质量等级								

监理工程师：　　　　日期：　　　　检测人：　　　　日期：　　　　承包人：　　　　日期：

混凝土墩、台身质量检验评定表 表6-4-6

项目名称：　　　　　　工程合同段：　　　　(子)分项工程名称：　　　　工程部位：
施工单位：　　　　　　　　　　　　　　　　监理单位：　　　　　使用者类别：

基本要求	混凝土所用材料的质量和规格必须符合有关技术规范的要求，按规定的配合比施工；不得出现空洞和露筋现象							
项次	检查项目	规定值或允许偏差	检查方法和频率	权值	检查实测值	平均值代表值	合格率（%）	得分
1△	混凝土强度(MPa)	在合格标准内	按附录D检查	3				
2	断面尺寸(mm)	±20	尺量：检查3个断面	2				
3	竖直度或斜度(mm)	$0.3\%H$，且不大于20	吊垂线或经纬仪：测量2点	2				
4	顶面高程(mm)	±10	水准仪：测量3处	2				
5△	轴线偏位(mm)	10	全站仪或经纬仪：纵、横各测量2点	2				
6	节段间错台	5	尺量：每节检查4处	1				
7	大面积平整度(mm)	5	2m直尺：检查竖直、水平两个方向，每20m²测1处	1				
8	预埋件位置(mm)	符合设计规定，未规定时取10	尺量：每件	1				
9	(子)分项工程得分							
10	外观鉴定	混凝土表面平整，施工缝平顺，棱角线平直，外露色泽一致；不符合要求时每处减1~3分			检查结果			
		混凝土蜂窝麻面面积不得超过该面面积0.5%，深度超过10mm必须处理；不符合要求时，每超过0.5%减3分						
		混凝土表面无非受力裂缝；混凝土表面出现非受力裂缝减1~3分，裂缝宽度超过设计规定或设计未规定时超过0.15mm者必须处理						
		施工临时预埋件或其他临时设施未清除处理，减1~2分						
11	质量保证资料	资料、图表残缺，缺乏最基本数据，有伪造涂改者，不予检验和评定；资料不全者，视情况每款减1~3分						
12	(子)分项工程评分值							
13	质量等级							

监理工程师：　　　　日期：　　　　检测人：　　　　日期：　　　　承包人：　　　　日期：

柱或双壁墩身质量检验评定表

表 6-4-7

项目名称：		工程合同段：		(子)分项工程名称：		工 程 部 位：			
施工单位：				监理单位：		使用者类别：			

| 基本要求 | 混凝土所用材料的质量和规格必须符合有关技术规范的要求，按规定的配合比施工；不得出现空洞和露筋现象 |||||||||

项次	检查项目	规定值或允许偏差	检查方法和频率	权值	设计值	检查实测值	平均值代表值	合格率（%）	得分
1△	混凝土强度(MPa)	在合格标准内	按附录D检查	3					
2	相邻间距(mm)	±20	尺或全站仪测量：检查顶、中、底3处	1					
3	竖直度(mm)	0.3%H，且不大于20	垂线或经纬仪：横、纵各测量2点	2					
4	柱(墩)顶高程(mm)	±10	水准仪：测量3处	2					
5△	轴线偏位(mm)	10	全站仪或经纬仪：纵、横各测量2点	2					
6	断面尺寸(mm)	±15	尺量：检查3个断面	1					
7	节段间错台(mm)	3	尺量：各节检查2~4处	1					
8	(子)分项工程得分								
9	外观鉴定		混凝土表面平整，施工缝平顺，棱角线平直，外露色泽一致；不符合要求减1~3分		检查结果				
			混凝土蜂窝、麻面面积不得超过该面面积的0.5%，深度超过10mm必须处理；不符合要求时，每超过0.5%减3分						
			混凝土表面无非受力裂缝；混凝土表面出现非受力裂缝减1~3分，裂缝宽度超过设计规定或设计未规定时超过0.15 mm者必须处理						
			施工临时预埋件或其他临时设施未清除处理，减1~2分						
10	质量保证资料		资料、图表残缺，缺乏最基本数据，有伪造涂改者，不予检验和评定；资料不全者，视情况每款减1~3分						
11	(子)分项工程评分值								
12	质量等级								

监理工程师： 日期： 检测人： 日期： 承包人： 日期：

墩、台帽或盖梁质量检验评定表 表6-4-8

项目名称：　　　　　　　工程合同段：　　　　(子)分项工程名称：　　　　工 程 部 位：
施工单位：　　　　　　　　　　　　　　　监理单位：　　　　　　使用者类别：

基本要求	混凝土所用的材料的质量和规格必须符合有关技术规范的要求,按规定的配合比施工;不得出现空洞和露筋现象						
项次	检查项目	规定值或允许偏差	检查方法和频率	权值	检查实测值	平均值代表值	合格率(%)	得分
1△	混凝土强度(MPa)	在合格标准内	按附录D检查	3				
2	断面尺寸(mm)	±20	尺量:检查3个断面	2				
3△	轴线偏位(mm)	10	全站仪或经纬仪:纵、横各测量2点	2				
4△	顶面高程(mm)	±10	水准仪:检查3~5点	2				
5	支座垫石预留位置(mm)	10	尺量:每个	1				
6	预埋件位置(mm)	5	用尺量	1				
7	(子)分项工程得分			11			
8	外观鉴定		混凝土表面平整、光洁,棱角线平直;不符合要求时减1~3分	检查结果			
			不得出现蜂窝、麻面;混凝土蜂窝、麻面必须进行修整并减1~4分					
			混凝土表面无非受力裂缝;混凝土表面出现非受力裂缝减1~3分,裂缝宽度超过设计规定或设计未规定时超过0.15mm必须处理					
9	质量保证资料		资料、图表残缺,缺乏最基本数据,有伪造涂改者,不予检验和评定;资料不全者,视情况每款减1~3分					
10	(子)分项工程评分值						
11	质量等级						

监理工程师：　　　　　日期：　　　　　检测人：　　　　　日期：　　　　　承包人：　　　　　日期：

学习效果自测题

每位学生根据本学习情境的学习目标及教师要求,选择完成下述自测题目,并根据学生自评表的要求,完成自我检验。

一、选择题

1. 大体积墩台基础混凝土,不能在前层混凝土初凝或能重塑前浇筑完成次层混凝土时,可分块进行浇筑,各分块平均面积不宜小于(　　)m²,每块高度不宜超过(　　)m。

　　A.40,1　　　　B.40,2　　　　C.50,1　　　　D.50,2

2.砌体的上下层砌石应相互压叠,竖缝应尽量错开,其目的是(　　)。

　　A.美观　　　B.便于砌筑　　　C.方便灌浆　　　D.能将集中力分散到砌体整体上

3.滑动式模板适用于建造(　　)。

　　A.柔性排架桩墩　　B.V形桥墩　　C.轻型桥墩　　D.高桥墩

4.桥台台后填土应分层夯实,每层松土厚度20~30cm,一般应夯实2~3遍,夯实后的厚度为15~20cm,高速公路和一级公路应使压实度达到(　　),并做压实度测定。

　　A.95%以上　　　B.85%~90%　　　C.70%以上　　　D.60%以上

5.石砌墩台在施工时的砌筑顺序为(　　)。

　　A.基准石→角石→镶面→填腹　　　B.基准石→角石→填腹→镶面

　　C.角石→基准石→填腹→镶面　　　D.角石→基准石→镶面→填腹

6.滑模施工的优点是:(　　)。

　　A.模板平台相对独立　　　　B.无工作接缝

　　C.进度快　　　　　　　　　D.中线水平无偏差

7.混凝土振捣时,使用插入式振捣器振捣时移动间距不应超过振捣器作用半径的(　　)。

　　A.0.5　　　　B.0.8　　　　C.1.0　　　　D.1.5

二、填空题

1.浆砌片石一般适用于高度小于(　　　　)的墩台身、基础、镶面以及各式墩台身填腹。

2.桥梁墩台采用浆砌片石时,其砌筑工艺有(　　　　)法、(　　　　)法和(　　　　)法三种。

3.浆砌片石的砌缝宽度不得大于(　　　　)cm;浆砌块石的砌缝宽度不得大于(　　　　)cm;浆砌料石时不得大于(　　　　)cm。

4.墩台身混凝土施工前,应将基础顶面冲洗(　　　　),凿除表面(　　　　),整修(　　　　)钢筋。

5.台后填土应尽量选用(　　　　)土,在两侧对称(　　　　)夯实,与路基搭接处宜挖成(　　　　)形。

6.浇筑墩台大体积混凝土时为减小水化热应加入(　　　　)剂。

7.圬工砌体勾缝形式有(　　　　)、(　　　　)和(　　　　)三种。

8.钢筋混凝土桥墩施工时模板拆除的顺序为:(　　　　)。

三、判断题

1.墩台身砌体勾缝时,应将砌缝扫净,松浮砂浆去除,并保持湿润,以利砂浆与砌缝黏结。　　　　　　　　　　　　　　　　　　　　　　　　　　　　　　　　　　　　(　　)

2.在基础混凝土强度达到设计要求后,即刻绑扎墩柱钢筋浇筑混凝土。　　(　　)

3.钢筋混凝土墩台施工时,混凝土应分层浇筑,分成厚度不超过50cm。　　(　　)

4.墩台身及盖梁等的外观应保证蜂窝麻面面积不得超过该面面积的0.5%,深度超过1cm的必须处理。　　　　　　　　　　　　　　　　　　　　　　　　　　　　　　(　　)

5.墩台身砌筑时,砌块应错缝、坐浆挤紧,嵌缝料和砂浆饱满,无空洞、宽缝、大堆砂浆填隙

和假缝。 ( )

四、简答题

1. 桥梁墩台有哪两大类施工方法？
2. 常用墩台模板有哪几种？对模板的要求有哪些？
3. 大体积混凝土浇筑容易出现什么问题？可采取什么措施防止？
4. 大体积混凝土什么情况下要分块浇筑？分块施工时应注意哪些方面的问题？
5. 墩台基底处理应满足哪些要求？
6. 墩台砌筑施工要点有哪些？
7. 高桥墩模板有哪几种？
8. 台后填土要求有哪些？
9. 扣件式钢管脚手架的主要组成构件及作用有哪些？
10. 在墩台施工中，混凝土运输方式有几种？各适用什么条件？
11. 盖梁施工中支架有几种？各适用什么场合？
12. 墩、台身和盖梁施工阶段的检测项目有哪些？

学习情境七 桥梁下部施工组织设计

📝 **学习目标**

1. 熟知桥梁各阶段施工组织设计及其主要内容；
2. 能够进行桥梁施工组织设计的编制；
3. 会横道式进度计划与垂直进度计划技术；
4. 会网络计划技术。

📝 **任务描述**

教师根据全班组数准备若干有关桥梁下部的施工任务(包括与前几个学习情境相同的图纸、土质和建筑材料的调查与试验,再辅以国家或部门最新颁发的设计、施工技术规范等),学生分组(视班级总人数可分 5~6 人/组),每组推选一名组长负责任务的组织与实施,最终以组为单位完成桥梁下部施工组织设计。各组在接到任务后,认真学习公路桥涵有关设计标准及规范的相关内容,结合教师讲课并视需要收集其他相关信息,每组各成员单独准备分析材料,最终以组为单位上交《××桥施工方案和施工进度计划》。

📝 **学习引导**

本工作任务沿着以下脉络进行学习：

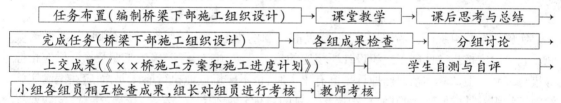

一、相 关 知 识

桥梁施工组织设计是桥梁施工准备工作的重要内容之一,是指导桥梁施工的基本技术经济文件,也是对施工实行科学管理的重要手段。编制施工组织设计的目的在于全面、合理、有计划地组织施工,从而具体实现设计意图,按质完成施工任务。实践证明,一个工程如果施工组织设计编制得好,能正确地反映客观实际,并能得到认真执行,施工就可以有条不紊地进行；否则,就会出现盲目施工的混乱局面,造成不必要的损失。

二、各阶段施工组织设计及其主要内容

桥梁工程在设计阶段、施工开始前及施工过程中,都要编制施工组织设计。

1. 设计阶段编制的施工组织设计

设计阶段编制的施工组织设计,也称初步施工组织设计,内容主要是制订桥梁施工的轮廓

计划,初步拟订施工方法、施工程序及施工时间(工期)。

初步施工组织设计是由设计人员结合桥梁结构设计进行。有些结构设计计算是与施工方法密切相关的,只有拟订了施工方法,结构设计工作才能进行。工程概算也要依据一定的施工方法、施工程序、施工时间进行编制。虽然这个阶段的施工组织设计不可能编制得很详细、具体,但它是把桥梁设计付诸实施的战略性决策,应当力求切合实际。

2. 施工前编制的施工组织设计

施工单位在参加施工投标时,应根据工程招标文件的要求,结合本单位的具体条件,编制施工组织设计。中标以后,在施工开始之前,施工单位还必须进一步重新审查、修订或重新编制施工组织设计,这个阶段的施工组织设计称为指导性组织设计。

指导性施工组织设计是施工单位在深入了解和研究了设计文件,以及调查复核了现场情况之后着手编制的。它不但要对设计中拟订的施工方法进一步决定付诸实施的具体措施,还要深入研究是否有需要加以改进、甚至加以改变的地方。对设计中未规定施工方法的,则要一一落实合适的施工方法。施工中所需劳动力的工种、数量及进场、退场时间,所需机具的种类、规格、数量及进场退场时间,所需材料的品种、规格、数量及分期供应计划,工地运输组织工作,附属企业、加工厂的设置,预制场的布置,工地用临时房屋的规划,工地供水、供电的计划,施工场地的平面布置,以及降低成本措施,施工财务计划等,都要通过施工组织设计来决定。

这个阶段的施工组织设计还是编制施工预算的主要依据,只有编好了施工组织设计,才能着手编制施工预算,而预算又是编制施工财务计划的依据,并且是施工过程中进行成本分析的依据。

3. 施工过程中编制的施工组织设计

施工过程中基层施工单位还要根据各分部工程(如基础工程、墩台工程、上部构造预制和安装工作等)的具体情况,及分工负责施工的队或班组的人力、机具等配备情况,编制分部工程施工组织设计,也称实施性施工组织设计。

实施性施工组织设计的作用,是把施工前编制的指导性施工组织设计分期、分部付诸实施。它一般应按指导性施工组织设计所规定的施工方法、施工程序、施工工期及物资供应指标等进行编制。但如具体情况与原计划已有出入时,也不应机械地执行原计划,而应在编制实施性施工组织设计的同时,对其修订和调整。总的目标是必须经济、安全、按质、按量、按期或提前完成整个工程。

实施性施工组织设计的作用是:

(1)它是用来直接指挥施工的计划,因此应具体制订出按工作日程的施工进度计划,这是它的核心内容。

(2)根据施工进度计划,具体计算出劳动力、机具、材料等的日程需要量,并规定工作班组及机械在作业过程中的移动路线及日程。

(3)在施工方法上,要结合具体情况考虑工程细目的具体施工细节,例如:不同水深的基坑围堰如何修筑,不同部位混凝土模板如何安装,混凝土如何浇筑等。总之,必须具体到能按所定施工方法确定工序,劳动组织及机具配备。

(4)工序的划分、劳动力的组织及机具的配备,既要适应施工方法的需要,还要考虑适应工作班组的组织结构和设备情况,要最有效地发挥班组的工作效率,又便于实行分项承包和结算,还要切实保证工程质量和施工安全。

(5)要考虑当发生意外情况时留有调节计划的余地。如因故中途必须停止计划项目的施工时,要准备机动工程、调动原计划安排的班组继续工作,避免发生窝工。

实施性施工组织设计必须具体、详细,但也不可过于复杂、繁琐。最主要的内容为施工进度计划,它必须形象地显示出工作班组的号列、人数和施工机具的名称、数量以及两者的移动路线。配合进度计划的需要,编制机具、材料供应计划,这样就能达到指导施工的目的。

三、施工组织设计的编制

在前述三种施工组织设计中,用来指导桥梁施工的主要是指导性施工组织设计和实施性施工组织设计。

1. 施工方案的选择和制订

1)选择和制订施工方案的目的和要求

编制施工组织设计首先遇到的问题就是选择和制订施工方案,这个问题不解决,施工组织设计乃至以后的施工工作就不可能进行。所以,施工方案选择制订的优劣,在很大程度上决定了施工组织设计质量的好坏和施工任务能否圆满完成。

选择和制订施工方案,首先要考虑其是否可行,同时还要做到技术先进、经济合理、施工安全。所谓可行是指施工方案能从实际出发,符合当前实际情况,有实现的可能性。技术先进是指能有效地采用新技术、新方法、新工艺、新材料,从而提高工效、缩短工期、保证质量。经济合理是指能尽量采用降低施工费用的一切正当、有效的措施,挖掘节约的潜力,使施工费用降至最低限度。施工安全则是指施工方案符合安全规程,有保证安全的技术组织措施。以上几点在选择和制订施工方案时应全面权衡、通盘考虑。

2)施工方法的确定

施工方法是施工方案的核心内容,它对工程的实施具有决定性作用,它是根据施工方案的基本要求,为桥梁分部、分项工程在具体施工条件下拟订的战术措施。例如:明挖基础采用何种围堰,是采用人工开挖还是机械开挖;钻孔桩施工采用哪种成孔方式;水上施工采用哪种平台;混凝土工程采用集中拌和还是就地拌和等。

确定施工方法应突出重点,凡是采用新技术、新工艺和对本工程质量起关键作用的项目,以及工人在操作上还不够熟练的项目,应详细而具体,不仅要拟订进行这一项目的操作过程和方法,而且要提出质量要求,以及达到这些要求的技术措施,并要预见可能发生的问题,提出预防和解决这些问题的办法。对于常规施工方法和工人熟练的项目,则可适当简化,但要提出这些项目在工程中的一些特殊要求。

确定施工方法,应考虑桥梁各部分的结构和受力特点,结合现场一切有关的自然条件和施工单位拥有的施工经验和设备,吸收国内外同类工程成功的施工方法和先进技术,以达到施工快速、经济和优质的目的。

3)施工机械设备的选择

确定施工方法的同时,必然要对拟采用的施工机械设备进行选择。随着施工机械化程度的提高,机械化施工将逐步代替繁重的体力劳动,施工中采用的机械设备的数量、种类、型号必将增多。这样,从众多的机械设备中选择适合于本工程的施工机械设备将是制订施工方案时需要解决的又一重要问题。选择时,主要应在现有的或可能得到的机械设备中进行,尽管某些机械设备在各方面都很适合,但如果在施工中得不到,也就不能作为一个供选择方案提出。选择机械设备(特别是需购置的机械)还应从全局出发,不仅要考虑在本工程中使用,也要考虑在今后工程中能多次重复使用。

(1)如何经济地选择施工机械。

①经济选择的一般原则。

机械施工单价的高低是选择施工机械的基础。

机械损耗费也就是固定资产损耗费,它与施工机械的投资成正比,一般与施工速度无关。机械损耗费通常包括:折旧费、大修费、投资的利息、保险费、税金和管理费等。

机械运行费是与完成的工程量成正比的费用,与施工机械的投资无关。它可分为直接费和间接费。直接费包括直接劳动工资和直接材料费。间接费包括燃料或动力费、劳保设施费、维护小修费、监督费以及其他间接费。

选择施工单价低的机械,一般是比较经济的。但是,施工机械的选择是否经济,还与工程规模有关。规模小的工程,选择大型施工机械,就不一定经济,因为大型施工机械会相应增大运输、安装和支承基座或支架等的费用,从而相应地提高了施工单价。

另外,还有一些难于用货币价值来表现的因素也必须考虑。例如,机械的通用性,是否适合将来的使用;安装场地能否满足所需要的空间;从车站或码头到工地的运输道路能否满足需要;机械的噪声、振动等是否超出施工现场环境的限制等。

②进行经济比较。

比较两种规格的同类机械的施工单价,在使用时间的某一范围内时,A种机械可能比B种机械经济;超出该范围时,B种机械可能比A种机械经济。这种情况可以用数解法或图解法求使用时间的经济分界点。

③施工机械容量的选择。

通常,施工机械的损耗费和运行费的增长率小于容量的增长率,特别是机械运行费的变动相对来说非常小,所以机械费的增长率小于机械容量的增长率。也就是机械容量越大,其施工单价越便宜。

但是选择施工机械的容量时,还有一些其他因素必须考虑。

a. 大型施工机械的体积大,质量大,有时受道路、桥梁、铁路等的净空限制或载质量限制而无法采用。

b. 使用一台大型机械代替多台小型机械,固然能提高效率,但一旦发生故障就会使施工停顿,引起重大损失。多台小型机械如有一台发生故障还可一面修理坏了的机械,一面继续开动完好的机械施工。

c. 大型机械购置投资大,而且存在是否适应将来工作的问题,所以要对初始投资结合机械通用性和利用率问题进行考虑。

d. 有些工作必须大小容量的机械配套使用。例如基坑排水工作,一般要配备多台大小不同的抽水机,工作时需要根据积水量多少及渗水量大小,搭配开动大小不同的几台抽水机。因为基坑的渗水量是随着开挖深度的增加而逐渐增大的,开动抽水机的数量也应视渗水量的大小而增减。当基坑积水基本抽干后,一般要关停部分抽水机,只留一二台继续开动,就可维持基坑开挖或基础浇筑工作。如采用一台大型水泵取代多台容量大小不等的水泵,反而会无法开展工作。

e. 有些工作要配备比实际需要量稍为富余的施工容量的机械。如上述基坑排水工作,通常需要配备比计算容量大一些的抽水机台数,一方面在发生故障时有替换后备,另一方面要考虑这类工作的机械需要量的估算,是很难十分准确的,一旦准备的抽水机容量不足,就根本无法进行工作。

f. 机械容量必须适应工程规模的需要,如果采用大型机械不能充分发挥其效率时,反而不如充分发挥中小型机械的容量较为有利。

④尽可能选择标准机械。

标准机械是相对于特殊机械而言的。所谓标准机械是指具有通用性的机械和市场上出售的标准规格产品。桥梁施工中的特殊机械是指仅适用于某种桥型、某种跨径或某种工程规模的施工机械。

凡能用标准机械完成的工程,应尽可能选用标准机械。这样,有如下一些好处:

a. 标准机械容易买到。

b. 标准机械能用于许多工程,其施工单价中应摊销的折旧费必然低,因而施工单价也相应低。

c. 标准机械的配件比较容易买到,而且比较价廉。再则,标准机械的配件一般可以互换通用,这就简化了配件的采购、保管以及维修、拆换工作;特别是可以减少因为机械故障等待配件修理而引起的停工损失。

d. 不需要继续使用的标准机械,能比较容易地变卖处理。

然而,桥梁施工中也经常需要配备某些特殊机械,否则就无法完成施工任务。这种情况下,对机械的购置或订制,必须考虑将来在其他工程中尽可能多地利用的可能性。

e. 根据施工机械的调查统计资料选择施工机械。

(2)机械设备的合理组合。

桥梁工程有很多项目要组合几种机械配合施工,这种情况必须编制合理的施工机械组合计划,使各种施工机械都能充分发挥其工作效率,不致因为某种机械施工能力不够(机械数量不够或容量不够),影响其他机械作业能力的充分发挥。

例如,桥梁钻孔桩基础的施工,钻孔与灌注水下混凝土是交替进行的,一般钻孔的时间较长,灌注水下混凝土的时间较短,这就存在如何使钻孔机与拌和机合理组合的问题。钻机除钻孔外,钻架一般还用来吊放钢筋笼和操纵灌注水下混凝土用导管的升降,而拌和机只是在灌注水下混凝土时才参与工作。因此,钻机的工作是连续不断的,而拌和机则只需要间断地工作。要使两种机械都充分发挥作用,一般可多配备一两台钻机,只配一套拌和灌注设备,使两种机械的工作时间大致相等;或者安排拌和机在钻机钻孔时,从事其他工程项目的混凝土拌和工作(如承台、墩身的混凝土拌和)。

几种机械组合起来同时完成一项工作,在编制施工机械组合计划时,必须分析和确定各种机械所从事的作业为主作业还是从属作业。一般应以主作业施工机械的施工速度为依据来配备从属作业的施工机械。

例如,用挖土机开挖桥梁基础,配以自卸汽车装运废土,挖土机的作业是主作业,运土自卸汽车的作业则是从属作业。因为一台挖土机一般总要配备若干台自卸汽车配合工作,一旦挖土机发生故障,会影响所有自卸汽车都停止工作;而一辆自卸汽车发生故障,则不致影响挖基工作完全停工,只是施工速度会适当降低而已。

编制施工机械组合计划时,应以充分发挥主作业施工机械的施工能力为主,一般要求以主作业施工机械的正常施工速度作为组合作业的施工速度,然后按此施工速度选择从属作业的施工机械,其施工能力应等于或稍大于主作业机械的施工能力,以确保主作业能按计划的施工速度进行。一般在编制计划时,从属作业机械的施工能力应比主作业机械的能力大20%左右。

当从属作业机械的购置费或租金大于主作业机械时,可能以从属作业机械的施工能力为依据来选择主作业施工机械的施工能力较为有利,但应进行经济比较。

4) 施工作业方法和顺序

施工作业方法是决定施工劳动组织和施工顺序的依据。在编制施工组织设计时,研究和确定施工作业方法是一项非常重要的工作。

(1) 施工作业方法。

桥梁工程的施工作业方法分两种类型,即连续作业法和流水作业法。

连续作业法是由同一劳动组织(队或班、组),连续依次完成一项工程的全部工序,工作内容包括各种不同的技术工作,如土石方工程、支架模板工程、钢筋工程、混凝土工程、起重工作等,一般适用于规模较小的工程,如单独的小桥涵工程。其劳动组织必须包括各种需要的工种并配备各种需要的机具,这样的劳动组织一般称为混合工队或混合班组。

规模较大的桥梁工程,一般都尽可能采用流水作业法,即把一项工程的不同工作内容,划分为不同工序,依次由不同工种组成的专业工队或班组来完成。

把一座桥梁的所有同类型桥墩,各自划分为若干个工序,依次由各专业班组同时在不同桥墩上进行各自的施工作业,这样就能组织流水作业。

流水作业是现代工业生产的先进作业方法,它的特点是:劳动组织是按专业分工,生产工艺是一再重复同一技术工作,有利于提高技术、质量和劳动生产率;同时,每个劳动组织所需机械、工具的配备比较固定,有利于充分发挥机具效率,并且便于保养管理。

连续作业法一般只在不能采用流水作业法的情况下才采用。因为这种作业法的混合劳动组织,必须配备各种不同工种人员和各种不同机具设备,很难充分发挥效率,有时还不能完全适应工作需要。混合工队或班组所从事的工作是多样的,需要经常不断地改变工作性质,不利于提高技术、质量和工效。

所以,桥梁工程应尽可能采用流水作业法。相距不远的成批小桥涵工程,有时采用流水作业法也可能比连续作业法有利,但应进行经济比较。

但是,并不是桥梁工程中的所有工程项目都能采用流水作业法,如上述小桥涵就属于这种情况。此外,某些非经常的、非必然的偶发工作(如深水基础施工中,有时需要潜水工从事的一些工作),就不能列为流水作业的项目。但这些工作还必须配备一定的专业技术工人和机具设备,当需要进行这些工作时,随时参加作业。为了避免这些工人在没有他们的专业工作时闲着等待,最好培养他们掌握两种以上的技术,以便根据需要,灵活安排他们的工作。

(2) 施工顺序的安排。

桥梁施工应按一定的顺序进行,其中有些施工顺序是由桥梁结构本身或施工工艺决定的。例如,钻孔灌注桩施工必须按筑岛或设钻孔平台、安装钻机钻孔、下放钢筋笼、灌注水下混凝土等顺序进行。但还有些施工顺序则不受什么固定顺序的限制。如整个施工是从一岸向另一岸推进,还是从两岸向中间推进,是先施工水中基础还是先施工岸边基础或两者同时进行,上部结构预制与下部结构施工如何配合,接线工程与桥梁主体工程如何配合等,均可根据现有技术经济条件、组织管理水平、水文气象资料、施工质量及安全的要求,以及其他有关影响因素综合考虑,按最优顺序进行安排。总之,原则上要做到:

①尽量安排流水或部分流水作业,以充分发挥劳动力和机具的效率;
②尽量减少工人和机械的停歇时间,以加快进度;
③减少或避免各作业之间的相互干扰,以保证施工作业顺利进行;
④尽量防止自然条件对施工的不利影响,以确保施工质量和施工安全。

2.施工进度及资源调配计划的编制

1)施工速度的估算

制订施工进度计划时,一个关键问题就是如何确定施工速度,即如何确定一台机械或一名工人在一定时间内能完成多少工程量。这也是决定施工机械及劳动力组合、估算施工费用的基础。

(1)确定施工量。

工地上配备的施工机械,并不是每台都能经常运行。由于故障、修理、保养及转移施工点等原因,有些机械会有一定的停止作业时间,各种机械的实际作业时间也分别不同,而且各种机械的作业效率(容量效率)也不一样。

一个工人在一个工作日内所能完成的工程量,由于每个人的生理和心理条件都有差异,采用在操作时进行查定所确定的平均定额,这样比较切合实际。为了不断提高劳动生产率,必要时可以根据查定资料采取强化措施,在计划中采用平均先进定额(即将查定统计资料中高于平均定额的部分,取其平均值,即为平均先进定额)。

(2)施工机械的施工速度。

施工机械在单位时间内完成的工程量称为施工速度。

在制订施工进度计划时,要根据计划时间的长短,采用不同的施工速度。

①最大施工速度:通常在良好条件下,施工机械在单位时间内所能完成的最大工程量称为最大施工速度。

施工机械的最大施工速度,可以根据标定或计算来求出,通常相当于施工机械制造厂标明的公称能力。

②正常施工速度:在一班或一天的作业时间内,由于有调整机械、补充燃料、小修、故障、上班初的准备、下班前的清理、气候不良、待料停顿以及非机械本身原因的作业故障等原因,施工机械不可能完全不停地运行。在这些时间损失中,如机械故障、待料停顿及作业故障等,可以通过加强管理来避免,但其余时间的损失都是无法排除的。

在制订短期施工计划时,如能采取措施保证作业不致产生上述情况以外的时间损失,则计划完成时间可以用正常施工速度计算。

③平均施工速度:在非常好的条件下,按照正常施工速度进行施工,也许能持续若干天。但在较长的施工期内,常常会出现不可避免的拖延工期、机械故障、施工准备不足、材料供应脱节,以及由于地质、水文、气象等的意外变化,意外事故和设计变更等偶发事故引起的时间损失。考虑正常损失时间和偶发损失时间的施工速度,称为平均施工速度。

(3)制订施工进度计划时如何确定施工速度。

以上介绍了施工机械的不同施工速度,即最大施工速度、正常施工速度和平均施工速度。在编制施工进度计划时,应确定采用哪种施工速度较为合适,这是施工人员必须慎重研究的一个问题。

一般情况下,在编制施工机械组合计划和平衡各项工程的施工机械的作业能力时,应使用最大或正常施工速度,使计划具有一定的先进性,以推动施工管理工作不断提高。在编制长期

(如一年或一年以上)的施工进度计划,或对施工费用进行估价时,一般应采用平均施工速度,使计划及估价建立在可靠的基础上。

2)施工进度计划

(1)编制施工进度计划的目的和要求。

施工进度计划是施工组织设计中最主要的组成部分,它必须配合施工方案的选择进行安排,它又是劳动力组织、机具调配、材料供应以及施工场地布置的主要依据,一切施工组织工作都是围绕施工进度计划来进行的。

施工进度计划通常要分阶段编制,并且要与各阶段的施工组织设计相适应。

在实施性施工组织设计中,进度计划是具体组织施工的依据,一般按逐个分部工程(如1号基础、2号基础、……)的工序,随施工进度分期进行安排(可能是跨月的,也可能是不足一个月的)。月度施工计划及相应的人力、机具调配计划、材料供应计划则根据这个进度计划编制。

(2)施工进度计划的表现形式。

施工进度计划一般用形象的图示法表现,通常采用横道图。它的形式简单、醒目、易绘制、易看懂;还可以在施工过程中在同一图上描绘实际进度,与计划进行对比。当工程项目及工序比较简单,且它们之间的关系也不太复杂,其工序衔接及进度安排凭已有施工经验即可确定时,可以直接绘制横道图进度计划。当工程项目以及他们之间的相互关系比较复杂,各工序的衔接及进度安排有多种方案需进行比较时,则要用网络图求得最优先计划,再整理绘制成醒目的横道进度图。

用网络图求最优化计划是制订施工计划的先进方法。

3)施工劳动力计划

施工进度计划所反应的劳动力调配情况,是检查施工进度安排是否合理的主要标志之一。

劳动力的调配一般应遵循这样的规律:开始时调少量工人进入工地做准备工作;随着准备工作的进展,进入工地的工人数量陆续增加,到工程全面开工时,工人人数增加到计划需要量的最高额;然后尽可能保持人数稳定,直到工程主要部分完成后,工人逐步分批撤离工地,最后只留少量工人完成收尾清理工作。尽可能避免工人数量骤增骤减和时增时减;否则,会增加劳动力调遣费,增加临时工程,增多工具设备,增加生活供应的工作量,以及增加施工管理费用。

不仅是总的劳动力应做到均匀调配,而且每一工种也应如此。

根据施工进度计划图可以计算出各个时期所需劳动力人数,绘出劳动力调配图(通常与进度相对应,共同绘在一张图上),从图形上可以看出施工计划安排是否合理。

如果劳动力调配图出现不合理情况,应该重新修改施工进度计划。有时需要反复修改多次,才能求得比较合理的方案。采用网络图制订计划时,则可以通过优化计划来求得合理方案。

4)施工机具、设备计划

依据已确定的施工方法、施工程序及施工进度计划,在选定施工机具的种类、规格、数量的同时,还要确定所需机具的进场、退场时间。

机具、设备的进场时间及数量,原则上也应同劳动力计划一样,不可时增时减。还应注意避免进场后长期停置不用。

5)施工材料供应计划

桥梁工程的材料费用,一般要占整个工程造价的50%~70%,做好材料供应计划和材料采购、保管、使用等工作,是保证施工工作顺利进行,严格控制或降低工程成本的关键之一。

在编制施工组织设计时,材料供应计划是根据施工进度计划编制的。根据进度计划中每期(如每月)计划完成的各项工程量、所需耗用的各种材料数量即可求得。

但是,材料供应计划中分期供应的材料数量,并不一定等于分期需要的耗用量,在编制材料供应计划时,还要考虑以下一些因素来计算分期供应量:

(1)采购的材料,要根据市场供求情况和采购的难易程度来制订供应计划。

(2)应考虑运输工作有无季节性限制,如雨季、冬季不能运输时,这时需用的材料,应该提前供应和储备。

所以,材料供应计划的分期供应数量=(计划期需要耗用的数量)-(前期库存储备的数量)+(为下期提前储备的数量)。

桥梁工程用的主要材料(指用大量的钢材、木料、水泥、沙、石等材料),都应进行这样的计算。其中,前期库存储备数量和为下期提前储备的数量,应该考虑前述因素,根据具体情况决定。提前储备数量必须定得合适,过多要增大仓库面积,过少可能影响施工进度计划的完成。

至于用量不多的零星材料,或需要专门订货或加工的特殊材料和制品,最好在计划使用期前全部供应齐全,不必按使用时期分期供应;否则,反而会增加采购、运输和管理费用;如果计划不周,会导致停工待料、因小失大。

6)施工运输计划

桥梁施工用的材料、制品、机具、设备、燃料、生活用物资等的运输量十分浩大,妥善组织运输工作,正确选择运输方式及运输工具,对降低成本和加速工程进展将起重大作用。

将各种料具、物资从产地或交货地点运到工地仓库、料场,称为场外运输。在工地范围内,从仓库、料场或预制场等地到施工点的料具、物资搬运,称为场内运输。

(1)场外运输方式的选择。

在通航河流上建桥,应充分利用水运的有利条件,除了有时需要修建卸货的临时码头外,几乎不需什么创办费,运费也比其他运输方式低。

施工现场有现成公路直接通过时,或者公路离现场不远,可以修建简易公路(便道)与现场接通时,或者桥头接线可在桥梁开工之前修通,并可利用作场外运输路线时,采用汽车运输一般是合宜的。

(2)选择运输方式的经济比较。

选择运输方式的经济比较按下列步骤进行:

①把需要从同一发货地点运至同一卸货地点的各种物资的数量(t)及运量(t·km)算出。

②根据施工需要,决定应在若干工作班内将物资运完,求出每一工作班需要运输的物资数量。

③根据具体情况,初步选定几种可能的运输方式。

④分别按各种可能的运输方式,计算需要的运输工具数量。

⑤分别计算每种可供选择的运输工具的成本,进行比较。

场外运输工作如果发包给运输单位,可用招标办法进行经济比较,选择最低运价授标。

3.施工现场规划和场地布置

1)施工现场规划和场地布置的一般原则

施工现场规划和场地布置是施工组织设计的基本内容之一,它需要考虑的问题很多,很广泛,也很具体。

在场地规划和布置时应遵循下述原则:

(1)将各种附属企业、预制场、加工棚、仓库、施工中位置固定不动的机械等,设置在能发挥最大效能的地点。

(2)使工地运输费用最省,而且运输方便。

(3)使临时工程的费用尽量低。

(4)使工人在工作上和生活上往返行走的时间最少,同时生活上又须尽量方便。

(5)要适合卫生和安全的要求。

2)施工现场规划和场地布置的主要内容

(1)施工附属企业的规划和布置。

(2)工地临时房间的规划与布置。

(3)工地仓库及料场布置。

(4)施工现场运输的规划。

(5)工地供电的规划。

(6)工地供水的规划。

四、横道式进度计划与垂直进度计划技术

网络进度计划能够反映出各项工作相互依赖、相互制约的关系,并且能够找出决定工期的关键线路,在施工过程中能够进行动态的进度管理,是一种科学的、先进的进度计划,在公路工程项目建设过程中应用非常广泛。

1.施工进度计划编制程序与图表形式

1)施工进度计划的编制程序

(1)研究施工图纸和有关资料及施工条件。

(2)分解工程项目,划分工艺过程,计算实际工程数量。

(3)编制合理的施工顺序和选择施工方法。

(4)计算各施工过程的实际工作量(劳动量)。

(5)确定各施工过程的劳动力需要量及工种和机械台班数量及规格。

(6)设计与绘制施工进度计划。

(7)检查与调整施工进度。

2)施工进度计划的图表形式

施工进度计划,一般采用形象的图表形式表达,通常有横道图、垂直图、网络图等。

(1)横道图。

横道图(图7-0-1)以时间为横坐标,分项工程或施工工序为纵坐标,各工程项目的持续时间用横道线表示。

横道图的特点为直观、易懂,反映工作前后搭接关系,但不反映各工作间相互制约相互依赖的关系和影响,不便于进行各种时间计算,不能客观地突出影响工期的重点(关键)工作。

施工总体计划表
第一合同段

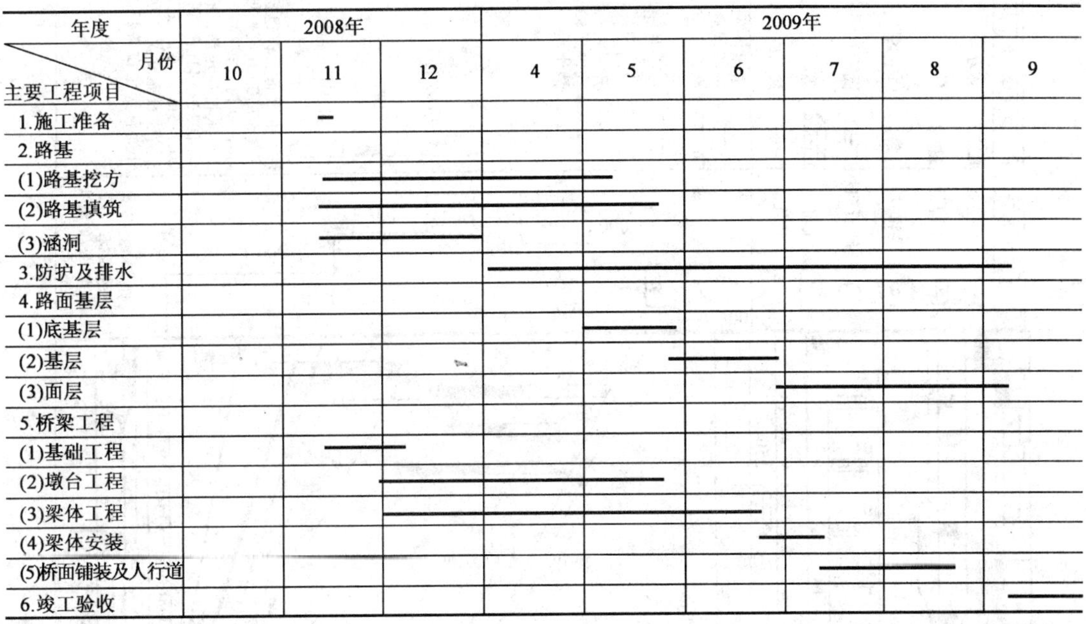

年度	2008年			2009年					
月份 主要工程项目	10	11	12	4	5	6	7	8	9
1.施工准备	—								
2.路基									
(1)路基挖方		——	——	——	—				
(2)路基填筑		——	——	——	——				
(3)涵洞		—	——	——					
3.防护及排水				——	——	——	——	——	
4.路面基层									
(1)底基层					——				
(2)基层						——			
(3)面层							——	——	
5.桥梁工程									
(1)基础工程		——	——	——					
(2)墩台工程			——	——	——				
(3)梁体工程				——	——	——			
(4)梁体安装						——	——		
(5)桥面铺装及人行道							——	——	
6.竣工验收									—

图 7-0-1 横道图

(2)斜线式施工进度图(垂直图)。

这种图(图 7-0-2)是以纵坐标表示施工日期,以横坐标表示里程或工程位置,而各施工项目(工序)的施工进度,则以不同形式的斜线(工作面较长)或垂线(工作面集中)表示,工程量和简易的施工平面图在其下方表示。斜线式施工进度图的特点是,可以反映出时间和施工地点的关系,但不便于将工序划分很细。斜线式施工进度图可用于里程较长、等级较低、管理较粗的施工组织中,以表达工程的形象进度。

(3)网络计划图。

网络计划图(图 7-0-3)简称网络图,是由箭线和节点组成的施工进度网状流程图。它能反映各工作之间相互制约、相互依赖的关系,能反映决定工期的关键线路,能用软件分析并进行施工进度优化。

2. 横道式施工进度计划图编制

(1)绘制空白图表。
(2)根据设计图纸、施工方法、定额进行列项,并按施工顺序填入工程名称栏内。

在编制施工进度图时,首先要对有关作图参数予以计算或确定,要划分生产过程的细目,即划分工序。列项时应注意:

①所列项目要依选用的施工方法而定。
②分项目粗细程度一般宜与定额子目相应。
③按施工顺序填列,不可漏列、重列、错列。

选择施工方法,首先要考虑工程的特点与机械的性能,其次考虑施工单位所具有的机械条件和技术状况,最后考虑技术操作上的合理性。确定施工方法后,应根据具体条件选择最先进、合理的组织方法。

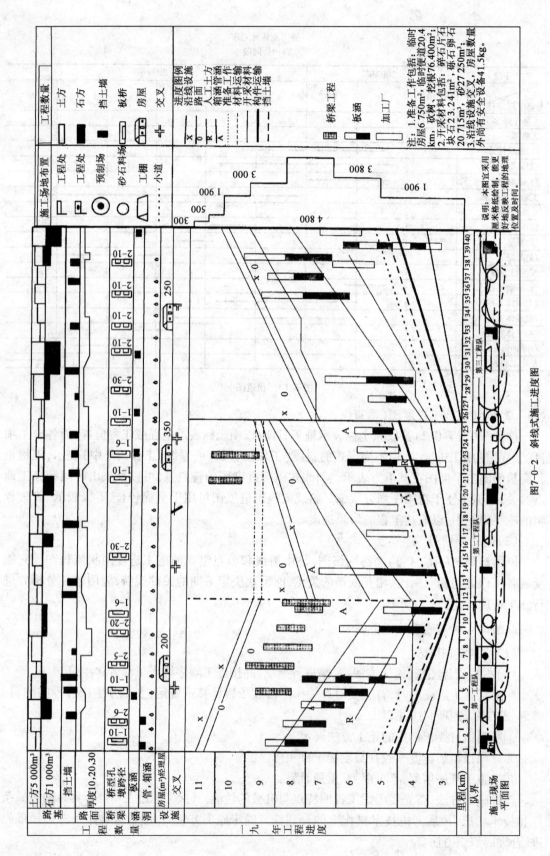

图7-0-2 斜线式施工进度图

(3)工程量计算。将施工过程细目列出后,即可根据设计图纸,并依照有关工程量计算规则,逐项计算工程量。也可采用编制概(预)算时的工程量计算成果。

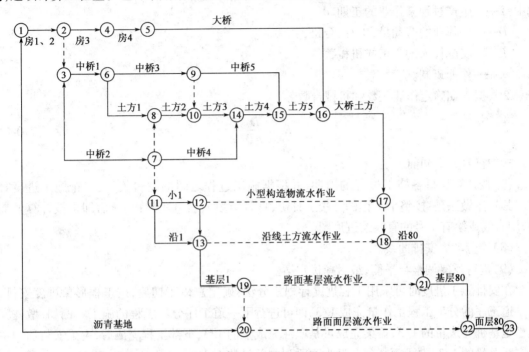

图 7-0-3 网络计划图

(4)劳动量计算。所谓劳动量,就是工程细目的工程量与相应时间定额的乘积,或等于施工时实际使用的机械台数与作业时间的乘积。

人工操作时叫劳动量,机械作业时叫作业量,也可统称为劳动量。

劳动量可按下式计算:

$$D = QS \tag{7-0-1}$$

或

$$D = Q/C \tag{7-0-2}$$

式中:D——劳动量或作业量(工日或台班);

Q——工程数量;

S、C——分别为时间定额、产量定额。

(5)主导工期及作业班制的选择。

当某生产过程(指工序或操作过程)的人工以及各种机械劳动量确定后,可根据所投入的人工、机械数量计算得出人工作业或机械作业的工期。其中,工期最长的作业叫主导作业,主导作业的工期叫主导工期。一个生产过程的工期主要取决于主导工期。用网络图表示进度计划时,主导作业一般就是关键工作,主导工期便是关键工作的工作时间。

在路线工程中,土石方工程一般为主导作业;在大、中桥施工中,基础工程一般为主导作业。对于主导作业,在条件允许的情况下,应尽量采用机械化施工,在 24h 内组织两班或三班制作业,其他作业则可调节机械投入量或班制。

(6)作业工期和所需人工、机械数量计算。

①根据人工、机械数量确定工期。

$$T = \frac{D}{Rn} \quad (7\text{-}0\text{-}3)$$

式中：T——生产过程某作业的工期，d；
D——该作业的劳动量，工日、台班；
R——实际投入的人工或机械数量；
n——作业班制。
②根据工期确定作业人数和机械台数。

$$R = \frac{D}{nT} \quad (7\text{-}0\text{-}4)$$

式中符号含义同前。

（7）按计算所得各施工过程的周期，并根据施工过程之间的逻辑关系，安排施工进度日期。其具体做法是：按整个工程的开竣工日历，将日历填入表日程栏内，然后即可按计算的周期，用直线或绘有符号的直线绘进度图。

（8）绘劳动力安排曲线。

（9）进行反复调整与平衡，最后择优定案。

在安排施工进度时可采用工程进度计划三分法：确定总体工期后，按工程形象进度安排，上一道工序的分项工程工作量完成1/3，即可进行下一道工序分项工程的施工。例如，墩柱完成量是基桩完成量的1/3，盖梁完成量是墩柱完成量的1/3，下部工程完成后，主梁安装达到主梁安装总量的1/3，主梁预制剩余量为主梁预制总量的1/3。

五、网络计划技术

网络进度计划能够反映出各项工作相互依赖、相互制约的关系，并且能够找出决定工期的关键线路，在施工过程中能够进行动态的进度管理，是一种科学的、先进的进度计划，在公路工程项目建设过程中应用非常广泛。

1. 双代号网络计划的组成

网络计划技术，是利用网络计划图进行管理的一种方法，所谓网络计划图，简称网络图是由箭线和节点组成的用来表示工作流程的有向、有序的网状图形。

1）网络计划技术具有的特点

（1）从工程整体出发，统筹安排，明确反映各工作间的先后顺序和相互制约、相互依赖的关系。

（2）通过时间参数的计算，能找出关键工作与非关键工作、各项工作的机动时间，使管理人员能够抓住主要矛盾，采取技术措施进行有效控制与监督，合理安排人员、材料、机械等资源，以降低成本，缩短工期。

（3）能够进行优化比较，并通过优化，找出最佳方案。

（4）可以利用计算机进行时间参数计算，从而提高管理效率。

2）双代号网络计划组成

双代号网络计划是目前应用较为普遍的一种网络计划，它表示一项工程任务或一个计划中各项工作的先后顺序、衔接关系和所需时间及资源，它的工作用两个代号表示。双代号网络图由箭线、节点、流三个要素组成，如图7-0-4所示。

(1)箭线。

①箭线表示工作,又表示施工方向、施工顺序。工作可以是一道工序,也可以是分项、分部工程,构造物,单位工程等。箭尾表示工作的开始,箭头表示工作结束,箭线表示工作内容。

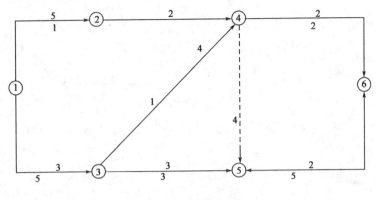

图 7-0-4　双代号网络图

②实箭线:表示工作既消耗时间,又消耗资源,用"→"表示,如混凝土构件的自然养护、预应力混凝土的张拉等过程都需要时间。

③虚箭线:表示的工作既不消耗时间又不消耗资源,用"⇢"表示。它是虚拟的,在工程中实际并不存在,因此无工作名称。

(2)节点。

节点是网络图中两项工作的交接点,用圆圈表示。

①节点是两项工作的交接点,既不消耗时间,又不消耗资源,表示前一项工作的结束,同时也表示后一项工作的开始。

②节点编号:为便于检查和计算,每个节点均应统一编号,一条箭线前后两个节点的号码就是该箭线表示的工作代号。节点编号可以不连续,但不能重复,且箭尾节点的号码要小于箭头节点的号码。一项工作的表示方法如图 7-0-5 所示。

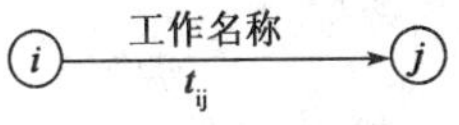

图 7-0-5　节点编号

在满足节点编号原则的条件下,可采用水平编号法、垂直编号法、删除箭线法对节点进行编号。

水平编号法即从网络图的起点开始,由左到右按箭线顺序逐行编号;垂直编号即从网络图的起点开始由左至右逐列按原则进行编号;删除箭线法即先对起点编号后,划去该节点引出的全部箭线,对网络图中剩下的没有箭线进入的节点依次编号,直到全部节点编完为止。

(3)流。

流表示完成各项工作所需的资源量,包括每项具体工作所需的时间、费用和材料设备等,通常标注在箭线的下方。

2. 双代号网络计划的绘制

1)双代号网络计划工作关系及其表示

双代号网络工作关系表示方法见表 7-0-1。

双代号网络工作关系表示方法   表7-0-1

序号	工作关系	网络图中的表示方法
1	A、B 工作依次施工	○—A→○—B→○
2	B、C 在 A 后同时进行	（图示：A 后分出 B、C）
3	A、B 完工后进行 C	（图示：A、B 汇合后 C）
4	A 的紧后工作为 C、D， B 的紧后工作为 D	（图示：含虚箭线）
5	A 的紧后工作为 C、D， B 的紧后工作为 D、E	（图示：含虚箭线）

2）绘制双代号网络计划的基本规则

在绘制网络图时,应正确地表达工作间的逻辑关系,引用虚箭线,遵循相关的绘图基本规则。绘制双代号网络计划的基本规则如下。

(1)一个网络图只允许有一起始点节点和一个终点节点(图7-0-6、图7-0-7)。

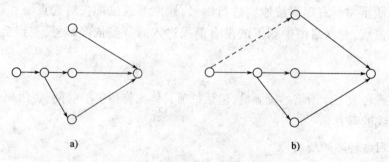

图7-0-6　双代号网络图的画法(一)
a)错误;b)正确

(2)一对节点之间只能有一条箭线。

在双代号网络中,一条箭线和两个代号表示一项工作,如果一对节点之间存在多条箭线,就无法分清这两个代号表示哪一项工作,如出现这种情况,应引进虚箭线,如图7-0-7b)所示。

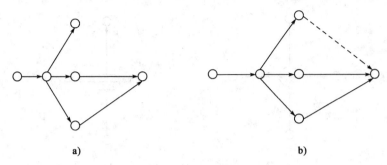

图7-0-7 双代号网络图的画法(二)
a)错误;b)正确

网络图的节点编号不能重复,一项工作只能使用唯一的代号。不允许出现相同编号的节点或相同代码的工作。一条箭线的箭头节点编号要大于箭尾节点编号(图7-0-8)。

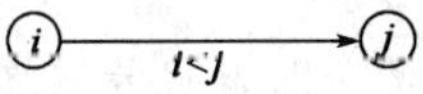

图7-0-8 节点编号

(3)网络图中不允许出现循环线路。

在网络图中,循环线路表示的工作关系是错误的,在工艺顺序上是相互矛盾的,无法反映出先行工作与后继工作,在计算时间参数时也只能循环进行,无法得出结果。遇到这种情况,表示绘制工作的逻辑关系有误,按工作本身的逻辑顺序连线,取消循环线路。见图7-0-9。

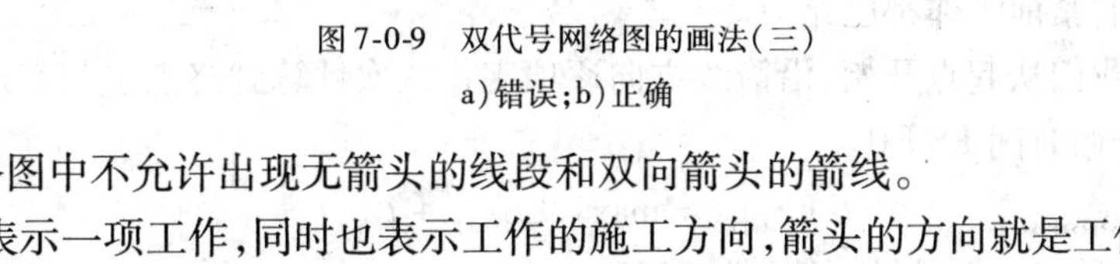

图7-0-9 双代号网络图的画法(三)
a)错误;b)正确

(4)在网络图中不允许出现无箭头的线段和双向箭头的箭线。

一条箭线表示一项工作,同时也表示工作的施工方向,箭头的方向就是工作的施工前进方向,因此在网络图中不允许出现线段和双向箭头的箭线。

(5)网络计划布局应合理,使图面整齐美观,避免箭线交叉,当箭线的交叉不可避免时,可用"暗桥"法、"断线"法处理,见图7-0-10。

3)绘制双代号网络计划的基本程序

(1)工程任务分解。首先应清晰地显示出整个计划的内容,将一个工程项目根据要求分解成若干单项工作。

(2)确定施工方法。

(3)确定各单项工作的关系。

(4)确定各单项工作的持续时间。
(5)资料列表。
(6)绘制双代号网络计划草图。
(7)整理成图。

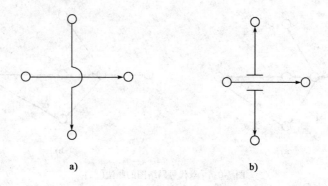

图 7-0-10 箭线交叉的画法
a)暗桥法;b)断线法

3. 双代号网络计划时间参数的计算及关键线路确定

网络计划的时间参数按其特性可分为两类,第一类为控制性参数,第二类为协调性参数。控制性参数包括节点时间参数和工作(序)时间参数;协调性参数指工作(序)的机动时间,即时差。

为简化起见,网络计划的时间参数计算统一假定工作(序)的持续时间是已知的,工作的开始时间与结束时间都以时间单位的终了时刻为计算标准。

1)工作(序)时间参数计算

工作(序)时间参数包括最早可能开始时间 ES、最早可能结束时间 EF、最迟必须结束时间 LF、最迟必须开始时间 LS,此外还要计算工作的总时差 TF 和局部时差 FF。以网络图中的工作为对象进行计算。

(1)工作的最早可能开始时间 ES。

工作的最早可能开始时间是指一项工作在具备一定的开工条件后,可以开始工作的最早时间。在此时刻,紧前工作都已结束。

在计算时,我们从起点开始,沿箭线方向逐项工作依次计算到终点。与起点节点相连的工作其最早可能开始时间 ES = 0。

$$ES_{(ij)} = \max\{ES_{(hi)} + t_{(hi)}\} \quad (7\text{-}0\text{-}5)$$

其中:$ES_{(hi)}$——紧前工作最早可能开始时间;

$t_{(hi)}$——紧前工作持续时间。

(2)工作的最早可能结束时间 EF。

工作在最早时间开始,必对应在最早结束时间结束,其计算如下:

$$EF_{(ij)} = ES_{(ij)} + t_{(ij)} \quad (7\text{-}0\text{-}6)$$

网络计划的总工期为与终点节点相连的各工作的最早可能结束时间的最大值。$T_n = \max\{EF_{(jn)}\}$。

(3)工作的最迟必须结束时间 LF。

工作的最迟必须结束时间指一项工作在不影响工程按总工期结束的条件下,最迟必须结束的时间,它必须在紧后工作开始前完成。

在计算时,从终点节点开始逆箭线方向至起点节点止,与终点节点相连的各工作的最迟必须结束时间一般就是计划工期,若另有规定就取规定工期。

$$\mathrm{LF}_{(hi)} = \min\{\mathrm{LF}_{[ij]} - t_{[ij]}\} \qquad (7\text{-}0\text{-}7)$$

(4)工作的最迟必须开始时间 LS。

在正常情况下,与工作最迟必须结束时间相对应,有工作最迟必须开始时间,其为工作的最迟必须结束时间减去工作持续时间。

$$\mathrm{LS}_{(ij)} = \mathrm{LF}_{(ij)} - t_{(ij)} \qquad (7\text{-}0\text{-}8)$$

(5)总时差 TF。

工作的总时差指在不影响紧后工作的最迟开始时间的条件下,工作所拥有的最大的机动时间。

$$\begin{aligned}\mathrm{TF}_{(ij)} &= \mathrm{LS}_{(ij)} - \mathrm{ES}_{(ij)} \\ &= \mathrm{LF}_{(ij)} - \mathrm{EF}_{(ij)}\end{aligned} \qquad (7\text{-}0\text{-}9)$$

(6)局部时差 FF。

局部时差指在不影响紧后工作的最早可能开始时间的条件下,工作所拥有的最大的机动时间。

$$\begin{aligned}\mathrm{FF} &= \mathrm{ES}_{(jk)} - \mathrm{ES}_{(ij)} - t_{(ij)} \\ &= \mathrm{ES}_{(jk)} - \mathrm{EF}_{(ij)}\end{aligned} \qquad (7\text{-}0\text{-}10)$$

2)节点时间参数计算

节点时间参数是以节点作为研究对象进行计算的,节点时间表示工作开始或结束的瞬间,包括节点的最早可能开始时间,即节点最早时间 ET 和节点的最迟必须结束时间,即节点最迟时间 LT。

(1)节点的最早时间 ET。

节点的最早时间指以计划起始节点的时间为起点,沿着各条线路达到每一个节点的时刻,它表示该节点紧前工作的全部完成,其紧后工作最早可能开始的时间。

在计算时,我们从起点节点开始,沿箭线方向依次计算每一个节点,直至终点节点。规定起点节点的最早时间 ET = 0。

$$\mathrm{ET}_{(j)} = \max\{\mathrm{ET}_{(i)} + t_{(ij)}\} \qquad (7\text{-}0\text{-}11)$$

终点节点的最早时间就是网络计划的总工期 $\mathrm{ET}_n = T_n$。

(2)节点的最迟时间 LT。

节点的最迟时间指计划内工期确定的情况下,从网络计划终点节点开始,逆向推算即得各节点的最迟实现时间,它表示该节点前各工作的结束不能迟于这个时间,如果迟于这个时间,就会影响计划工期。

在计算时,从终点节点开始逆箭线方向至起点节点止,终点节点的最迟时间一般就是计划工期,即该节点的最早时间,若另有规定就取规定工期。

$$\mathrm{LT}_{(i)} = \min\{\mathrm{LT}_{(j)} - t_{(ij)}\} \qquad (7\text{-}0\text{-}12)$$

(3)时差的计算。

在进行时差的计算时,也应计算工作的总时差与局部时差。

其中:
$$\mathrm{TF}_{ij} = \mathrm{LT}_j - \mathrm{ET}_i - t_{ij} \qquad (7\text{-}0\text{-}13)$$

$$FF_{ij} = ET_j - ET_i - t_{ij} \qquad (7\text{-}0\text{-}14)$$

3）关键线路及其确定

计算网络图时间参数的目的之一是为了找出关键线路，从而使管理人员抓住主要矛盾，以便合理地调配人力和物资资源，避免盲目赶工，使工程按照计划安排有条不紊地进行。

（1）线路。

所谓线路是指网络计划图中顺箭线方向由开始节点至结束节点的一系列节点箭线组成的通路，在一个网络计划图中，存在着多条线路，也可能只有一条线路。一条线路中包含着若干项工作。

（2）线路长度。

线路中包含的各项工作的持续时间之和，就是这条线路的线路长度，也就是线路的总持续时间。

（3）关键线路。

网络图的各条线路所包含的工作是不相同的，因此各条线路的线路长度也是不相同的。我们把线路长度最长的线路称为关键线路。在关键线路中，没有任何机动时间，线路上任何工作的持续时间发生变化都会影响工期，是工程按期完成计划任务的关键所在。

（4）关键工作。

关键线路上的各项工作都是关键工作，关键工作的总时差为0。

（5）非关键线路。

网络图中除关键线路以外的线路都是非关键线路，在非关键线路上都存在着时差。非关键线路所包含的若干项工作并非全部是非关键工作，其中存在时差的工作是非关键工作。在任何线路中，只要有一个非关键工作存在，它的总长度就会小于关键线路，它就是非关键线路。

（6）关键线路的确定。

确定关键线路的方法很多，如线路枚举法、关键工作法、关键节点法。

①线路枚举。

在网络计划图中，找出其包含的所有线路，并算出线路长度，通过最长的线路找出关键线路。

②关键工作法。

依次连接网络图中总时差为零的工作，使其组成一条由起点节点到终点节点的通路，此通路就是关键线路。

③关键节点法。

计算出双代号网络图的节点参数后，就可以通过关键节点法找出关键线路。当节点的最早时间与最迟时间相等时，此节点就是关键节点，但相邻关键节点间连接的工作不一定都是关键工作，尤其是一个关键节点遇到与多个关键节点相连而可能出现多个关键线路时，所以必须加以辨认。

两个关键节点关键线路的条件是：

$$\text{箭尾节点时间} + \text{工作持续时间} = \text{箭头节点时间}$$

关键工作确定后，关键线路亦确定了。

4. 时间坐标网络计划

时间坐标网络计划，是在一般双代号网络计划的上方或下方增加时间坐标，箭线的长度表示工作的持续时间，简称时标网络计划。

1)时标网络计划的绘制方法

时标网络计划可按节点最早时间、节点最迟时间、优化时间直接绘制。

(1)按节点最早时间绘制时标网络。

画法步骤:

①求出一般双代号网络计划各节点的时间参数、时差,并确定关键线路,作为绘制时标网络计划的基础依据。

②按计划工期作出时间坐标,按节点最早时间标画出关键线路。

③按节点最早时间标画出非关键线路。

注意问题:

①所有节点,按节点最早时间画在相应的坐标处,节点的纵向位置没有时间含义。

②由起点节点开始,顺箭线方向绘制到终点节点。工作用实箭线表示,实箭线长度表示工作持续时间;机动时间用虚箭线表示,虚箭线补在实线的右侧;虚工作用虚箭线表示。

(2)按节点最迟时间绘制时标网络。

画法步骤:

①求出一般双代号网络计划各节点的时间参数、时差,并确定关键线路,作为绘制时标网络计划的基础依据。

②按计划工期作出时间坐标,按节点最迟时间标画出关键线路。

③按节点最迟时间标画出非关键线路。

注意问题:

①所有节点,按节点最迟时间画在相应的坐标处,节点的纵向位置没有时间含义。

②由终点节点开始,逆箭线方向绘制到起点节点。工作用实箭线表示,实箭线长度表示工作持续时间;机动时间用虚箭线表示,虚箭线补在实线的左侧;虚工作用虚箭线表示。

2)时标网络计划应用

时标网络图,以时间为横坐标,绘制各项工作的箭线,并使箭线的长度直接反映工作的持续时间,在图上直接显示出工作的开始与结束时间及时差,并能显示出关键线路。

(1)时标网络计划的特点:

①时标网络计划接近横道图,能直观反映出整个计划的时间进程。

②时标网络计划箭线的长度直接反映工作的持续时间,能直接反映出各项工作的开始和结束时间、机动时间及关键线路,在执行过程中,可以随时检查出将要开始、正在进行和已经结束的工作。

③时标网络计划能够表示哪些工作需要同时进行,所以可以方便管理人员确定在同时间内对劳动力、材料、机械设备等资源的需要量。

④优化调整后的网络时标计划,可以直接作为进度计划下达到执行单位。

⑤时标网络计划的调整比较麻烦,当情况发生变化导致某些工作不能正常进行,要对时标网络进行修改时,就会改变节点的位置和箭线的长度,这样往往需要改变整个网络计划。

(2)时标网络计划的应用:

①当需编制工程项目少、工艺过程较简单的进度计划时,可采用时标网络计划,能边计算、边绘制、边调整。

②对于大型复杂的工程,先用时标网络计划绘出分部工程的网络计划,再综合绘制简单的总网络计划,或先编制总网络计划,每隔一段时间,对将要开工的分部工程编制出详细的网络

计划,在执行过程中,如有变化,修正子网络计划即可,不必改动总网络计划。

③时标的单位视具体情况确定,可以是天、月、季度等,并在时间坐标上扣除休息日。

5. 网络计划优化

编制施工进度图时,应当设计几个方案,绘制几个施工进度草图,经过反复平衡、比较评价后,确定最终方案。其比较、评价要点是:

(1)工期能否满足合同或业主的需要。

(2)施工顺序是否合理。

(3)劳动力、机械、材料等资源的供应能否保证,消耗是否均衡。

(4)是否符合合理组织生产过程的四项原则。

(5)是否充分估计了客观因素的影响,可行性如何。

(6)各项安排是否既先进合理,又留有余地。

1)工期优化

(1)措施方法。

①在不影响工艺的条件下,将连续施工的工作调整为平行工作,见图7-0-11。

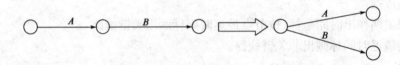

图7-0-11 工期优先

②将顺序作业的工作调整为流水作业。

③缩短关键工作的持续时间。

④延长非关键工作的持续时间,节省资源,投入关键线路。

⑤推迟非关键工作的开始时间,利用时差,进行时间优化。

⑥从计划外调资源。

(2)基本方法。

可采用循环优化法。计算工期,确定关键线路,比较计划工期与合同工期,求出需缩短的时间,采取适当的途径压缩关键工作的持续时间。重复上述步骤,重新确定关键线路,直至工期满足要求。

2)资源优化

前面对网络计划的计算与调整,都假定资源(劳动力、材料、机械、资金)的供应是完全充分的,但大多情况下,在一定时间内提供的各种资源都有一定的限额。一项好的工程计划,要合理地使用现有的资源,避免在计划的某个阶段出现资源需求的高峰,而在另一阶段出现资源需求的低谷。因此,在编制完成网络计划后,应该根据资源情况对网络计划进行调整,寻求规定工期和资源供应之间相互协调和适应的一种途径。

资源优化目标:"工期固定,资源均衡;资源有限,工期最短。"

(1)工期固定,资源均衡。

"工期固定,资源均衡"是指在项目的计划工期不超过有关规定的情况下,尽量做到各阶段的资源需要量均衡,避免出现资源需求的高峰或低谷。可以利用削峰填谷法来实现这一目的,如图7-0-12所示。

最理想的情况是资源需要量曲线是一水平线,但要得到这种理想的计划是不可能的。事实上资源的均衡就是要接近单位时间内资源的平均数量。

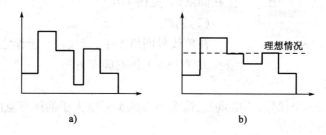

图 7-0-12　资源优先
a)最初情况；b)调整情况

削峰填谷法原则：
①优先推迟资源强度小的非关键工作,即单位时间内资源需要量最小的非关键工作。
②当资源强度相同时,优先推迟时差大的非关键工作。
步骤：
①计算网络计划的节点参数、总工期,确定关键线路。
②按节点最早时间绘制时标网络计划、资源需要量曲线。
③按照原则进行调整。
(2)资源有限,工期最短。
当一项工作的资源供应有限时,就要根据有限的资源去安排工作,常用的方法为备用库法。
备用库法的原理为：假设工作所需的资源都在资源库中,任务开始后,从库中取出资源,按照一定的原则,给即将开始的工作分配资源,并考虑尽可能的最优组合；分配不到资源的工作就推迟开始。当工作结束后,资源仍然返回到资源库中,当库中的资源满足一项或若干项即将开始的工作要求时,从库中取出资源,进行分配。如此反复,直至所有的工作都分配到资源为止。

资源安排原则：
①优先安排机动时间小的工作。
②当机动时间相同时,优先安排持续时间短的工作。
步骤：
①计算网络计划的节点参数、总工期,确定关键线路。
②按节点最早时间绘制时标网络计划、资源需要量曲线。
③逐日检查备用库中的资源,根据库存资源情况和优先安排原则安排某些工作。循环进行此过程,直至资源的每日需要量满足资源的供应限量为止。

6.单代号网络计划
单代号网络计划是用节点表示工作,箭线表示工作之间的关系的一种网络计划,它与双代号网络计划所表示的内容完全相同,只是表达方式不同,但单代号网络计划简单,容易掌握。

1)单代号网络图组成
(1)节点。

图7-0-13 单代号网络图中的节点表示法

在单代号网络图中,一个节点表示一项具体的工作,可以用圆圈或方框表示,工作的名称、持续时间、代号都标注在圆圈内,见图7-0-13。

(2)箭线。

在单代号网络图中,箭线表示工作之间的关系,箭线的箭头方向表示工作的施工方向。

(3)节点的代号。

一个节点只能有一个代号,不能重复,箭头节点的编号应大于箭尾节点的编号。

2)单代号网络图的绘制

(1)工作逻辑关系的表示。

单代号网络图逻辑关系的表示方法如表7-0-2所示。

单代号网络图逻辑关系的表示方法　　　　表7-0-2

序号	工作关系	单代号网络图表示
1	A 的紧后工作为 B	 A → B
2	A 的紧后工作为 B、C	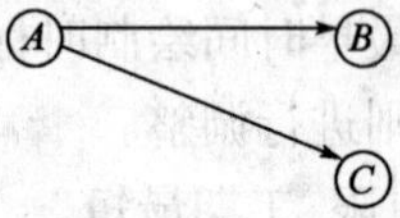 A → B, A → C
3	A 的紧后工作为 C, B 的紧后工作为 C	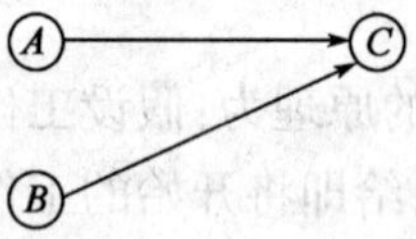 A → C, B → C
4	A 的紧后工作为 C、D, B 的紧后工作为 D	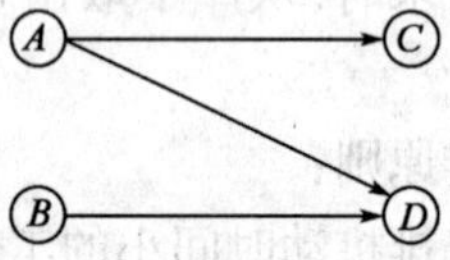 A → C, A → D, B → D
5	A 的紧后工作为 C、D, B 的紧后工作为 C、D	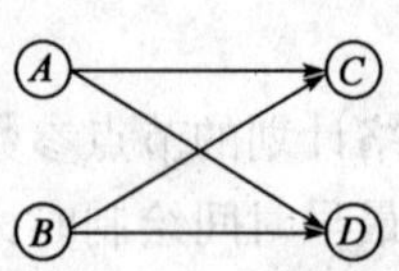 A → C, A → D, B → C, B → D
6	A 的紧后工作为 C、D, B 的紧后工作为 D、E	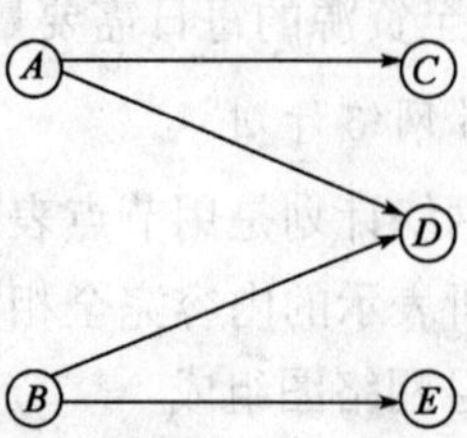 A → C, A → D, B → D, B → E

(2)网络图绘制的基本原则。

①单、双代号网络图所表示的内容是一致的,仅绘图符号的意义不同,所以双代号网络图绘图的基本原则,单代号网络图都适用。

②如果有若干项工作同时开始或同时结束,应引入一个始节点或终节点。引入的节点是虚拟节点,持续时间是0。

3)单代号网络图时间参数的计算

单代号网络图的时间参数只有工作(序)时间参数,包括工作的最早可能开始时间ES、最早可能结束时间EF,工作的最迟必须开始时间LS,最迟必须结束时间LF,及总时差TF和局部时差FF。时间参数的含义、计算目的、计算方法、步骤和公式与双代号网络图基本相同。

(1)工作的最早可能开始时间ES与最早可能结束时间EF。

在计算工作的最早可能开始时间时,我们从起点开始,沿箭线方向逐项工作依次计算到终点,开始节点的最早可能开始时间$ES_1 = 0$,计算其他节点时,只看内向箭线,其值等于紧前工作的最早开始时间与其持续时间之和的最大值,即紧前工作的最早结束时间的最大值。

$$ES_j = \max\{ES_i + t_i\} = \max\{EF_j\} \qquad (7\text{-}0\text{-}15)$$

$$EF_i = ES_i + t_i \qquad (7\text{-}0\text{-}16)$$

终点节点的最早可能结束时间EF_n是单代号网络计划的计划工期,$EF_n = T_n$。

(2)工作的最迟必须开始时间LS与最迟必须结束时间LF。

计算工作的最迟必须结束时间时,从终点节点开始,逆箭线方向逐项工作依次计算到起点,终点节点的最迟必须结束时间$LF_n = T_n = EF_n$,计算其他节点时,只看外向箭线,其值等于紧后工作的最迟必须结束时间与其持续时间之差的最小值,即紧后工作的最迟必须开始时间的最小值。

$$LF_i = \min\{LF_j - t_j\} = \min\{LS_j\} \qquad (7\text{-}0\text{-}17)$$

$$LS_i = LF_i - t_i \qquad (7\text{-}0\text{-}18)$$

(3)总时差TF与局部时差FF。

$$TF_i = LS_i - ES_i = LF_i - EF_i \qquad (7\text{-}0\text{-}19)$$

$$FF_i = \min ES_j - ES_i - t_i = \min ES_j - EF_i \qquad (7\text{-}0\text{-}20)$$

4)关键线路的确定

单代号网络图主要采用关键工作法确定关键线路,方法与双代号网络图相同。

【案例7-0-1】 某二级公路某梁桥,2-25M,桥台A、C为明挖基础,桥墩B为钻孔灌注桩基础,地面水深1m。台基础采用反铲挖掘机施工,墩基础采用冲击钻冲孔,墩基础施工时草袋围堰,现浇墩台,梁板预制,起重机吊装。此工程的工作划分及时间如表7-0-3所示。

工 作 一 览 表   表7-0-3

编号	工作名称	持续时间(d)	编号	工作名称	持续时间(d)
1	挖基A	7	7	承台B	2
2	围堰B	3	8	桥台A	12
3	挖基C	7	9	桥台C	13
4	基础A	4	10	桥墩B	8
5	基础C	4	11	吊梁1	2
6	桩基础B	24	12	吊梁2	1

解:确定施工方法,划分工作项目。工作先后顺序的逻辑关系见图7-0-14。

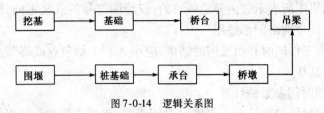

图7-0-14 逻辑关系图

网络计划见图7-0-15。

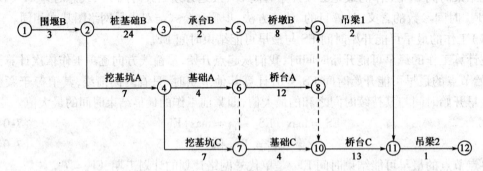

图7-0-15 网络计划图

【案例7-0-2】 某工程需建制4个通道涵,划分工作为挖基、基础、通道墙、盖板及回填土等4项,分别组织4个作业队进行流水施工,绘制双代号网络计划图。

解:挖基—A,基础—B,通道墙—C,盖板及回填土—D。绘制的双代号网络计划见图7-0-16。

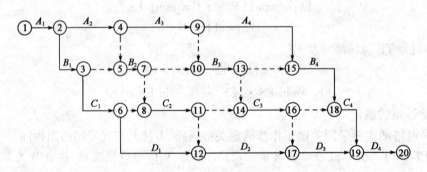

图7-0-16 双代号网络计划图

【案例7-0-3】 某工程网络计划的逻辑关系如表7-0-4所示,绘出单代号网络计划,计算时间参数。

某工程网络计划的逻辑关系　　　　　　　　　　表7-0-4

工作	A	B	C	D	E	F
紧后	B、C	D	D、E	F	F	—
时间	4	8	10	9	6	10

解:单代号网络计划见图7-0-17,时间参数计算见图7-0-18。

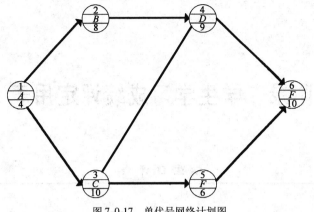

图 7-0-17 单代号网络计划图

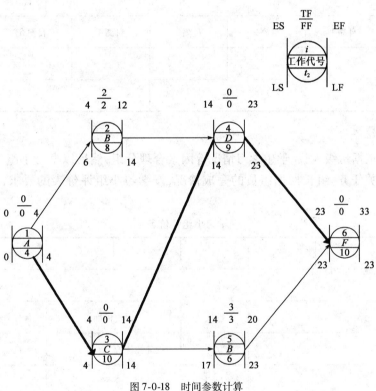

图 7-0-18 时间参数计算

学习效果自测题

每位学生根据本学习情境的学习目标、教师要求,选择完成下述自测题目,并根据学生自评表的要求,完成自我检验。

1. 桥梁的施工组织设计包括几个阶段?
2. 施工组织设计的主要内容有哪些?
3. 施工进度计划的图表形式有哪些?各有什么特点?
4. 双代号网络计划由哪些部分组成?
5. 为什么要进行网络计划优化?

附录　学生学习成绩评定用表

1. 学生自评表

学 生 自 评 表

任务名称：

组号		姓名		学号		自评成绩	
题号	自测1	自测2		自测3	自测4	自测5	合计
分数							
得分							

2. 学习小组评价

　　主讲教师根据班级人数、学生学习情况等因素合理分组,然后以学习小组为单位,完成授课前布置的相关任务,组长根据组员的完成情况,按学习小组评价表的要求,完成学习小组评价。

学习小组评价表

组号		姓名		学号		成绩	

任务名称：

任务	性质	评价标准	分数	得分
任务1：	独立完成	正确性评价		
任务2：	参与完成	主动性评价		
任务3：	独立完成	正确性与熟练程度评价		
任务4：	独立完成	正确性与熟练程度评价		
任务5：	参与完成	主动性与创新能力评价		
组长签名		日期	合计	

3. 任课教师评价

　　主讲教师根据学生的学习态度,对浅基础施工相关内容分析的能力等方面综合评价,按教师对学生的学习效果评价表要求,完成教师对学生的评价。

教师对学生的学习效果评价表

组号		姓名		学号		成绩	

任务名称：

评价内容	评价依据	分数	得分
学习态度情况	上课纪律、学习主动性等评价	20	
任务自测情况	自测成果的正确性与准确性、完成成果的质量、上交资料的规范程度等评价	20	
小组成果报告情况		30	
在小组中所起的作用	学生参与讨论时发表的观点、在成果中采纳的情况等评价	10	
完成的工作量(满工作量的%)	参与完成小组工作的贡献大小(完全参与为满分,基本参与得基本分)	10	
学生独立解决问题的能力	主要对学生的创新思维能力、组织能力,学生在遇到问题时的判断能力等进行评价	10	
教师签名	日期	合计	

参考文献

[1] 中华人民共和国行业标准 JTG D61—2005 公路圬工桥涵设计规范[S].北京:人民交通出版社,2005.
[2] 中华人民共和国行业标准 JTG D62—2004 公路钢筋混凝土及预应力混凝土桥涵设计规范[S].北京:人民交通出版社,2004.
[3] 中华人民共和国行业标准 JTG D63—2007 公路桥涵地基及基础设计规范[S].北京:人民交通出版社,2007.
[4] 中华人民共和国行业标准 JTG D60—2004 公路桥涵设计通用规范[S].北京:人民交通出版社,2004.
[5] 中华人民共和国行业标准 JTG B01—2003 公路工程技术标准[S].北京:人民交通出版社,2003.
[6] 中华人民共和国行业标准 JTG/T F50—2011 公路桥涵施工技术规范[S].北京:人民交通出版社,2011.
[7] 交通部第一公路工程总公司.公路施工手册 桥涵(上、下册)[M].北京:人民交通出版社,2000.
[8] 中华人民共和国行业标准 JTG F80/1—2004 公路工程质量检验评定标准[S].北京:人民交通出版社,2004.
[9] 中华人民共和国行业标准 JTJ 062—2002 公路桥位勘测设计规范[S].北京:人民交通出版社,2002.
[10] 张辉.桥梁工程技术[M].沈阳:东北大学出版社,2006.
[11] 刘培文.公路施工测量技术[M].北京:人民交通出版社,2003.
[12] 孙大权.公路工程施工方法与实例[M].北京:人民交通出版社,2003.
[13] 文德云.公路施工技术[M].北京:人民交通出版社,2003.
[14] 潘威,等.公路工程实用施工放样技术[M].北京:人民交通出版社,2004.
[15] 王常才.桥涵施工技术[M].北京:人民交通出版社,2006.
[16] 高东光.公路桥涵设计手册:桥位设计[M].北京:人民交通出版社,2000.